LUPAO YUNDONG 900 WEN

路跑运动 900 问

本书编委会

主　编：董广新　韩会君

副主编：李志敢　官永华

编　委：（以姓名拼音声母排序）

　　　　曹　妙　陈小英　董广新　龚　林　官永华

　　　　韩会君　黎彩媚　李苏娟　李炜烽　李志敢

　　　　刘艳杰　鲁　毅　张永平　张振瑞

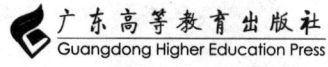

广东高等教育出版社
Guangdong Higher Education Press

·广州·

图书在版编目（CIP）数据

路跑运动900问/董广新，韩会君编著. —广州：广东高等教育出版社，2020.3
ISBN 978-7-5361-6589-2

Ⅰ.①路… Ⅱ.①董…②韩… Ⅲ.①长跑-问题解答 Ⅳ.①G822.3-44

中国版本图书馆CIP数据核字（2019）第191373号

MPR 出版物链码使用说明

本书中凡文字下方带有链码图标"===="的地方，均可通过"泛媒阅读"APP 的"扫一扫"功能，获得对应的多媒体内容。

链码扫描操作步骤：
1. 扫描二维码下载"泛媒阅读"APP；
2. 打开"泛媒阅读"APP，点击"扫一扫"按钮；
3. 对准链码扫描，即可播放多媒体内容。

出版发行	广东高等教育出版社
	地址：广州市天河区林和西横路
	邮政编码：510500　电话：(020) 87553335
	http://www.gdgjs.com.cn
印　刷	广东信源彩色印务有限公司
开　本	787毫米×1 092毫米　1/16
印　张	17.75
字　数	410千
版　次	2020年3月第1版　2020年3月第1次印刷
定　价	68.00元

序　言

路跑运动是田径项目的一个分支，国际田径联合会（后简称"国际田联"）已经把路跑竞赛单独划分出来，这足以证明路跑运动的普及性及重要性。自 2013 年以来，马拉松运动呈井喷之势，跑者数量不断增长。据中国田径协会资料：2018 年全国各地共举办了马拉松及相关运动赛事（800 人以上规模）多达 1 581 场，累计参赛人次达 583 万，境内马拉松及相关赛事已经覆盖了全国各个省会城市，285 个地级市举办了马拉松比赛，由此催生了相关产业，特别是各种路跑培训遍地开花。然而，有些培训人员是路跑爱好者，没有接受过专业知识培训，能力良莠不齐，所获取的知识渠道庞杂，有些培训机构所教的知识甚至是错误的，由此导致大众跑者对路跑技术的理解及训练方法的认识出现迷茫与困惑。基于此原因，我们在体育院校开设了"路跑训练指导"课程，编写了教学用书《路跑运动实用教程》（于 2018 年 8 月出版）。为了完善教学，使知识系统化、具体化，我们又组织编写了《路跑运动 900 问》作为教学辅助用书和广大路跑爱好者学习参考用书。此书也是由陈小英、董广新等承担的国家社科基金项目"中美日马拉松参与行为机制比较与干预策略研究"的系列成果之一。

本书是由董广新、韩会君牵头设计，李志敢、鲁毅、陈小英参与策划，编写组共同完成。内容包括路跑常识、路跑技术与战术、路跑准备活动与拉伸、路跑训练方法与手段、路跑训练计划制订及赛前竞技状态调整、路跑赛前饮食营养、马拉松比赛攻略、路跑赛后恢复、路跑运动常见伤病的预防与护理、路跑赛事组织与管理、路跑礼仪与安全、路跑减脂、路跑装备等。参与编写的人员有（按章节为序）：官永华（第一篇），董广新（第二篇、第七篇），龚林（第三篇、第四篇），李苏娟（第五篇），张永平（第六篇），刘艳杰（第八篇），李炜烽、李志敢（第九篇），黎彩媚（第十篇），张振瑞（第十一篇），曹妙（第十二篇、第十三篇）。全书最后由董广新、韩会君和官永华审编定稿。在编写过程中，编写组参考吸收了国内外众多学者的研究成果，这些成果为本书的撰写提供了丰富的素材，在此深表谢意。同时，对于由于疏忽而未能在本书中注明被引用者的姓名和论著的出处深表歉意。

本书的撰写虽经过长时间的酝酿和深思熟虑，力求将路跑教学、训练、竞赛等的最新研究成果展示给读者，但由于编写者水平有限，书中有些观点也许不够成熟，有待商榷，甚至会有错漏之处，在此恳请广大读者和同行不吝赐教，以便日后再版时及时修正。

《路跑运动900问》编写组
2019年5月

目录

路跑常识篇

1　什么是路跑？／1
2　我国路跑赛事发展现状如何？／1
3　我国何时把马拉松赛事列为正式比赛项目？／1
4　我国何时创办了最早的马拉松赛？／1
5　如今路跑赛事呈现出什么样的变化？／1
6　马拉松的由来是什么？／2
7　马拉松如何分类？／2
8　赞助商冠名发起的比赛有哪些？与马拉松赛相比如何？／2
9　什么叫彩色跑？／2
10　马拉松运动是如何发展的？／3
11　为什么非洲人在马拉松比赛中一直处于统治地位？／3
12　马拉松业余赛事和专业赛事有何区别？／3
13　如今的竞技马拉松与大众马拉松有何交集？／4

14 马拉松的安全保障体系如何？/ 4
15 中国马拉松学院在何时成立？有什么作用？/ 4
16 马拉松赛事有什么魅力？/ 4
17 有哪些马拉松之最？/ 5
18 参加马拉松有年龄限制吗？/ 5
19 不训练可以直接参加马拉松吗？/ 6
20 长跑训练能减轻工作生活的压力吗？/ 6
21 儿童、青少年能否参加马拉松运动？应注意哪些事项？/ 6
22 老年人参加马拉松训练应注意什么事项？/ 7
23 什么是能量胶？什么是盐丸？分别有什么作用？/ 7
24 一次完整跑步过程是怎么样的？/ 8
25 跑步的基本术语有哪些？/ 8
26 赛事术词有哪些？/ 8
27 身体生理术词有哪些？/ 9
28 跑步对身体各部位有什么影响？/ 9
29 长跑训练对人体的心血管系统会产生什么影响？/ 10
30 跑步对心肺功能有什么影响？/ 10
31 跑步对肌肉有什么影响？/ 10
32 跑步对调节情绪和压力有什么作用？/ 10
33 跑步能提高生活质量吗？/ 10
34 跑步对皮肤有什么影响？/ 11
35 跑步能改善睡眠吗？/ 11
36 跑步能有效预防生活习惯病吗？/ 11
37 跑腻了的时候怎么办？/ 11
38 跑步出现伤痛怎么办？如何调整恢复？/ 11
39 跑步受伤期间应该彻底停止锻炼吗？/ 12
40 开启跑步人生前，需要做什么准备？/ 12
41 慢跑到底要多慢？/ 12
42 血压偏高或偏低可以跑步吗？/ 12
43 心率较快者可以跑步吗？/ 12
44 有乙肝病的患者能跑步吗？/ 12
45 有糖尿病的患者能跑步吗？/ 13

46 体质弱的人能跑步吗？/ 13
47 跑步好还是游泳好？/ 13
48 早上、下午和晚上跑步各有什么特点？/ 13
49 一年四季，跑者需要注意什么问题？/ 14
50 在不同的路面上跑步各有什么特点？/ 14
51 第一次跑完感觉身体很酸痛、很沉怎么办？/ 15
52 路跑遇到红绿灯怎么办？/ 15
53 空气质量较差，适合户外跑吗？/ 15
54 跑步时出汗越多越好吗？/ 15
55 大量运动后多久洗澡合适？/ 15
56 开始跑步后要改变饮食习惯吗？/ 15
57 饱餐后多久适宜跑步？/ 15
58 为什么长时间跑步后会产生想吐的症状？/ 16
59 小孩上初中前适宜长时间跑步吗？多少跑量合适？/ 16
60 跑下坡路时提速正确吗？/ 16
61 跑步一定要按照时间或距离来确定结束吗？跑累了就停可不可以？/ 16
62 喝了酒或宿醉后适宜跑步吗？/ 16
63 我的身体能承受我越跑越快的速度吗？/ 17
64 彻底停跑会怎么样？/ 17
65 老年人跑步好不好？/ 17
66 如何做个人第一场马拉松比赛的准备？/ 17
67 逆时针跑与顺时针跑有区别吗？/ 17
68 为何不提倡跑者频繁跑全程马拉松？/ 17
69 跑步会越跑越壮吗？会让腿变粗吗？/ 18
70 预防萝卜腿，需要注意哪些问题？/ 18
71 女生跑步会使胸部变小吗？如何辨别脂肪型和乳腺型乳房呢？/ 19
72 生理期可以跑步吗？/ 19
73 准备怀孕的人和孕妇能跑步吗？/ 19
74 不同孕期的准妈妈在运动时应注意什么？/ 19

路跑技术与战术篇

75 跑步是一项什么样的运动？/ 21

76 影响人体跑动的力有哪些？/ 21
77 肌肉收缩产生力的效果取决于哪些因素？/ 21
78 何谓支撑反作用力？其作用是什么？/ 21
79 何谓重力？重力在跑步中的作用是什么？/ 22
80 何谓摩擦力？摩擦力在跑步中的作用是什么？/ 22
81 空气阻力对路跑有何影响？如何降低其影响？/ 22
82 什么是惯性？如何在跑步中利用惯性？/ 22
83 跑步是周期性运动吗？其动作周期如何划分？/ 23
84 影响跑速的因素有哪些？/ 23
85 跑步时步长越大越好吗？/ 24
86 马拉松途中采用什么步长和步频较为合适呢？/ 24
87 如何匹配跑步中的步长与步频／ 24
88 跑步时脚的着地点在哪？/ 24
89 什么是身体重心波动差？如何减小跑步时的身体重心波动差？/ 25
90 跑步时脚的支撑阶段技术特点是什么？/ 25
91 路跑途中下肢肌肉是如何工作的？/ 25
92 路跑技术与短跑技术有何区别？路跑技术分为哪几个技术环节？它的主要特征是什么？/ 26
93 起跑后的加速阶段有何技术要求？/ 26
94 路跑的后蹬阶段如何用力？/ 26
95 大腿前摆的作用是什么？/ 26
96 后蹬结束时大小腿是主动折叠的吗？/ 27
97 着地缓冲阶段在技术上有什么要求？/ 27
98 跑步时上体姿势是怎样的？/ 27
99 跑步摆臂技术有何要求？如果摆臂疲劳怎么办？/ 27
100 马拉松比赛中怎样跑才最省力？/ 27
101 终点冲刺应如何跑？/ 28
102 路跑呼吸节奏是怎样的？/ 28
103 人体参与呼吸的肌肉有哪些？/ 28
104 跑步时能够单纯采用"腹式呼吸"吗？/ 28
105 跑步时具体的呼吸方法是怎样的？/ 29

106 天气寒冷时应该如何呼吸？／29
107 鼻炎患者能跑步吗？／29
108 什么是"极点"？为什么会产生"极点"？路跑比赛中出现"极点"怎么办？／29
109 什么是"撞墙"现象？／30
110 "撞墙"和"极点"有何不同？／30
111 如何减少"撞墙"带来的影响？／30
112 出现"撞墙"现象该怎么办？／31
113 专业的马拉松选手是否也会出现"撞墙"现象？／31
114 "撞墙"是因为能量耗尽了吗？／32
115 路跑时是前脚掌着地好还是脚后跟着地好？／32
116 过分强调脚后跟着地有何害处？／32
117 前脚掌着地的优势是什么？／33
118 前脚掌着地跑与踮脚尖跑的区别是什么？踮脚尖跑有何危害？／33
119 初学者难以坚持前脚掌落地的原因是什么？／33
120 马拉松运动员全程都是采用前脚掌着地技术吗？／34
121 路跑中常见的错误动作有哪些？／34
122 "身体重心左右摇摆或跑进方向重心起伏过大"的原因是什么？如何纠正？／34
123 "后蹬无力，'坐着跑'"的原因是什么？如何纠正？／35
124 "脚落地太重，跑时没有弹性"的原因是什么？如何纠正？／35
125 "踢小腿跑"的原因是什么？如何纠正？／35
126 "错误摆臂动作"的原因是什么？如何纠正？／36
127 "脚跟制动着地"的原因是什么？如何纠正？／36
128 "踮脚尖跑"的原因是什么？如何纠正？／36
129 "步频太慢"的原因是什么？如何纠正？／37
130 造成膝伤的错误跑姿有哪些？／37
131 "落地时打直膝关节"为何会伤膝？／37
132 "重心不稳"为何会伤膝？／37
133 "身体后仰"为何会伤膝？／37
134 为什么会出现"含胸弓背"？它有何危害？如何纠正？／38
135 走和跑同属于双脚交替的周期性运动，为什么跑比走要累？／38

- 136 在平路上跑步，重力是阻力还是助力？/ 38
- 137 重力何时能成为跑步的动力？/ 38
- 138 既然重力在跑步时不做功，为何还要身体稍微前倾？/ 38
- 139 自我调控跑步强度有哪些方法？/ 39
- 140 每个人是否采用相同的心率标准控制跑步强度？/ 39
- 141 何谓基础心率？/ 39
- 142 常年参加路跑运动的人为何基础心率比较低？/ 39
- 143 何谓心输出量？/ 40
- 144 何谓心率储备？/ 40
- 145 长期路跑之后心率过缓是正常现象吗？/ 40
- 146 运动时的心率怎么测量？/ 40
- 147 何谓最大心率？如何测量？/ 41
- 148 个体间最大心率有何差异？/ 41
- 149 心率与运动强度的关系是怎样的？/ 41
- 150 在训练或比赛时，配速与心率出现差异时应该保持配速还是保持心率？/ 42
- 151 不同的运动目的对应怎样的心率区间？/ 42
- 152 各种强度路跑训练的心率区间是什么样的？/ 42
- 153 不同距离路跑比赛的心率区间是什么样的？/ 43
- 154 何谓"心率漂移"？出现的原因是什么？/ 43
- 155 什么是路跑战术？/ 44
- 156 如何安排路跑战术？/ 44
- 157 什么情况下采用领跑战术？/ 44
- 158 什么情况下采用跟随跑战术？/ 45
- 159 何时采用变速跑战术？/ 45
- 160 普通人群马拉松的战术如何安排？/ 45
- 161 在马拉松比赛中应如何分配体能？/ 45
- 162 路跑比赛中的配速策略有哪些？/ 46
- 163 如果追求个人最好成绩是速度重要还是耐力重要？/ 46

路跑准备活动与拉伸篇

164　什么是准备活动？为什么要进行准备活动？／48
165　准备活动的分类有哪些？它们之间有什么关系？／48
166　热身的定义是什么？准备活动与热身有什么区别？／49
167　准备活动有什么作用？／49
168　准备活动有什么生理作用？／49
169　准备活动的生理机制是什么？／49
170　如何选择准备活动？构成准备活动生理负荷的主要因素有哪些？／49
171　准备活动结束与正式训练或比赛开始之间需要间隔多长时间？／50
172　准备活动不足或过量会对训练或比赛产生什么影响？／50
173　如何灵活安排准备活动？／50
174　路跑中进行准备活动的注意事项有哪些？／50
175　路跑项目进行准备活动时要特别注意身体的哪些部位？／50
176　适合路跑的一般性准备活动有哪些？／50
177　与路跑有关的专项准备活动有哪些？／50
178　头部运动的技术特点是什么？／51
179　压肩的技术特点是什么？／51
180　腰部运动的技术特点是什么？／51
181　正压腿的技术特点是什么？／52
182　侧压腿的技术特点是什么？／52
183　弓步压腿的技术特点是什么？／53
184　原地摆腿的技术特点是什么？／53
185　行进间正踢腿的技术特点是什么？／54
186　行进间外摆腿的技术特点是什么？／54
187　活动膝关节的技术特点是什么？／55
188　活动踝关节的技术特点是什么？／55
189　交叉步跑的技术特点是什么？／56
190　踢臀跑的技术特点是什么？／56
191　转髋跳的技术特点是什么？／57
192　后蹬跑的技术特点是什么？／57

193 跨步跳的技术特点是什么？/ 58
194 小步跑的技术特点是什么？/ 58
195 高抬腿跑的技术特点是什么？/ 59
196 车轮跑的技术特点是什么？/ 59
197 什么是拉伸？/ 60
198 拉伸的形式分为哪两种？/ 60
199 拉伸放松在训练中有什么意义？/ 61
200 拉伸放松在路跑训练中的作用有哪些？/ 61
201 在路跑训练中拉伸放松如何提高肌肉的柔韧性和预防运动损伤？/ 61
202 在路跑训练中拉伸放松如何缓解肌肉紧张、消除疲劳以及促进机体的恢复？/ 61
203 在路跑训练中，拉伸放松如何改善身体线条？/ 61
204 在路跑训练中，拉伸放松如何缓解精神疲劳和促进心情舒畅？/ 61
205 在路跑训练中，拉伸放松的注意事项有哪些？/ 62
206 在路跑训练中，如何把握拉伸的时机和时间？/ 62
207 在路跑训练中，如何全面地、有侧重点地进行拉伸？/ 62
208 在路跑训练中，如何把握拉伸放松的度？/ 62
209 在路跑训练中的拉伸放松如何遵守循序渐进原则？如何做到因人而异？/ 62
210 路跑训练后如何进行颈部的拉伸？/ 62
211 路跑训练后如何进行肩部的拉伸？/ 63
212 路跑训练后如何进行背部的拉伸？/ 63
213 路跑训练后如何进行腹部的拉伸？/ 64
214 路跑训练后如何进行腰部的拉伸？/ 64
215 路跑训练后如何进行体侧的拉伸？/ 65
216 路跑训练后如何进行臀部的拉伸？/ 65
217 路跑训练后如何进行大腿前侧的拉伸？/ 66
218 路跑训练后如何进行小腿的拉伸？/ 66

路跑训练方法与手段篇

219 路跑训练方法有哪些？/ 68

220	选择训练方法应遵循什么原则？／68
221	必须要按照所选训练方法中规定的负荷强度进行训练吗？／68
222	什么是持续训练法？／68
223	路跑训练中持续训练法的练习形式有哪些？各需要多大的负荷强度？各有什么作用？／69
224	持续训练法有什么注意事项？／69
225	什么是重复训练法？／69
226	重复训练法的负荷有什么要求？／69
227	重复训练法有什么作用和注意事项？／69
228	路跑训练中重复训练法有哪些类型？／70
229	短距离重复训练法有什么特点和作用？／70
230	中距离重复训练法有什么特点和作用？／70
231	长距离重复训练法有什么特点和作用？／70
232	什么是"法特莱克"训练法？／70
233	"法特莱克"训练法的实质是什么？／71
234	"法特莱克"训练法与间歇训练法有什么区别？／71
235	"法特莱克"训练法在路跑训练中的训练形式是什么样的？／71
236	"法特莱克"训练法对生理和心理有什么作用？／71
237	"法特莱克"训练法对成绩有什么影响？／71
238	"法特莱克"训练法有什么注意事项？／72
239	进行"法特莱克"训练前要做好哪些准备工作？／72
240	什么是间歇训练法？／72
241	间歇训练法有什么类型？／72
242	短距离间歇训练法有什么训练特点和目的？／72
243	中距离间歇训练法有什么训练特点和目的？／72
244	长距离间歇训练法有什么训练特点和目的？／73
245	间歇训练法对人体心肺功能有什么作用？／73
246	间歇训练法对人体耐力水平有什么作用？／73
247	间歇训练法对人体专项水平有什么作用？／73
248	间歇训练法有什么注意事项？／73
249	什么是变速跑训练法？／74

250 变速跑在比赛中有什么目的？/ 74
251 在路跑训练中采用变速跑训练有什么目的？/ 74
252 在路跑训练中变速跑训练法的两种类型分别是什么？/ 74
253 定时变速跑有哪两种练习形式？/ 74
254 定距变速跑有哪两种练习形式？/ 75
255 变速跑训练法有什么作用？/ 75
256 变速跑训练法对提高机体大脑皮层转换功能有什么作用？/ 75
257 变速跑训练法对提高机体心肺功能有什么作用？/ 75
258 变速跑训练法对提高运动成绩有什么作用？/ 76
259 变速跑训练法对培养跑者战术意识和磨炼意志品质有什么作用？有什么注意事项？/ 76
260 什么是倒金字塔训练法？/ 76
261 倒金字塔训练法有哪些基本类型？/ 76
262 倒金字塔训练法有什么作用和注意事项？/ 77
263 什么是亚索800训练法？/ 77
264 如何运用亚索800来预测马拉松成绩？/ 77
265 亚索800对所有水平的跑者都能起到预测成绩的效果吗？/ 77
266 亚索800训练法适用哪些人群？/ 77
267 亚索800训练法有什么优点？/ 77
268 亚索800训练法有哪些注意事项？/ 78
269 什么是节奏跑训练法？/ 78
270 什么是节奏跑？/ 78
271 节奏跑训练时如何进行强度的检测？/ 78
272 节奏跑训练法有什么特点和要求？/ 78
273 节奏跑训练时的供能形式是什么？/ 78
274 节奏跑训练法有哪两种训练方式？/ 79
275 跟随配速员进行节奏跑训练有什么要求与优点？/ 79
276 利用运动软件进行节奏跑训练有什么要求与优点？/ 79
277 节奏跑训练法有什么作用？/ 79
278 节奏跑训练法有什么注意事项？/ 79
279 什么是越野跑训练法？/ 79

280 越野跑训练法有什么特点？/ 80
281 如何选择越野跑训练法的路线？/ 80
282 如何选择越野跑训练法的训练手段？/ 80
283 如何选择越野跑训练技术？/ 80
284 越野跑训练对跑者有什么影响？/ 80
285 越野跑训练有什么现实作用？/ 80
286 越野跑训练法的注意事项有哪些？/ 81
287 什么是山地跑训练法？/ 81
288 如何选择山地跑训练的路线？/ 81
289 如何制定山地跑的训练负荷？/ 81
290 如何选择山地跑的训练手段？/ 81
291 山地跑训练的跑步技术有什么特点？/ 82
292 山地跑训练对人体有什么影响？/ 82
293 山地跑训练法有什么注意事项？/ 82
294 什么是 LSD 训练法？/ 83
295 LSD 训练对距离有什么要求？/ 83
296 LSD 训练对配速有什么要求？/ 83
297 LSD 训练法对人体有什么影响？有什么注意事项？/ 83
298 什么是"走、跑"结合训练法？/ 84
299 "走、跑"结合训练法有什么作用？/ 84
300 "走、跑"结合训练法有什么注意事项？/ 84
301 什么是模拟比赛训练法？/ 84
302 模拟比赛训练法有什么要求？/ 84
303 模拟比赛训练法有利于提高运动员的哪些能力？/ 84
304 进行模拟比赛训练时，教练员应做哪些工作？/ 85
305 在路跑训练中如何采用模拟训练法？/ 85
306 模拟比赛训练法有哪些应用要求？/ 85
307 模拟比赛训练法有什么作用？/ 85
308 模拟比赛训练法有什么注意事项？/ 85
309 什么是核心力量？/ 86
310 核心区在哪里？/ 86

311　什么是核心力量训练法？／86
312　在路跑训练中核心力量训练有什么作用？／86
313　核心力量训练法有哪些类型？／86
314　核心力量训练的手段有哪些？／86
315　平板支撑有什么动作要求？／86
316　体侧平板支撑有什么动作要求？／87
317　两头起有什么动作要求？／87
318　"小推车"有什么动作要求？／88
319　"蹦蹦车"有什么动作要求？／88
320　悬垂举腿有什么动作要求？／89
321　伏地登山有什么动作要求？／89
322　俯卧挺身有什么动作要求？／89
323　收腹抱膝跳有什么动作要求？／90
324　双人"W"有什么动作要求？／90
325　实心球俯卧撑有什么动作要求？／91
326　十字挺身有什么动作要求？／91
327　波比跳有什么动作要求？／92
328　滚筒翻有什么动作要求？／92
329　仰卧卷腹有什么动作要求？／93

路跑训练计划制订及赛前竞技状态调整篇

330　什么是训练原则？／94
331　什么是训练规律？／94
332　制订运动训练计划的原则有哪些？／94
333　什么是竞技需要原则？贯彻该原则有哪些注意事项？／94
334　什么是动机激励原则？遵循该原则的依据有哪些？／95
335　什么是有效控制原则？训练信息是实施有效训练控制的必备条件，那么其在现代训练中有哪些表现？／95
336　什么是系统训练原则？如何保持训练的系统性？／95
337　周期安排原则及其训练学要点是什么？／96
338　什么是适宜负荷原则？负荷的构成包括什么？／96

339 贯彻适宜负荷原则要注意哪些事项？／96
340 什么是区别对待原则？／96
341 什么是直观教练原则？其训练学要点有哪些？／97
342 什么是适时恢复原则？／97
343 有哪些加速机体恢复的适宜措施？／97
344 什么是运动训练计划？／97
345 运动训练计划在训练过程中有什么作用？／97
346 运动训练计划的基本内容有哪些？／98
347 根据对马拉松训练理论的分析以及耐力性运动的特点，马拉松业余选手有哪些训练方法／98
348 什么是赛前状态？有什么生理变化？／98
349 影响赛前状态的反应程度的因素有哪些？／99
350 赛前状态的产生机制是什么？／99
351 赛前状态的类型有哪些？／99
352 准备状态的特点是什么？／99
353 赛前心理准备有什么意义？／99
354 赛前心理准备的内容包括什么？／100
355 赛前状态思维调整措施有哪些？／100
356 赛前准备活动有什么作用？／100
357 什么是唤醒？／101
358 什么是"倒U型假说"理论？／101
359 不同的运动项目对唤醒水平的要求是不同的，那么属于体能主导类耐力型项目的马拉松需要什么样的唤醒水平呢？／101
360 什么是最佳竞技状态？／101
361 影响最佳竞技状态的因素有哪些？／102
362 如何判断是否处在最佳竞技状态？／102
363 为什么春夏之交时节竞技状态会不佳？／102
364 如何应对春夏之交时节萎靡不振的竞技状态？／103
365 为什么跑后会有人出现倍感空虚的情形？／103
366 什么是过度训练？／103
367 如何识别过度训练的信号？／104
368 如何预防训练过度？／104

369 冬天跑步会不会产生训练过量的问题？/ 105
370 如何科学监控"训练过度"？/ 105
371 过度训练处理及加速恢复方式有哪些？/ 106
372 训练后身体暂时"变差"正常吗？/ 107
373 运动过量对身体的危害有哪些？/ 107

路跑赛前饮食营养篇

374 为什么路跑赛前一定要调整饮食？/ 108
375 跑者赛前调整期需要遵循的膳食营养原则有哪些？/ 108
376 如何做好跑步的膳食比例搭配？/ 108
377 赛前如何科学饮食储备能量？/ 109
378 对于持续时间为3～5小时的路跑运动前该怎么吃？/ 109
379 对于持续时间为1.5～3小时的路跑运动前该怎么吃？/ 109
380 日常饮食中对跑者的优质燃料是什么？/ 109
381 跑者的饮食主要存在什么问题？/ 110
382 运动前想要补充额外能量，吃什么食物最好？/ 110
383 一根香蕉对跑者有什么作用？/ 110
384 保持全天体力充沛的最好办法是什么？/ 110
385 为什么零食对跑者未必是坏事？/ 110
386 跑步前哪些食物不宜吃？/ 110
387 空腹跑步的危害是什么？/ 111
388 路跑运动的能源供应系统和补充是什么？/ 111
389 跑步之前喝蛋白粉有必要吗？/ 111
390 蛋白质对跑者来说的重要性有哪些体现？/ 111
391 跑者如何比较好地摄取蛋白质营养？/ 111
392 跑者为什么要摄取大量碳水化合物？/ 112
393 不同时间段的路跑训练补充碳水化合物含量的标准是什么？/ 112
394 为什么碳水化合物会影响跑步能力？/ 112
395 各种维生素对跑者到底有多重要？/ 112
396 为什么铁元素被称为有氧运动能力的保护剂？/ 112
397 为什么运动跑者需要适量补充钙质？/ 113

398　为什么胡萝卜素被称为跑者的全能营养素？／113

399　为什么说钾元素是身体痉挛的预防剂？／113

400　跑者进行1个小时以上的跑步训练，应该如何补水？／113

401　跑者运动时会大量出汗，需要适时补充水分维持身体平衡，饮水量达到什么标准为好？／113

402　在长距离长时间的剧烈运动中，为什么不能只喝饮用水？／114

403　运动饮料能起到什么样的作用？／114

404　功能性饮料是否就是运动饮料？／114

405　什么是跑者应当饮用的最好的饮料？／114

406　短时间运动需要喝运动饮料吗？／114

407　什么时候喝运动饮料最合适？／114

408　运动跑者饮酒会对身体造成什么危害？／115

409　怎样通过饮食来突破跑步的"撞墙期"？／115

410　为了预防跑步性腹泻，赛前饮食方面的注意事项有哪些？／115

411　跑者跑步中出现的恶心、呕吐是由哪些饮食方面的不当因素造成的？／115

412　肌肉酸痛的现象可以用饮食疗法来改善吗？／115

413　高温天气下，跑者喜欢吃冷饮降温的习惯对身体有哪些危害？／116

414　比赛途中服用能量胶是否对运动状态有帮助？／116

415　比赛前吃什么可以预防比赛途中出现腿抽筋的状况？／116

416　跑者大量大强度运动后，容易造成食欲不振，跑者应该怎样饮食才能改善这种情况？／116

417　跑者如果一直吃素到底好不好？／116

马拉松比赛攻略篇

418　赛前一周，训练量应该减少还是加大？为什么？／117

419　赛前训练减量的前提是什么？／117

420　如何通过减量来调整出最佳状态？／117

421　赛前一周如何安排训练？／118

422　赛前一周的训练应注意什么？／118

423　赛前一天要做什么？／118

424　新手如何制定自己的完赛目标？／119

425 赛前一天不能做什么？／119
426 赛前一天到底要不要再跑跑？／119
427 如何推算比赛时的配速？／119
428 马拉松比赛中心率和配速冲突时怎么办？／120
429 马拉松赛前紧张该怎么办？／120
430 比赛当天什么时候起床？／120
431 比赛当天早餐怎么吃？／120
432 从出发到赛场检录的过程中应注意什么？／120
433 检录后如何热身？／121
434 前5公里怎么跑？／121
435 前5公里要不要补水？／121
436 5~20公里这一阶段应该注意什么？／121
437 20~30公里这一阶段应该注意什么？／121
438 30~38公里这一阶段应该注意什么？／122
439 38公里到终点这一阶段应该注意什么？／122
440 马拉松比赛中为何要及时补水？／122
441 马拉松比赛前需要补水吗？如何补？／122
442 马拉松比赛中如何补水？／122
443 跑者在比赛中为什么要补充盐丸和能量棒？／123
444 盐丸什么时候吃比较合适？怎么吃？／123
445 能量胶什么时候吃比较合适？怎么吃？／123
446 盐丸和能量胶如何携带？／123
447 如果自备能量胶和盐丸，购买时如何选择？／124
448 如何判断比赛中是否失温？遇到失温怎么办？／124
449 低温天气比赛如何预防失温？／124
450 下雨会对比赛产生什么影响？／124
451 下雨天比赛需要准备什么？／125
452 比赛中跟着谁跑更靠谱？／125
453 马拉松比赛遇到逆风为什么感到跑起来很困难？／125
454 在有风天气中比赛应该如何穿着？／126
455 在有风天气中比赛应该怎么做？／126

456 普通选手为何很难保持匀速跑完全程？／126

457 能否用自己 5 公里或 10 公里的最佳配速来实际估算自己跑马时的配速？／126

458 如何根据自己平时 5 公里跑的配速来测算马拉松的配速？／127

459 为什么普通选手 30 公里后会明显掉速？／127

460 如何避免马拉松比赛后程降速？／128

461 跑一场马拉松需要准备多长时间？／128

462 想要顺利完成一场比赛，半马、全马跑前 3 个月的跑量积累分别应该达到多少呢？／128

463 LSD 训练的目的是什么？距离多少合适？／128

464 跑马时心率保持在多少最为合适？／129

465 在马拉松比赛中想要冲击 PB，需要怎么做？／129

466 为什么有些人在马拉松比赛中跑了 5 公里左右就出现了"疲劳点"？／130

467 在 5 公里左右出现"假性疲劳点"怎么办？／130

468 如何提高脂肪的有氧代谢能力？／130

469 为什么有的人"撞墙"的反应比别人大？／131

470 如何避免在马拉松比赛中突然胃痛或内急？／131

471 马拉松比赛时为什么会出现水疱？如何避免脚底起水疱？／131

472 如果比赛时出现水疱该如何处理呢？／132

473 马拉松比赛后会出现"黑趾甲"的主要原因是什么？／132

474 如何避免在比赛中出现"黑趾甲"？／132

475 已出现"黑趾甲"应该采取什么治疗措施？／133

476 男性马拉松选手会出现乳头磨破出血现象的原因是什么？／133

477 如何防止乳头磨破？／133

478 如何预防和处理比赛初期的小腿抽筋？／134

479 如何预防和处理比赛中踝关节扭伤？／134

480 如何预防和处理比赛中肌肉拉伤？／134

481 比赛中昏厥怎么办？／134

482 马拉松比赛后程出现抽筋的主要原因是什么？有何对策？／134

483 马拉松比赛中常见的抽筋部位有哪几个？应如何应对？／135

路跑赛后恢复篇

484　什么是运动性疲劳？／136
485　路跑造成的身体疲劳有哪些？／136
486　恢复的定义是什么？／137
487　超量恢复是什么？／137
488　为什么要重视跑后恢复？／137
489　路跑后如何恢复？／137
490　路跑后营养补充的原则有哪些？／138
491　赛后恢复需要注意哪些事项？／138
492　为什么跑完后要慢走几步？／138
493　平时跑步锻炼和跑马的休息恢复有何不同？／139
494　选择放松手段时要考虑哪些因素？／139
495　赛后放松的方式有哪些？／139
496　静态牵伸对消除疲劳有什么影响？／140
497　按摩和肌筋膜放松如何影响人体恢复？／141
498　什么是积极恢复？有哪些措施？／141
499　什么是消极恢复？／141
500　赛后的交叉训练对消除疲劳有哪些好处？／141
501　跑完马拉松后，身体会有哪些短时间的不良反应？／141
502　为什么赛后要即刻补糖补水补盐？／142
503　马拉松赛后如何补糖／142
504　跑完步后为什么要做整理活动？／143
505　拉伸运动很重要吗？／143
506　拉伸前要注意哪些事项？／143
507　单个拉伸动作宜保持多长时间？／143
508　为什么跑到后程会腿脚疼痛？／144
509　按摩是如何消除疲劳的？／144
510　泡沫滚筒和拉伸都能放松肌肉，两者的区别是什么？／144
511　赛后是否可以立即洗澡？／144
512　赛后洗澡要注意哪些问题？／145

513 洗完澡后用放松工具做按摩放松的方法是什么？／145

514 冷热交替浴的方法是否可以长期采用？／145

515 压缩装备是如何消除疲劳的？／146

516 有人说长距离慢跑（LSD）后要喝蛋白粉，这是为什么？／146

517 跑者经常吃香蕉有哪些好处？／146

518 比赛后几天要不要进行所谓的"排酸跑"？／146

519 一些跑者跑完马拉松后会引发感冒，这是什么原因呢？赛后怎样预防感冒？／147

520 赛后喝果汁可以替代吃水果吗？／147

521 马拉松赛后如何饮食？／147

522 跑步后该怎样补充每日营养？／147

523 运动中吃什么有利于缓解肌肉问题？／148

524 马拉松赛后如何安排恢复？／148

525 运动训练恢复的常用有效方式有哪些？／149

路跑运动常见伤病的预防与护理篇

526 擦伤算伤吗？／150

527 擦伤应如何处理？／150

528 应如何避免擦伤？／150

529 应如何避免扭伤？／151

530 关节扭伤可以坚持跑完吗？／151

531 什么是国际公认的软组织损伤急救原则？／151

532 膝盖韧带扭伤的主要症状有哪些？／152

533 如何处理膝关节扭伤？／152

534 肌肉拉伤的症状有哪些？／152

535 及时处理拉伤的方法有哪些？／153

536 预防拉伤的方法有哪些？／153

537 什么是臀肌拉伤？／153

538 臀部拉伤后应如何处理？／153

539 股四头肌拉伤的位置在哪里呢？／153

540 常见的股四头肌拉伤的处理办法有哪些？／154

541 如何处理肌肉拉伤？/ 154
542 肌肉痉挛是由什么引起的？/ 154
543 及时按摩可以减缓肌肉痉挛吗？/ 154
544 如何预防肌肉痉挛？/ 155
545 腘绳肌痉挛的症状有哪些？/ 155
546 腘绳肌痉挛了怎么办？/ 155
547 什么是足底腱膜炎？/ 156
548 当发生足底腱膜炎时应如何处理？/ 156
549 如何降低足底腱膜炎的发生率？/ 156
550 籽骨会发生炎症吗？/ 156
551 籽骨疼痛应如何处理？/ 156
552 大脚趾疼痛的原因是什么？/ 157
553 如何预防和处理踇外翻？/ 157
554 什么是莫顿神经瘤？/ 157
555 患莫顿神经瘤应怎么办？/ 157
556 什么是跖骨痛？/ 157
557 处理和预防趾骨痛的方法有哪些？/ 158
558 什么是跟垫痛？/ 158
559 如何预防与治疗跟垫痛？/ 158
560 什么是踝管综合征？/ 158
561 患了踝管综合征如何治疗？/ 158
562 什么是疲劳性骨折？/ 159
563 如何应对疲劳性骨折？/ 159
564 什么是胫骨疲劳性骨折？/ 159
565 如何处理与预防胫骨的疲劳性骨折？/ 159
566 什么是股骨疲劳性骨折？/ 160
567 股骨疲劳性骨折怎么办？/ 160
568 什么是骶骨疲劳性骨折？/ 160
569 什么是脚趾伸肌腱炎？/ 160
570 患了脚趾伸肌腱炎，应如何护理和预防？/ 161
571 什么是骨膜炎？/ 161

572　骨膜炎的处理办法有哪些？／161
573　骨膜炎的预防措施有哪些？／161
574　什么是跟腱损伤？／161
575　如何预防跟腱受伤？／162
576　什么是跟腱炎？／162
577　导致跟腱炎的原因有哪些？／162
578　小腿腱炎与跟腱炎有区别吗？／162
579　如何治疗与预防跟腱炎？／162
580　什么是胫骨结节骨骺炎（又名欧式病）？／163
581　胫骨结节骨骺炎需要治疗吗？／163
582　什么是鹅足肌腱炎？／163
583　患了鹅足肌腱炎怎么办？／163
584　什么是骶髂关节炎？／164
585　患了骶髂关节炎应该怎么办？／164
586　如何预防骶髂关节炎？／164
587　什么是胫腓骨骨膜炎？／165
588　如何处理胫腓骨骨膜炎？／165
589　胫腓骨骨膜炎的预防措施有哪些？／165
590　什么是胫骨骨膜炎？／166
591　胫骨骨膜炎的治疗方法有哪些？／166
592　胫骨骨膜炎应如何进行预防？／166
593　什么是膝关节退行性关节炎？／166
594　膝关节退行性关节炎是怎么引起的？／166
595　怎么防治老年膝关节退行性关节炎变？／167
596　什么是膝关节创伤性滑膜炎？／167
597　创伤性滑膜炎的常见病因有哪些？／167
598　创伤性滑膜炎的预防措施有哪些？／168
599　患了创伤性滑膜炎应如何进行治疗？／168
600　什么是胫骨夹板？／169
601　如何治疗胫骨夹板？／169
602　如何预防外胫骨夹板？／169

603 什么是前胫骨腱末端病？/ 169
604 什么是后胫骨腱末端病？/ 169
605 什么是跟腱末端病？/ 170
606 对于末端病的处理办法和预防措施有哪些？/ 170
607 什么是滑囊炎？/ 170
608 滑囊炎的处理办法有哪些？/ 171
609 使用脚后跟跑步的危害有哪些？/ 171
610 什么是跟骨滑囊炎？/ 171
611 如何处理与预防跟骨滑囊炎？/ 171
612 什么是股骨粗隆部滑囊炎（又名股骨大转子疼痛综合征）？/ 171
613 如何预防和治疗股骨粗隆部滑囊炎？/ 172
614 什么是"跑步膝"？/ 172
615 患了"跑步膝"应怎么办？/ 172
616 如何预防"跑步膝"？/ 172
617 什么是髂胫束摩擦综合征？/ 173
618 如何预防髂胫束摩擦综合征的发生？/ 173
619 导致腰痛的原因有哪些？/ 173
620 应如何预防与处理腰痛？/ 173
621 如何积极预防运动性腰痛？/ 174
622 什么是坐骨神经痛？/ 174
623 坐骨神经痛应怎么办？/ 174
624 什么是肋间神经痛？/ 174
625 肋间神经痛的处理办法有哪些？/ 175
626 什么是梨状肌综合征？/ 175
627 梨状肌综合征的治疗办法有哪些？/ 175
628 什么是胫骨痛？/ 176
629 胫骨痛的处理办法有哪些？/ 176
630 造成训练中颈痛的原因有哪些？/ 176
631 如何应对训练中的颈痛？/ 176
632 什么是岔气？/ 177
633 训练中岔气应如何处理？/ 177

634 如何正确预防岔气？／177
635 什么是运动性中腹痛？／177
636 产生运动性腹痛的原因有哪些？／178
637 训练中腹痛应如何处理？／178
638 如何预防运动性腹痛？／178
639 赛中头晕的表现有哪些？／179
640 训练中头晕应如何处理？／179
641 训练中预防头晕的措施有哪些？／179
642 训练中胸部疼痛应该怎么办？／179
643 在跑步中如何处理胸痛？／179
644 运动可以减少结肠癌的发生率吗？／180
645 运动可以预防乳腺癌吗？／180
646 运动对前列腺癌的影响有哪些？／180
647 运动性晕厥的原因有哪些？／181
648 什么是低血糖性晕厥？有何表现？／181
649 如何预防低血糖性晕厥？／181
650 什么是重力性休克？／182
651 如何预防重力性休克？其急救措施是什么？／182
652 感冒了还能跑步吗？／182
653 感冒后恢复训炼时，应注意什么？／183
654 运动量过大导致感冒的症状以及处理办法有哪些？／183
655 出现运动量过大导致的感冒时，应如何进行调整训练？／183
656 跑步中补充电解质、水分是否可以预防抽筋？／184
657 什么是半月板撕裂？／184
658 如何治疗半月板撕裂？／184
659 什么是前交叉韧带损伤？／185
660 前交叉韧带损伤时应该怎么办？／185
661 如何预防前交叉韧带损伤？／186
662 为什么夏季是冠心病的高发期呢？／186
663 在夏季，冠心病患者如何进行运动？／186
664 什么是低血钠症？／187

665 低血钠症的治疗方法有哪些？／187
666 什么是中暑？／187
667 中暑后应如何护理呢？／188
668 在炎热天气下如何预防中暑？／188
669 什么是热射病？／188
670 什么是热痉挛？／189
671 什么是热衰竭？／189
672 什么是热休克？／189
673 在高温环境下运动的热应激生理反应有哪些？／189
674 什么是脱水？／190
675 在夏季训练时如何进行合理的补液？／191
676 什么是日光性皮炎？／191
677 日光性皮炎的主要症状是什么？／191
678 患了日光性皮炎应如何治疗？／192
679 什么是汗斑？／192
680 对于汗斑，应如何进行处理和预防？／192
681 什么是运动性冻伤？／192
682 运动性冻伤的主要表现有哪些？／193
683 运动性冻伤的处理办法有哪些？／193
684 冻伤的危害有哪些？／193
685 如何防止冻伤？／193
686 什么是运动性猝死？／194
687 跑马拉松到底是增强心脏功能还是增加猝死风险？／194
688 如何预防猝死的发生？／194
689 如何在比赛时预防猝死？／195
690 如何使用心脏复苏术？／195
691 发生猝死应如何进行处理？／196
692 什么是低血糖？／196
693 如何预防低血糖的发生？／197
694 什么是运动性贫血？／197
695 运动性贫血的处理办法有哪些？／197

696 什么是髌骨劳损？/ 198
697 如何治疗髌骨劳损？/ 198
698 如何预防髌骨劳损？/ 198
699 什么是运动性血尿？/ 198
700 运动性血尿的处理办法有哪些？/ 199
701 什么是髌下脂肪垫炎？/ 199
702 如何判断是否患有髌下脂肪垫炎？/ 199
703 如何治疗髌下脂肪垫炎？/ 199
704 髌下脂肪垫炎如何做康复锻炼呢？/ 199
705 什么是运动性头痛？/ 200
706 造成运动性头痛的原因有哪些？/ 200
707 如何处理运动中头痛？/ 200

路跑赛事组织与管理篇

708 路跑赛事有哪些类别？/ 201
709 谁是中国田径路跑赛事的组织管理者？/ 201
710 中国田径路跑赛事的具体负责单位是什么？/ 201
711 中国田协路跑委员会将依据哪些文件进行管理监督、指导和协调解决各方面的争议纠纷，并处理比赛中的违纪违规行为？/ 201
712 各类路跑赛事应该如何进行申请？/ 202
713 申请路跑赛事时需要提交什么材料？/ 202
714 路跑赛事路线如何丈量？/ 202
715 中国田协路跑委员会如何协调赛事？/ 202
716 当地组委会有哪些职责？/ 203
717 当地组委会应该设立什么有关机构？/ 203
718 路跑赛事路线标识有什么要求？/ 203
719 设立路跑赛事起点区域有什么要求？/ 203
720 设立路跑赛事终点区域有什么要求？/ 204
721 路跑赛事起点区域和终点区域赛道交通管制与关门时间有什么要求？/ 204
722 如何规定各公里点关门时间？/ 204

723 路跑赛事对双向交通的公路如何实行交通管制？/ 205
724 路跑赛事交通管制的公告应该何时公布？/ 205
725 组委会应该按照什么规则规定设置饮水、海绵、饮料和食品供应站？/ 205
726 马拉松饮料、饮水、用水站根据公里点应该设置多少数量的桌子？/ 205
727 路跑赛事是如何按照参赛人数增加桌子的？/ 206
728 饮料站的饮料桌、饮水站和用水站的桌子应该怎么样排列？/ 206
729 路跑赛事能量补给包括哪些食物？/ 206
730 马拉松和半程马拉松赛事对参赛运动员的年龄有什么限制？/ 206
731 组委会可以为大众选手提供什么报名方式？/ 206
732 路跑赛事发放参赛物品有什么要求？/ 206
733 参赛选手号码布背面应该填写什么重要的信息？/ 206
734 路跑赛事对计时有什么要求？/ 207
735 参赛运动员可以通过什么途径获得参赛指南？/ 207
736 赛事组委会须对具备什么成绩的运动员进行10天的成绩公示？/ 207
737 路跑赛事的起跑仪式有什么要求和程序？/ 207
738 路跑赛事颁奖仪式有什么要求？/ 207
739 路跑赛事组委会在保险方面有什么职责？/ 208
740 路跑赛事组委会在安保方面有何职责？/ 208
741 举办1 000人（含）以上的赛事，组委会须至少向安保部门提供哪些材料？/ 208
742 路跑赛事应遵循哪些医疗服务标准？/ 209
743 路跑赛事在环卫方面有哪些要求？/ 209
744 如何安排路跑赛事厕所数量？/ 209
745 路跑裁判员应该遵守哪些工作要求？/ 210
746 路跑赛事检录管理裁判有什么工作任务？/ 211
747 路跑赛事全程马拉松赛前检录裁判应遵守哪些工作细则？/ 211
748 路跑赛事中，发现运动员有意或无意站错起点位置，检录裁判应如何处理？/ 212
749 路跑赛事中，发现起跑前有运动员因过度紧张和其他原因晕厥，检录裁判应如何处理？/ 212

750　路跑赛事中，未发令前，部分运动员越过起点线，检录裁判应如何处理？／212

751　路跑赛事中，起跑时发现有运动员的鞋子被踩掉或类似现象并企图捡起，检录裁判应如何处理？／212

752　路跑赛事中，运动员穿着、携带或使用不符合大会规定的服装或用品，检录裁判应如何处理？／212

753　路跑赛事检查裁判有什么工作任务？如何进行分工？／212

754　路跑赛事检查主裁判赛前有何职责？／212

755　路跑赛事检查主裁判赛中有何职责？／213

756　路跑赛事检查员有何职责？／213

757　路跑赛事检查员赛前有哪些工作细则？／213

758　路跑赛事检查主裁判与检查员之间如何进行联系？／213

759　路跑赛事检查主裁判与外场裁判长之间如何进行联系？／214

760　路跑赛事检查裁判员有什么工作要求？／214

761　路跑赛事终点裁判有什么工作任务？／214

762　路跑赛事终点主裁判有什么工作任务？／214

763　路跑赛事终点检查裁判员有什么工作任务？／215

764　路跑赛事终点裁判员赛前有什么工作任务？／215

765　路跑赛事终点裁判员赛中有什么工作任务？／215

766　路跑赛事在发放名次牌时对志愿者有什么工作要求？／216

767　路跑赛事在送获奖运动员进行兴奋剂检测时志愿者有什么工作任务？／216

768　应如何安排完赛物品发放的站点和人数？／216

769　发放完赛物品的志愿者在赛前有什么工作任务？／216

770　发放完赛物品的志愿者在赛中有什么工作任务？／216

771　发放完赛物品时，志愿者应特别注意什么事项？／217

772　终点裁判员在终点疏散时有什么工作要求？／217

773　终点裁判员在赛中疏散工作中有什么要求？／217

774　裁判员在赛中的饮料、饮用水站有什么工作要求？／217

775　马拉松赛事组织者在应对相关诉讼时可以参考什么法律规定？／218

776　举办路跑赛事主要进行哪些方面的审核？／218

777　国际马拉松（AIMS）和国际田联（IAAF）的认证有什么区别？／219

778 有哪些赛事被归类为世界马拉松系列赛？／219
779 何为中国马拉松大满贯？／219
780 路跑赛事中，对饮水和用水有什么要求？／219
781 路跑赛事在能量补给方面有何规定？／220
782 路跑赛事对温度有什么要求？／220
783 路跑赛事对路线有什么要求？／220
784 路跑赛事赛道最后 200 米是否可以有弯道？／220
785 路跑赛事男女精英选手的冲刺是如何分流的？／220
786 路跑赛事最后 200 米赛道上可否有工作人员？／220
787 前导车队应如何消失在拱门前？／221
788 路跑参赛声明中，应当如何对参赛者进行明确的风险告知？／221
789 如何完善告知方式？／221

路跑礼仪与安全篇

790 怎么才能体现文明路跑？／222
791 跑步过程中遇到其他跑者挤超自己的情况应如何处理？／222
792 夜跑是否必须佩戴反光条之类的安全标识？／222
793 在跑步过程中遇到散步人群阻挡怎么处理？／222
794 结伴路跑如何文明列队？／223
795 是否要始终超越比自己配速慢的跑者？／223
796 超越跑友或行人时怎么提醒他？／223
797 遇见跑友是否要打招呼？／223
798 路跑时该如何把控自己的速度？／223
799 田径场中可以逆向跑吗？／223
800 夜跑时，应跑在哪一侧的道路？为什么？／224
801 田径场中遇到不文明现象如何处理？／224
802 在田径场中运动应该遵守哪些规则？／224
803 为什么要求在田径场中散步要沿外圈？／224
804 为什么冲刺后减速要沿跑道缓慢减速？／224
805 马拉松赛前应注意什么？／224
806 为什么号码布要挂在正前方和正后方？／225

807　为什么在开赛前不要播放自身携带的音响？／225
808　为什么要提前去领竞赛物品？／225
809　为什么不能立刻去捡掉落在起点的物品？／225
810　如何处理比赛中无法避免的生理反应？／225
811　怎么通过比较拥堵的赛道？／225
812　为什么要时刻注意身边的情况？／226
813　为什么不要冒名顶替别人去参加比赛？／226
814　为什么要尊重每一位参赛选手？／226
815　在补给站应如何取得补给呢？／226
816　比赛过程中怎么去帮助身边受伤的跑者？／226
817　如何处理补给包装等垃圾？／226
818　到达终点后需要做哪些事情？／226
819　颁奖结果和你预期有差异应该怎么办？／227
820　如何对待赛事一线工作的人员？／227
821　如有关于赛事的意见或者建议，该如何有效提出？／227
822　为什么跟跑也要征求他人同意？／227
823　为什么不要在起点和终点拍照？／227
824　为什么不可成群结队跑步？／227
825　马拉松赛后补给包里都有什么？／227
826　造成路跑礼仪缺失的原因是什么？／227
827　路跑安全主要由几方面构成？／228
828　马拉松赛事医疗保障是如何设计的？／228
829　马拉松医疗点是如何设置的？／228
830　马拉松赛事保障队是怎么组建的？／228
831　应急救治专家组的任务是什么？／228
832　从事路跑运动为什么要定期检查身体？／229
833　跑前为什么要做充分的准备活动？／229
834　路跑运动中为什么不要勉强自己？／229
835　一个人夜跑选择怎样的地点是安全的？／229
836　女性跑者该如何着装？／229
837　女性跑者如何安全地进行夜跑？／230

838 女性跑者遇到危险时该怎么应对？/ 230
839 跑步时遇到狗怎么办？/ 230
840 夜晚路跑时可以边听歌边跑步吗？为什么？/ 230

路跑减脂篇

841 路跑真的能减脂吗？为什么？/ 231
842 体脂较高的人可以采用跑步的方法减脂吗？/ 231
843 跑步能减脂，太瘦了还能跑步吗？/ 232
844 跑步的时间长短并不重要，跑了就能瘦吗？/ 232
845 只有跑步 30 分钟才能够减脂吗？/ 232
846 每次跑多长时间比较好？/ 232
847 路跑时慢速跑与快速跑分别是怎样消耗能量的？该如何选择？/ 232
848 跑步一段时间后感觉减脂的效果不明显了是怎么回事？/ 233
849 如何跑步才能真正达到锻炼和减脂的作用？/ 233
850 空腹跑步是不是更容易减脂？/ 233
851 作为女性，应该选择哪种方式进行减脂？/ 233
852 什么是 HIIT，在路跑中如何实践？/ 233
853 HIIT 训练有哪些好处？/ 233
854 想要减脂效果好应该跑多久呢？/ 234
855 减脂初期，一周跑步几次比较好？/ 234
856 减脂初期，是不是路跑运动配合节食效果最好？/ 234
857 减脂时为什么要多吃粗粮？/ 234
858 路跑减脂，跑步后要进食吗？/ 235
859 运动后吃东西容易发胖吗？/ 235
860 跑步后应该补充什么食物呢？/ 235
861 路跑减少的脂肪去了哪里？/ 235
862 一个月减重多少是比较合适的？/ 235
863 短时间内严格控制饮食能减脂吗？/ 236
864 控制饮食一段时间后感觉自己瘦了，但稍微吃多点体重就增加是怎么回事？/ 236

路跑装备篇

865 夜跑装备有哪些需要注意的？/ 237
866 常见的路跑鞋主要有哪些？/ 237
867 路跑时如何根据自己的足弓选择合适自己的跑鞋？/ 238
868 如何确认自己的足型和内/外翻情况？/ 238
869 除了"湿脚测试法"，还可以通过其他方法判断自己的足弓类型吗？/ 238
870 怎样根据路跑的时间和速度选择跑鞋？/ 239
871 路跑初学者如何选择跑鞋？/ 239
872 购买跑鞋时主要关注哪些方面？/ 239
873 路跑跑鞋应该如何保养？/ 239
874 清洁跑鞋时有哪些需要注意的事项？/ 239
875 越野跑鞋与路跑鞋有什么区别？/ 240
876 路跑鞋可以用来越野跑吗？越野跑鞋可以用来路跑吗？/ 240
877 如何挑选一双合脚的跑鞋？/ 240
878 如何判断鞋子的宽度是否合适？/ 240
879 为什么说棉质的衣服不适合跑步？/ 241
880 选择怎样材质的服装有利于跑步？/ 241
881 选择跑步服装的尺寸有哪些注意事项？/ 241
882 五指袜为什么不适合用来路跑？/ 241
883 好的袜子可以减轻足部的负担吗？/ 241
884 跑步时携带的腰包应该怎么选择？/ 242
885 如何判断跑鞋是否该更换？/ 242
886 平时练习和比赛可以穿同一双鞋吗？需要特别准备新鞋吗？/ 242
887 女性跑者在进行路跑时，需要穿运动文胸吗？为什么？/ 242
888 专业的运动内衣与普通内衣有什么区别？/ 242
889 如何选择适合自己的运动内衣款式？/ 243
890 如何选择手表帮助路跑？/ 243
891 路跑时戴太阳眼镜有哪些作用？夏天进行路跑该如何选择太阳眼镜？/ 244
892 跑步专用太阳眼镜与普通眼镜有什么区别？/ 244

893 夏天戴帽子与冬天戴帽子有何区别？专业慢跑帽与普通遮阳帽有何区别？/ 244

894 冬天路跑应该怎样穿比较合适？/ 244

895 皮肤风衣与一般的防风外套有什么区别？/ 245

896 在进行路跑时身着皮肤风衣有哪些好处？/ 245

897 冬天路跑手冻僵了，有专用的手套吗？/ 245

898 路跑时穿运动紧身裤有什么作用？/ 246

899 应该如何选择运动紧身裤？/ 246

900 出门路跑时应该备好哪些小物件？/ 246

参考文献/ 247

视频说明

1. 马拉松运动中，男性和女性身体能耗的差别。

2. 不同环境中，路跑着装的要求。

3. 跑前热身和跑后拉伸的重要性。

4. 评定跑步技术的标准是什么？马拉松比赛时步频多少比较合适？

5. 路跑运动中，怎样把控呼吸的节奏？

6. 马拉松比赛中怎样分配体力？

7. 路跑运动中出现膝关节和踝关节损伤的原因。

8. 怎样根据路跑环境和脚型选择跑鞋？

9. 跑步时究竟如何呼吸？

10. 路跑运动中出现损伤的原因和预防办法。

11. 路跑技术、跑姿及常见错误动作的分析与纠正。

12. 跑步的动力来自哪里？重力是否能成为跑步的动力？

路跑常识篇

1. 什么是路跑?

　　路跑是田径运动的一个分支,由于其运动场所主要以公路为主,故称之为路跑。

2. 我国路跑赛事发展现状如何?

　　我国的路跑赛事以马拉松赛为代表,因起步较晚,所以跑步赛事在改革开放前发展得并不理想。我国路跑赛事从 2008 年北京奥运会之后才正式"热"起来,现今全国各地纷纷举办路跑赛事,呈现出大发展、大繁荣趋势。

3. 我国何时把马拉松赛事列为正式比赛项目?

　　1959 年首届全国运动会就已经把马拉松赛事列为正式比赛项目。

4. 我国何时创办了最早的马拉松赛?

　　1981 年 9 月,中国田径协会创办的北京马拉松赛是国内最早的,也是级别最高的国际马拉松赛事。2003 年,厦门把第 13 届全国马拉松锦标赛打造成厦门国际马拉松赛。

5. 如今路跑赛事呈现出什么样的变化?

　　一是从观赏性到参与性的变化,二是运动场所从健身场馆内到户外的转变,三是参与路跑的人群的变化,路跑运动开始越来越多地走进人们的生活。

6　马拉松的由来是什么？

马拉松的起源要从公元前490年9月12日发生的一场战役讲起，这场战役是波斯人和雅典人在离雅典不远的马拉松海边发生的，史称希波战争。经过激烈的对战，最终雅典人获得了反侵略的胜利。为了让故乡人民尽快知道胜利的喜讯，统帅米勒狄派一个叫裴里庇第斯的士兵回去报信。裴里庇第斯是个有名的"飞毛腿"，为了让故乡的人民尽早知道好消息，他一个劲地跑，当他把胜利的消息传递到家乡后，便倒地死去。为了纪念这一事件，在1896年举行的现代第一届奥林匹克运动会上，设立了马拉松赛跑这个项目。

7　马拉松如何分类？

马拉松长跑是国际上非常普及的长跑比赛项目，分为全程马拉松、半程马拉松和四分马拉松三种，以全程马拉松比赛最为普及，一般提及马拉松，即指全程马拉松。半程马拉松是目前国际上参与者人数增长最快的赛跑项目，其赛程长度是21.0975公里。因为半程马拉松很有挑战性，对跑步者的要求又不像全程马拉松那么严苛，所以通常半程马拉松会与全程马拉松（有时候也与四分马拉松）同时举办。四分马拉松，即四分之一的马拉松，是一种在国际上很普及的长跑运动。还有一种迷你马拉松属于欢乐跑，赛程长度没有具体限制，7公里、5公里、3公里都有。

8　赞助商冠名发起的比赛有哪些？与马拉松赛相比如何？

赞助商冠名发起的比赛有"李宁10公里路跑联赛""特步特跑汇10公里竞赛""Nike10公里"等。这种比赛的门槛没有半程马拉松或者全程马拉松的门槛那么高，将这种10公里赛事作为自己的第一次比赛非常合适，当然也可以选择参与马拉松比赛中的10公里路线，只是相比这种中距离比赛，全程马拉松的10公里给人的感觉仅仅是参与，并不是完赛。

9　什么叫彩色跑？

彩色跑是一项推崇健康、快乐，彰显自我并回报社区的跑步活动。在彩色跑活动中，跑者得到的是一种前所未有的跑步体验。距离为5公里的彩色跑不计时，跑者每一公里都将经过一个色彩站，从头到脚都会被抛洒上不同的颜色。冲过终点线后，在终点舞台区将开始一场更加壮观的色彩派对，届时大家会一起把手中的彩色粉向空中抛洒，每个人都会像调色板一样色彩缤纷。参加彩色跑只有两个规则，一是穿白色衣服，二是以最炫的色彩冲过终点线！

10 马拉松运动是如何发展的？

早在 1896 年第一届现代奥运会举办的时候，马拉松就已经是奥运会的比赛项目了。这源于现代奥林匹克之父顾拜旦在筹备首届奥运会时采纳了历史学家布莱尔的建议，将马拉松之战中希腊的民族英雄裴里庇第斯跑过的路线设定为一个比赛项目，并命名为马拉松，以纪念这位可歌可泣的民族英雄，彰显人们对和平的渴望。从此以后，马拉松被纳入奥林匹克运动会比赛项目。随后，马拉松赛事逐渐在全世界范围内开展。女子马拉松开展较晚，直到 1984 年第 23 届奥运会才被正式列入比赛项目。2004 年 1 月 1 日，国际田联宣布了一项新决定：包括马拉松在内的公路赛跑和竞走项目将告别只有世界最好成绩的时代，开始拥有世界纪录。2017 年第 13 届全运会马拉松赛产生了全运会历史上的第一枚群众金牌。

11 为什么非洲人在马拉松比赛中一直处于统治地位？

非洲人之所以能在马拉松比赛中处于统治地位，主要是由非洲人的生活环境、生活条件、遗传基因等因素决定的。非洲的文明进程一直比较缓慢，原始畜牧农耕部落和不断的种族战争，使得强壮的人才更有社会竞争力，因此，非洲人的身体潜移默化地朝这个方向演化。正是因为长期的经济落后，决定了非洲人的爱好和他们喜欢的运动大多数跟平时的生产活动相关，是比较纯粹、简单的运动。此外，遗传的多样性也为运动天赋的多样性创造了条件。在体育运动项目中，耐力项目和爆发力项目对身体条件的要求完全不同，甚至是对立的。例如，耐力项目选手红肌多白肌少，而爆发力项目选手则相反。从人体形态学上看，非洲人的大腿小腿长度比、体脂比例更适合长距离奔跑，而血液中高达 180 g/L 的血红蛋白含量更是远远超过了其他人种，充分保证了长跑时对氧气的需要。也就是说，非洲人比其他人种血液中血红蛋白含量高、红肌发达、腿长、臀高，更适合于耐力运动（尤其是跑步）。低氧的生活环境造就了他们强大的肺活量，且当地的气候温和，全年都适合跑步。正是以上因素决定了非洲人在马拉松比赛中一直处于统治地位。

12 马拉松业余赛事和专业赛事有何区别？

第一，相较于专业的马拉松赛事而言，业余马拉松赛事在知名度上远远没有专业赛事高，这直观体现在马拉松参赛者的规模上。在一些知名度高的专业赛事中，参赛人数通常可以达到数万甚至更多，而业余赛事一般仅在举办地有一定的知名度，参赛人数也不会太多。另外，与业余赛事相比，专业赛事往往会吸引一些国内外专业选手参与，尽管专业赛事当中也会允许业余选手参赛，但业余赛场上很少会有专业的大牌选手参加，所以各个媒体对业余赛事的关注度会相对较低。第二，相较于马拉松业余赛事，专业赛事的举办会有严格的章程，如比赛时的交通管制、赛程当中的饮水饮食站的设立等，以确保赛事的顺利举行。而业余的赛事一般会在人口稀少的路段举行，交通管制等工作安排往往不够充分。在统一服装上两者也存在很大差距，专业赛事的参赛者往往穿戴有主办方标志的服装。除此之外，在赛事组织的秩序应急保障方面，专业赛事也较业余赛事更为合理、到位。第三，专业马拉松赛事在专业机构是有备案的，通常定期举行，选手所得成绩是被认可和承认的，业余赛事则不然。

13 如今的竞技马拉松与大众马拉松有何交集？

虽然以前马拉松都是专业选手与大众选手共同参赛，但是这两类人彼此并无交集，这种情况现如今发生了很多可喜的变化。第13届全运会马拉松赛首次增设群众组比赛，首次在国内最高水平马拉松竞技中接纳大众选手。全运会历来都只有精英运动员能参加，普通大众只能当观众。

14 马拉松的安全保障体系如何？

马拉松的安全保障体系越来越完善，中国田径协会和赛事方如今都高度重视马拉松赛事安全问题，一场比赛中赛道应急救援力量的组织和布置会成为赛事工作的重中之重。虽然猝死本身就具有很大的偶然性，难以从根本上预防。即使参赛者尊重参赛规则，如实提交体检报告，有准备地参赛，感冒时放弃比赛，发生不适时立即停下来休息并寻求医疗救援，杜绝替跑蹭跑现象，也未必能做到100%避免猝死，但至少可以在很大程度上确保参赛者安全顺利地完赛。

15 中国马拉松学院在何时成立？有什么作用？

2017年3月20日，上海体育学院和中国田径协会共同成立中国马拉松学院。公开资料显示，马拉松学院在赛事组织管理、运动训练等方面推出培训课程和资质认证标准，还与各方企业、专家深入开展产学研合作。马拉松学院努力建成并为我国培养优秀体育人才，是马拉松人才的重要生产基地。

16 马拉松赛事有什么魅力？

全世界许多名人都身体力行地参加马拉松赛，同时，马拉松比赛在中国的蓬勃发展这一事实证明了它强大的魅力。一些选手认为，马拉松改变了他们的生活，使他们获得了更好的生活状态。跑步不仅代表健康的生活，还意味着拥有毅力、智慧、正能量等品质。在生理方面，长时间的有氧奔跑能够消耗体内大量的能量，尤其是能燃烧多余的脂肪，有助于维持健康的体重，预防肥胖。此外，跑步可以促进心血管和心脏功能的提升，是预防和辅助治疗心血管疾病的重要方式。跑步还能提高神经系统的兴奋性，调节内分泌水平，延缓人体衰老，而且在跑步过程中骨骼肌有节律地收缩，有利于心理放松、舒缓情绪、释放压力，形成愉悦的心情，培养健康的心态。在心理方面，跑步可以暂时将人的注意力转移到运动中，让自己聆听心跳的节奏，使身心更为专注和放松，是非常好的放松方式。

17 有哪些马拉松之最？

（1）最古老的城市马拉松是波士顿马拉松。1896年夏季奥林匹克运动会成功举办后，波士顿马拉松于次年创立，是全世界最古老的马拉松比赛，也是"六大满贯"之一。

（2）最冷的马拉松是南北极地马拉松。南极冰川马拉松是世界最南端的马拉松比赛，创立于2005年，而北极马拉松创立于2004年，参赛者需在-20℃的环境下，在凹凸不平的雪地上进行42.195公里的标准马拉松。

（3）最高的马拉松是珠峰马拉松。又称"丹增·希拉里珠峰马拉松赛"，创办于2003年，是为纪念尼泊尔人丹增·诺盖·谢尔帕和新西兰人希拉里登顶珠峰50年而设。它是全球海拔最高的马拉松赛。

（4）最正统的马拉松是雅典马拉松。当年裴里庇第斯从马拉松镇跑回雅典成就了马拉松这个赛事，而雅典马拉松最大的亮点就是使用了从马拉松镇到雅典这条经典赛道，亦是1896年第1届现代奥运会马拉松比赛使用的路线。

（5）最小的马拉松选手是印度男孩布迪亚·辛格（Budhia Singh）。他于2002年出生，4岁起就被教练强迫1年跑48次全马，20次半马，他曾以6小时30分钟的成绩完成了60公里的比赛，并一举成名。电影《破碎的奥运梦》就是以他为原型拍摄的。

（6）最年长的马拉松选手是印度裔的英国人福贾·辛格（Fauja Singh）。他是百岁年龄组马拉松世界冠军、吉尼斯世界纪录全球第1人。他89岁开始参加马拉松比赛，在2003年就创造了最年长马拉松选手记录，在100岁的时候跑完了多伦多海滨马拉松赛。

（7）最"慢"的马拉松选手是金栗志藏。1912年的斯德哥尔摩奥运会上，一名叫金栗志藏的日本选手跑到30多公里就悄悄回国了，主办方遍寻未果，他的经历让他在瑞典被许多人崇拜。直到1966年，众人找到了他并邀其回瑞典完成比赛，当时已76岁高龄的他颤巍巍地撞线，终于完成了他54年前开始的马拉松比赛。

18 参加马拉松有年龄限制吗？

马拉松比赛的年龄限制一般根据主办方的参赛要求，并按照全程马拉松、半程马拉松和四分马拉松以及性别有所区别。很多人由于种种原因无法完整地参加一次马拉松比赛，但是这并不能使他们参加马拉松跑的梦想破灭。年龄不是一个人能否参加马拉松运动的决定因素，即使年龄很大，也可以依靠马拉松运动延缓衰老。研究发现，跑步可以延缓腿部肌肉质量的流失，同时增强肌肉力量和耐力，从而提高人的平衡能力。跑步还能减缓骨骼矿物质的流失，预防骨质疏松。总之，长跑能够在情绪上给人年轻的感觉，对心理健康非常有利，是延缓衰老和愉悦心情的最佳方式。

19 不训练可以直接参加马拉松吗？

答案是"可以"，但是我们从另一方面看，你可能会觉得"不可以"。在所有的运动项目中，因长跑而受伤的风险是较小的，但是马拉松比赛对运动员的体能、肌肉耐力、肺活量都有较高的要求，如果运动员达不到这些条件，很可能无法完成全部比赛。中国有句古话，"不打无准备之仗"，若无针对性的训练，参与马拉松赛事就不必强求成绩，应以保证自身不受损伤为前提，参赛者可以以尝试或者感受氛围为主要目的。若是为了真正享受马拉松比赛的乐趣，还是要以正确的训练作为保障。

20 长跑训练能减轻工作生活的压力吗？

积极的生活方式决定积极的情绪状态。长跑作为人们广泛认同的运动方式，长期规律的长跑与参与者的情绪状态有密切的联系。跑步过程中会使人进入一种身体轻松、精神愉悦的状态，这种运动带来的舒适感可能会提高你对这项运动的热情和忠诚度，并且更多的是具有抵抗不良情绪的作用。当我们在工作中遇到压力或精神沮丧时，跑步可能是一剂良药。长跑除了活动肌肉外，也能加强心、肺和循环系统的功能。同时，跑步能分散注意力，使跑步者注意到身体新的感受，原本因沮丧引起的不适就被忽略了。

21 儿童、青少年能否参加马拉松运动？应注意哪些事项？

人在不同的年龄有不同的身体特点，但是不应该成为运动的限制条件，即使在某些方面，儿童和青少年参加马拉松运动存在隐患，但是风险与收获并存。例如，2013年深圳（盐田）山地马拉松赛中最小的选手只有4岁，美国有记载的最小的马拉松选手是4岁且用时6小时3分完成比赛。

参加马拉松运动时应注意以下事项。

（1）如果孩子小于10岁，不要强迫他跑，不要给他制订跑步计划，不要依照着你的计划让他进行比赛。他想跑多远都可以，直到他认同并养成跑步的习惯。超长距离跑建议在成年后进行。

（2）动作养成是主要任务。不要动作过猛或者过早进行负重练习，过早的骨化会影响儿童和青少年的身高发育。

（3）全面发展。不同的运动项目会侧重锻炼身体的不同部位，要防止单调的单侧运动，导致身体发育不均衡。

（4）儿童和青少年应以短时间的速度练习为主，不宜进行大强度的耐力、力量和静力性练习。

(5) 儿童和青少年马拉松训练要遵循循序渐进的原则，不可以用成人标准要求他们。合理增加负荷会进一步提高身体素质，负荷增加过多则会引发疲劳和运动损伤。

22 老年人参加马拉松训练应注意什么事项？

马拉松是一项超长距离的运动，对老年人而言是挑战也会是收获，科学合理的锻炼能够让老年人完成马拉松，但是要注意以下事项。

（1）医学检查是开始锻炼的前提。很多老年人患有心脑血管疾病，这对于参加马拉松训练是非常致命的。运动前的机能评定非常必要，跑者可以根据体检报告制订专业的训练计划。

（2）循序渐进。老年人的新陈代谢逐渐降低，身体疲劳和损伤恢复较慢，循序渐进的训练能够使身体充分恢复，同时估测自己的身体极限。如果需要增加运动负荷，应遵循循序渐进的原则，训练负荷增幅一次不能超过20%。如果需要减少训练量，应该减少距离而不是降低速度，因为速度对身体状态和健康更有利。当运动后表现出睡眠质量提高、食欲旺盛、精力充沛的现象，说明运动强度合适。

（3）了解自己，保护自己。老年人骨中矿物质衰减，骨脆性增加，股骨和颈骨骨折是易发损伤。运动时应该严防跌倒，运动结束要拉伸。老年跑者应该根据自己的身体感受来调整训练，不能生搬硬套他人的训练计划。

（4）适当的力量练习可以延缓肌肉力量的流失，但应避免屏气、过度用力以及会引起血液骤然重新分配的动作，比如倒立、骤然改变重心等。

（5）老年人在马拉松训练后应该充分休息，可将训练周期延长到9～12个月，每周训练2～3次。谨记，过量锻炼是对身体有害的，保证身体健康比获得成绩更重要。

（6）身体患病时不要进行马拉松训练，应及时进行治疗和休息。在进行马拉松训练时应该定时进行身体检查。训练前的热身运动应缓慢，持续时间长。当身体感到疼痛时，听从身体发出的信号，给自己多一点恢复时间。绝对不要忽视身体的警告信号，更不能依靠止痛药跑完全程。

（7）避免重油重盐的食物。保持一定的体重是长寿的有利条件，更要保持良好的心态，消除孤独感。没有人能永远年轻，但个体的衰老是有差异的，运动是延缓衰老最有效的途径。

23 什么是能量胶？什么是盐丸？分别有什么作用？

能量胶比较浓稠，呈半胶状，需要水服，无须咀嚼，主要作用是在比赛中为身体提供易吸收的糖分，同时也可以补充电解质，对于耐力运动是简单有效的补给。

中长距离跑步或者骑行等过程中大量出汗，如果单纯补充水分，不仅达不到补水的目的，还会导致体温升高、小腿肌肉痉挛、昏迷等"水中毒"症状的发生。因此，补充水分的同时，更需要补充适当的电解质，以维持体内电解质的平衡，最简易的方式就是服用盐丸。

24 一次完整跑步过程是怎么样的？

（1）热身。慢跑3~5分钟，拉伸3~5分钟。

（2）跑步。开始跑速为平时速度的80%，随后逐渐增到正常速度，接近终点时降至平时速度的70%。

（3）冷身。跑后走5分钟，抖动身体拉伸3~5分钟。

（4）按摩。两手交替由膝盖往脚踝方向轻轻挤压小肚腿，两手交替拍打大腿各30次。

25 跑步的基本术语有哪些？

（1）跑姿（form）：指跑步时身体的姿势。

（2）配速（pace）：一般指跑步每公里的用时。

（3）步频（cadence）：指脚步的频率，即每分钟的步伐数。

（4）步幅（stride）：步幅为一步的距离，以脚的中心算，走一步后，两脚中心的距离就是步幅。

26 赛事术词有哪些？

（1）PB（personal best）/PR（personal record）：指个人最好成绩。

（2）枪声成绩（gunshot achievement）：从发令枪响开始计时的成绩。

（3）净成绩（chip time）：从起点处开始计时到终点时的成绩为净成绩。净成绩是跑步的最终成绩。

（4）兔子（rabbit）：跑步运动中定速员的俗称。兔子最开始是某些跑步比赛组委会聘请来控制比赛节奏，帮助参赛选手更好地发挥，甚至破纪录的陪跑，多在中长跑比赛中出现。

（5）分段（splits）：将一段长跑的距离划分为多段，每一段就是一个分段。

（6）关门时间（lock up）：一般指马拉松的时长，一般全程马拉松的关门时间是6小时，半程马拉松的关门时间是3小时。

（7）补给点（depot）：赛道沿途提供食物补给的地方。

（8）计时芯片（clock chip）：指测定参赛成绩的一种计时芯片，一般在号码布的背面有一个芯片条。

27 身体生理术词有哪些？

（1）心率（heart rate）：跑步时每分钟的心跳次数。

（2）最大摄氧量（VO_{2max}）：指在人体进行最大强度的运动，当机体出现无力状态，继续支撑接下来的运动时，所能摄入的氧气含量。

（3）内旋（pronation）：跑步时脚掌的内旋程度，一般有正常内旋、过度内旋和内旋不足三种。

（4）无氧阈（anaerobic threshold）：指一定跑速时血乳酸浓度突然增加。无氧阈和赛跑成绩有着显著相关的关系，因此，无氧阈是指导马拉松训练的一个普遍指标。

（5）跑步膝（runner knee）：指跑步等运动造成的膝盖伤。

（6）足底肌膜炎（plantar fasciitis）：指超负荷压力的长期作用，是训练量过多造成的损伤。

（7）撞墙（hitting the wall）：指跑步过程中出现感觉很难再坚持跑下去的情况。

28 跑步对身体各部位有什么影响？

（1）眼睛。坚持长跑的人每天都有1小时左右的时间眼睛直视远方，这对眼睛是很好的放松休息。如果家里有学龄阶段的孩子，让他每天坚持跑步，眼睛近视的概率会降低。

（2）颈部、肩部、脊椎。经常坐在电脑前的人或多或少都会有一些颈椎、肩部的问题，路跑运动中正确的跑步姿势要求身体保持正直或稍前倾，目光平视前方，身体保持放松，长期坚持这个姿势对颈椎及肩部的不适有很大的缓解作用。

（3）腹部。平坦或者腹肌沟明显的腹部是很多人的梦想，很多健身教练的建议以及网络疯传的"腹肌撕裂者"等练习能够帮你把腹肌练得更强大，但你还需要跑步这样的有氧运动去掉腹肌外面厚厚的脂肪"外包装"。

（4）腰部、臀部。跑步对身材的改变最先体现在腰部和臀部，坚持跑步训练一段时间后，体重可能没有明显减轻，但是身材会明显得到改善，尤其是腰线会变得更漂亮。除此之外，跑步还可以增强腰部力量，预防腰肌劳损。

（5）膝盖。跑步对膝盖的影响利大于弊。跑步中和跑步后之所以出现膝盖不适，是因为跑步姿势不正确和腿部肌肉力量较弱导致的，当然还包括没有进行充分的准备活动和拉伸放松活动，以及个人自身体重的影响。但随着慢跑量循序渐进的累积和力量的练习，膝盖会变得越来越结实。

（6）脑部。跑步会促进大脑的血液流动，促进脑部发育。美国国家老龄化研究所神经科学实验室的一项课题初步证实，通过几周的运动训练后，人在认知测试中会有更好的表现。还有实验表明，一段时期的跑步或其他耐力训练，可以增加大脑中的神经元数量，促进脑部记忆和学习功能。

29 长跑训练对人体的心血管系统会产生什么影响？

长期的耐力跑训练会明显提高心脏的泵血、分泌以及调控功能。这表现为心腔形态上的增大，微细结构表现为心肌纤维的增粗、心毛细血管的数量增加、细胞器的数量增加等。心脏结构的强化造成心脏酶的活性增强、蛋白质分泌增加、组织或细胞成分发生变化、激素分泌增加，从而起到增强心搏动力量、增强神经兴奋性、增强血压调节能力、调节冠状血管和心肌自律性等作用。跑步会增强心脏的收缩和舒张功能，促进激素的分泌以及增强自身调节能力，从而形成健康的心脏工作状态。

长期跑步会使跑者拥有强大的心脏血管系统，提高血液质量，身体对长期中长跑发生的适应性改变可改善身体新陈代谢，降低血脂和胆固醇水平。

30 跑步对心肺功能有什么影响？

有氧运动对心肺功能的锻炼效果显著，它可以提高肺活量和心肺代谢能力，提高血液含氧量，清除血液垃圾。心肺功能直接影响全身器官及肌肉的活动，心肺功能增强，不仅可以使运动的持续时间变长，延缓疲劳的发生，还可以使平时的工作更有效率。

31 跑步对肌肉有什么影响？

经常进行路跑运动的人体肌肉除了比较结实和富有弹性外，肌肉组织也会发生变化，一定体积的肌肉中，毛细血管的分布数量大大增加，能够更高效地输送氧气和养分。长期进行路跑运动可增强呼吸肌、心脏肌肉、颈部肌肉、胸腔肌肉、手臂肌及腰部、臀部、大腿、小腿、足部等处的肌肉，使各处肌肉减少乳酸或二氧化碳等代谢物的堆积。跑步可以说是所有运动的基础，会对你参加其他体育运动产生积极的影响。

32 跑步对调节情绪和压力有什么作用？

从生理上讲，骨骼肌的收缩有利于心理放松，缓解压力。从心理上讲，通过跑步可以暂时将注意力转移到运动中，体会实现原定计划的成就感和排汗后的轻松感，能有效缓解压力。跑步前设定目标，即使某次没有达到目标，也会油然而生"下次一定要加倍努力完成"的感觉，这样会极大地增强自信心。另外，跑步会增强腿部肌肉的力量，走路有力不但给人精神奕奕的印象，自己也会变得更自信。

33 跑步能提高生活质量吗？

生活质量（quality of life，QOL）又被称为生存质量或生命质量。这一术语被引入医学研究领域时，主要是指个体生理、心理、社会功能三方面的状态评估，即健康质量。经常参与跑步运动，能提高其健康水平，改善心理环境，提高社会交往能力。

它包括对智能、体能的训练和生理、心理机能的锻炼，能增强体质，改善身体状态，减少疾病的发生，从而拥有良好的健康状态，使得跑者更愿意与家人、朋友分享快乐，通过社会人际关系的改变和对社会环境认识的变化，从而获得更好的生活满意度和幸福感。

34 跑步对皮肤有什么影响？

跑步可以加速血液循环，促进新陈代谢，这些都会让皮肤变得更好。由于运动而增进血液循环，皮肤的细胞能更多且有效地接受氧气和营养成分，排出有害物质。锻炼也对机体胶原蛋白的产生创造了理想的环境，帮助减轻皮肤皱纹并加速修复愈合过程。需要注意的是跑后应及时清洁及补水。

35 跑步能改善睡眠吗？

跑步产生的内啡肽是人体自身制造的最好的神经松弛剂，能够改善睡眠质量。有些人晚上跑步可能会使神经变得亢奋，建议失眠者在早上或者下午进行跑步活动。

36 跑步能有效预防生活习惯病吗？

肥胖、糖尿病、高血压、动脉硬化、易过敏、男性ED（勃起障碍）等生活习惯病，大多是由于饮食不当、运动不足等原因造成的。长期坚持跑步、健康合理的饮食、良好的作息规律三者结合，让你远离生活习惯病。

37 跑腻了的时候怎么办？

可以适当地转换运动方式，如游泳、骑行等。也可以适当变换跑步路线，收获不同的风景，发掘不同的乐趣。

38 跑步出现伤痛怎么办？如何调整恢复？

跑步的人难免会出现伤痛，原因往往是多种多样的。一般来讲，跑者大部分的伤病来自膝盖以及脚踝，一旦受伤必须积极进行恢复。除了用药以外，更需要的是休息。

对于一般的跑者，只要严格执行跑前热身与跑后拉伸，跑步时不用错误姿势，平时进行合理的肌肉力量训练，就可以大概率地避免伤痛。很多跑者受到运动伤害，是因为跑步路程加量过多，或是提速过快，超过了身体的负荷。因此，在日常跑步中，应该在跑量上稍微进行控制，每两周的加量维持在10%左右，每个月有一周进行较少（平时的80%）的运动量来进行身体恢复，这是比较科学的方法。

39 跑步受伤期间应该彻底停止锻炼吗?

受伤期间可以做一些简单的力量训练，来增加自身的肌肉力量，如仰卧起坐等。还可以选择游泳暂时代替跑步，将自己的体能维持在一个正常的水准。这样，即使伤好恢复跑步，也不会经历太多跑步初期的反酸现象。

40 开启跑步人生前，需要做什么准备?

首先应该有一颗想要跑步的心，或者说有跑步冲动。跑步的理由有很多，为了减肥、健康、漂亮、挑战自己，抑或只是单纯想跑步。当你有了一颗想要跑步的心，就可以迈出第一步。其次，为了你的健康，应该选择一双合适的跑鞋。如果身心都准备好了，就开始你的跑步人生吧。

41 慢跑到底要多慢?

如果按照心率来讲，慢跑应该维持在我们最大心率的60%～80%，跑一段时间后，很多人可能会维持在75%～85%，并没有太死板的规定，毕竟没有快跑的说法，慢跑只要跑完觉得舒服即可。累是肯定的，一点都不累的话意味着没有达到运动量。

42 血压偏高或偏低可以跑步吗?

（1）对于高血压患者，只要定期服药，将血压控制在正常水平，运动可以说是辅助治疗方式，由于慢跑促进了血液循环，一定程度上可以提高药物的降压效果。不过依然要注意的是不能运动过量或剧烈运动，运动过程要平缓。在运动中若感觉有任何不适，应马上停止。注意，跑步前后拉伸时的低头、弯腰等动作可以平躺在地上进行。

（2）正常来讲，低血压患者是可以跑步的，毕竟体育锻炼可以改善体质。但是要比较缓慢地进行，逐步适应跑步的过程，且不要过量或剧烈运动。平时饮食也应该注意，盐分摄入要略多于常人。

43 心率较快者可以跑步吗?

要看导致心率过快的原因。如果是冠心病、严重高血压等造成的心率偏快，不建议跑步。如果是单纯的窦性心动过速，可以坚持慢跑来锻炼心肺功能，对身体非常好。如果是其他疾病或原因（如激素）引起的心率过快，需要咨询医生，有些情况还是可以适量运动的。

44 有乙肝病的患者能跑步吗?

如果肝功能正常的话，慢跑或者快走都对身体免疫力的提高有益。如果肝功能已经受到损伤，建议休养为好。

45 有糖尿病的患者能跑步吗？

糖尿病患者更应该跑步。跑步在促进新陈代谢的同时消耗了大量血糖，减少了脂肪存积，对糖尿病患者是一种良方。国内普遍存在的是 Ⅱ 型糖尿病患者，多在 35～40 岁之后发病。需要注意的是，糖尿病患者只有将血糖控制在正常水平时才能跑步，运动时要随身携带糖果，尽可能与他人结伴锻炼，运动不宜过量，在运动的同时，一定要合理搭配饮食。

46 体质弱的人能跑步吗？

除了有运动禁忌症的人，如冠心病、肝肾功能不全者等，其他人都可以参与跑步这项运动。跑步可以增强人的体质，慢跑可以有效提高跑者心肺能力，促进血液循环以及新陈代谢，能从根本上增强身体抵抗力。体质弱的人在跑步的初始应该以较为缓慢的速度进行，且不能运动过量。

47 跑步好还是游泳好？

各有优劣。游泳无疑是相同时间内消耗热量最多的有氧运动，但是存在很多条件限制，如场地、时间等。其实，有氧运动给身体带来的健康效果是差不多的。因此，如果是减脂的话，可以两者交替进行。否则，在坚持跑步的情况下，偶尔游泳对身体健康也是很好的。

48 早上、下午和晚上跑步各有什么特点？

事实上，轻度适宜的晨跑得到了不少人的推崇，因为它可以促使交感神经兴奋起来，不仅令身体灵活、思路敏捷，也有助于提高工作效率。但早晨的环境问题最大，特别是日出前，空气中二氧化碳反流，不适合耗氧量大的运动。

下午 3—6 点是最佳运动时间。这段时间人体运动能力达到高峰，不仅因为体内激素的活性处于良好阶段，身体的适应能力和神经的敏感性也最好。从环境来看，植物的光合作用相比凌晨要好很多。不过，对上班族来讲，这个时间段可能无法抽身进行跑步运动。

对于白天没时间运动的人来讲，夜跑是不错的选择。日本专家通过实验发现，与晨跑相反，夜跑时血小板的数量下降了 20%，大大减少了血管栓塞的危险性。而夜跑后，睡觉时大脑分泌的褪黑激素和生长荷尔蒙更加充足，能提高免疫力。美国芝加哥大学临床研究中心发表的一份研究报道表明，晚上人体新陈代谢的关键物质荷尔蒙对身体锻炼的反应最强烈。也就是说，夜跑是不错的减脂运动方式。但是，无论强度大或小的运动，都会使神经系统处于兴奋状态，因此，睡前 2 小时不建议运动。夜间跑步应该选择较为空旷且熟悉的大路为运动场所，并时刻注意周围的车辆，保证人身安全。

49 一年四季，跑者需要注意什么问题？

（1）春季是天气回暖的季节，忽冷忽热，昼夜温差较大，要根据天气情况适当地调整衣物。同时，春季也是流行病多发的季节，要注意选择空气流通相对较好的地点跑步。

（2）夏季阳光照射强烈，天气炎热，做好防晒以及防中暑尤为重要。夏季更适合在清晨或晚上进行运动。运动时，在服装选择上也应以速干为主。更为重要的是要注意运动中以及运动后的补水，防止虚脱。

（3）秋季同春季一样，气温多变，昼夜温差逐渐加大，秋末的时候还时常伴有大风，需根据天气情况选择运动时的服装。而且秋天比较干燥，除了注意饮食，少吃热性食物外，也应注意补水。

（4）冬季最重要的是注意保暖，跑前跑后的拉伸相比其他季节要更加注意。冬季身体机能处于一个较差的水平，平时跑步不要盲目追求速度，以耐力训练为主较好，要保证跑完后身体还是暖的。

50 在不同的路面上跑步各有什么特点？

（1）草地。草地是较软的路面，对身体的压迫较小，能训练协调性与关节、腿部的大小肌群，且不用像塑胶跑道一样必须持续转弯。如果草地的坑洞与起伏较多，不小心可能会扭伤脚踝。如果遇到下雨天，在草地上跑起来不太舒服。

（2）塑胶跑道。塑胶跑道对大多数人来说是最好的跑步场所选择。一是软硬适中，跑起来比较舒服，且对身体的压迫较小。二是安全性有保证，不用担心躲避车辆。三是方便计算跑量，只要记住圈数即可。

（3）跑步机。跑步机的软硬度大概介于塑胶跑道和柏油路之间。所受干扰小，可以完全不考虑外界因素，全身心投入到跑步中去。如果嫌枯燥，你甚至可以边看电视边在跑步机上运动。当天气或空气不好的时候，在跑步机上跑步是不错的选择。

（4）柏油路。柏油路路面的摩擦力和硬度都较高，跑起来不费力。基本上所有中长跑比赛都是在柏油路上进行的，能模拟比赛的真实路感。路面相对较硬，跑量太大或跑姿不良时，较易累积压力和疲劳。

（5）野外或郊外。野外或郊外的土地，地面踏实、软硬适中，不会过于软陷，不会对身体造成冲击，是良好的天然跑道，而且在跑步过程中能够体会到亲近大自然的乐趣。

（6）水泥路。水泥路硬度较高，对膝盖压迫大，不建议在水泥路上进行跑步运动。

51 第一次跑完感觉身体很酸痛、很沉怎么办？

一般这种情况都是因为很久没有运动，或是突然间增量造成的。肌肉酸痛是很正常的现象，跑完后对腿部进行拉伸，并按摩腿部，坚持运动一周左右，症状就会消失。

52 路跑遇到红绿灯怎么办？

当在户外跑步碰到红绿灯时，建议右拐一下继续跑一小段时间再折返。这样的话相当于有一个连续跑步的过程，中间不会停止。如果一定要等红灯的话，请在看到红灯的时候慢慢放慢步速，不要到十字路口时突然停止，以免对膝盖造成冲击，形成运动伤害。

53 空气质量较差，适合户外跑吗？

如果空气非常差，PM2.5值特别高的话，为了健康着想，建议在室内锻炼。但是很多北方城市的PM2.5值常年在150以上，那么可以考虑在户外跑步时，戴有呼吸阀的口罩，因为空气的原因而不去锻炼身体，就是因噎废食了。

54 跑步时出汗越多越好吗？

人的汗腺分两种，一种是活跃型，一种是保守型。活跃型汗腺稍运动一下就会出很多汗，而保守型汗腺可能要运动稍长时间才会出一点，这和遗传有关。只要坚持运动40分钟以上即可，出汗多少并不代表运动量达标与否。

55 大量运动后多久洗澡合适？

很多人运动后觉得出了一身汗，恨不得马上去洗个热水澡放松一下，这其实存在潜在的危险。热水会增加皮肤内的血液流量，血液大量流入肌肉以及皮肤中，可能会导致大脑或者心脏供血不足。因此，有些人洗澡时会出现头晕的症状，这在老年人和身体肥胖者身上表现得尤为突出。通常，在运动后40分钟再洗澡比较合适。

56 开始跑步后要改变饮食习惯吗？

刚开始跑步，1天的跑步量大概是1小时，不需要增加食物的摄入量。有些人认为跑步减不了脂，甚至越来越胖，最大的原因是吃得太多。跑步后在饮食上可以养成多喝水的好习惯，跑前和跑后都要喝水。

57 饱餐后多久适宜跑步？

慢跑应当在正餐2小时以后进行，跑前1小时可以适量补充一些糖分，切记不能选择高纤维或者高蛋白的食物，如玉米、鸡蛋等，这类食物容易让我们在跑步中出现因消化不良而产生腹痛的症状。跑后也不要暴饮暴食，锻炼后30分钟是最易吸收糖原的时间，这个时候可以适量补充糖分和蛋白质，减少肌肉的酸痛感。

58 为什么长时间跑步后会产生想吐的症状？

原因有两种，一种是心率过速造成大脑缺氧，还有一种就是跑前刚刚吃了东西。这是新手跑者比较容易犯的错误，控制不住自己的速度，一味求快，往往会让自己跑完不舒服。

59 小孩上初中前适宜长时间跑步吗？多少跑量合适？

适宜，建议初期控制在30分钟内，缓慢增加跑量，而且不要每天都跑步。可以配合其他运动，单独跑步太过枯燥，最重要的要是让孩子对跑步产生兴趣。要时刻关注孩子的身体感受，及时补充水分，如果发生疼痛，一定要立即停止，疼痛不止的话，一定要去看医生。练习马拉松对这个年纪的孩子来说有点早，男生大约在高二，女生大约在高一的时候，会比较适合开始进行马拉松练习。

60 跑下坡路时提速正确吗？

错误。实际上这样做会对膝盖造成很大损伤，甚至会因为控制不住重心而摔倒。因为坡与路之间存在一定的角度，在下坡时大踏步地跑，地面对身体的冲击会比平地大很多。因此，下坡时应当略微前倾，采用小碎步的方式。但也应注意不要通过刻意身体后仰的方式来抵抗重力的影响，保持正确的体态即可，尽量减少双脚受到的冲击力。

61 跑步一定要按照时间或距离来确定结束吗？跑累了就停可不可以？

不一定，如果不是为了比赛而针对练习，就可以比较随性，但是有氧运动一般都要持续30分钟以上才有锻炼效果。跑累了立即停下来并不太好，慢跑总体还是一个缓慢开始、缓慢结束的运动。总的来说，有数值的计划比较好。

62 喝了酒或宿醉后适宜跑步吗？

建议不要。一是酒精会直接进入血液进行新陈代谢，而运动会加快血液循环，不但让你醉得更快，还会使你的心率比以往同样跑量下快很多，增加心律失常的危险。二是酒精很利尿，能加快你的身体失去水分的速度，增加了脱水的可能。三是在高强度的训练下，如跑马拉松后的24～36小时内饮酒的话，酒精会影响你的恢复。过量的酒精能够引起心悸，影响体温的控制调控，使反射动作和知觉变得迟钝。建议宿醉后尽量不要跑步，要多喝水，吃些有营养的食物，出门散步。

63 我的身体能承受我越跑越快的速度吗？

能越跑越快就说明你的身体还是能够承受的，但还是应该注意运动损伤的问题。平时要多进行核心肌肉力量训练，如仰卧起坐、俯卧撑等，或者使用哑铃之类的运动器械，主要是针对力量进行增强。

64 彻底停跑会怎么样？

停跑后转做其他运动对身体并无影响。但是停止运动后，肌肉会逐渐变得松弛，运动能力会下降，免疫力下降也是有可能的。恢复跑步的时候，之前经历的反酸感觉会重新持续。

65 老年人跑步好不好？

老年人运动内容包括心血管运动锻炼、抗阻力力量锻炼、柔韧性锻炼和改善有跌倒风险或运动能力受损后平衡能力的锻炼。跑步正是老年人需要的运动，但一定是慢跑。在开始跑步之前一定要做一次全面的身体检查，确保身体状况可以适应跑步。接着循序渐进，由散步到快走，再到慢跑，让身体有一个适应的过程。

66 如何做个人第一场马拉松比赛的准备？

如果没有充分的准备，不建议直接报名半程或者全程马拉松。可以参加5公里或者10公里的迷你马拉松，感受跑步的气氛，如5公里的彩色跑。如果已经能轻松在关门时间内完成半程的话，可以考虑报名半程马拉松。

67 逆时针跑与顺时针跑有区别吗？

大部分跑步比赛基本上都是逆时针方向的（向左转弯），原因基本上有两个。一是我们的重心脚是左脚，二是心脏位于身体左侧，重心容易偏左。因此，逆时针跑可以避免向内侧倾斜。当然，这是针对跑圈而言，路跑长距离的话，拐弯比较少，也就无所谓了。

68 为何不提倡跑者频繁跑全程马拉松？

一是频繁跑容易出现过度疲劳的现象。每次到达30公里的运动量极限点，造成的身体损伤恢复更慢，如果频繁冲击这个极限，没有足够的余地来恢复、调整身体，那么疲劳就会积累，长期下去就可能引起身体状况变差、运动能力反而不断下降的情况。除此之外还有可能出现消极、厌跑情绪，不再对跑步有长久的热情。

二是训练不系统。全程马拉松的准备和恢复周期很长。如果频繁参赛，一年十几场全程马拉松，那么大部分时间都处于比赛阶段，很难保证有一段没有比赛、能静下心来训练的准备阶段。而恰恰是这样的准备阶段，才是对水平提高最重要的。无论是专业运动员，还是业余运动员，每年必须要有7~9个月相对系统的、连贯的准备周期训练，才能最大程度收到训练效果。

因此，频繁参赛特别是频繁跑全程马拉松，不仅不利于健康，而且不利于水平提高和梦想实现。想获得成绩的跑者，需要像专业运动员一样多训练、少比赛，厚积薄发。

69 跑步会越跑越壮吗？会让腿变粗吗？

身体肯定会越来越健康，至于能否变得健壮，还要看你的其他训练方式。有氧运动不同于无氧运动，其重要的目的是锻炼心肺能力，而且兼具减脂的作用。想让身体变得充满肌肉，需要结合核心肌肉力量训练才可以，而且对量的要求也很大。

生活中，腿部变粗的感觉很多都是在锻炼初期产生的。这是因为刚开始跑步的人，身体不适应突然增加的运动强度，会感觉腿部水肿、发硬、有紧绷感，让人产生变粗的错觉。而且很多人在初始跑步时，会有大量血液流入腿部肌肉，促使腿部肌肉细胞充血，导致暂时肿胀，但此时脂肪层还没有变薄，腿围会暂时变粗一点，过几天就会消失。当然，不排除一些人由于跑步姿势问题引起腿部肌肉增长。这主要体现在追求速度的跑者身上，因为当追求速度时，可能会用前脚掌先着地，这样对小腿腓肠肌的锻炼非常大，长此以往，小腿肌肉确实会增长。同时，在不追求速度、正确慢跑的情况下，还要注意跑步后的恢复运动，避免由于运动使腿部肌肉堆积过多的乳酸和血液，让腿看起来有一点"粗"，这种恢复运动就是必要的腿部拉伸。

70 预防萝卜腿，需要注意哪些问题？

（1）良好的跑姿。起步之后，双腿其实并不是主要的动力来源，我们运用摆臂、髂腰肌（两侧腰际到下腹的肌肉）、臀部与腿后肌群来驱动双腿，进行提腿和摆腿的动作，大腿和小腿只是被动地摆动、支撑、弹起。想象你的脚落地时如羽毛般轻柔，随之往前脚掌滚动，再轻轻地由小腿轻弹、脚跟收起，就像汽车的轮胎，跑起来要像滚动式前进才比较好。而且跑得过快或是步幅过大都有可能使腿部变粗，小步幅、高步频是最合适的。

（2）跑后拉伸。跑步过程中不断收缩的肌肉，如果没有在跑后进行适当拉伸与按摩，肌纤维会越来越缩短，肌肉将会越来越僵硬并失去弹性，小腿弹性与延展性一旦变差，就会生成更多的肌肉来供应跑步所需，久而久之，就形成了萝卜腿。

（3）锻炼核心肌肉。只有核心肌肉发达，才能减轻下肢负担，小腿用的力量少了，就不需要那么多肌肉来支持，腿部肌肉线条自然修长。平板支撑、单臂侧撑体等动作都能有效锻炼核心肌肉。

71 女生跑步会使胸部变小吗？如何辨别脂肪型和乳腺型乳房呢？

跑步摆臂动作可以有效锻炼胸大肌，对于塑胸有一定的帮助。无论胸大胸小，一定要选择合适的运动内衣，其能很好地支撑起胸部，避免造成胸部下垂。

乳房分为脂肪型乳房和乳腺型乳房两种，用手捏一捏胳膊窝有副乳的地方，如果捏起来感觉里面有像米粒一样的东西，而减脂过程中不怎么缩小的乳房就属于乳腺型；如果捏起来就是一大块，容易在跑步减脂时瘦掉的胸部是脂肪型乳房。属于脂肪型乳房的女性朋友因胸部脂肪储存量大，随着减脂效果的日益明显，就会感觉胸部也变小了。

72 生理期可以跑步吗？

在生理期刚开始的时候不要过量运动，因为跑步能促进血液循环。可以在这几天进行散步等轻松运动，再逐渐过渡到跑步。有些女性跑者反馈，通过跑步解决了痛经、周期不准等问题。

73 准备怀孕的人和孕妇能跑步吗？

跑步不仅可以增强男性精子活力，还可以增加心肺能力，进而增强体质。体质变好，生病概率降低，吃药的概率就会降低，能够为宝宝的来临做好准备。随着怀孕的进程，跑步的距离、时间和强度都得逐渐减少。不过，并非所有怀孕期间的人群都适合跑步。胎儿位置不当和孕龄较大的跑者要小心，最好在胎儿发育安全期之后再根据自身情况做一些适当的运动，来达到顺产的效果。怀孕期间要尽量避免剧烈运动，最科学健康的办法是根据自己的身体情况和胎儿在腹中的生长情况进行适量的运动，这样对以后的分娩和胎儿在腹中的发育是有好处的。其实，没有习惯性流产的人在怀孕初期是完全可以跑步的，但切记运动一定要适量，别做太多大幅度的动作。

74 不同孕期的准妈妈在运动时应注意什么？

（1）怀孕早期：一定要遵循常规的孕期运动注意事项，如监测心率。在跑步之前、跑步过程中、跑步结束后都要多喝水，否则可能出现脱水现象，脱水会减少流向子宫的血液，甚至导致提前宫缩的情况。此外，要避免在炎热潮湿的天气里跑步。过热的温度，特别是在怀孕前三个月里，会对宝宝产生潜在危害，因此需要在运动中避免过热，要穿能够给脚部提供充分支撑的跑步鞋。

（2）怀孕中期：孕妇的身体重心已经发生变化，肚子越来越大，很容易滑倒或摔跤。为了安全起见，可以在平坦的地方跑步。如果真的失去平衡，要尽量侧身以手和膝盖着地。

（3）怀孕后期：孕妇要和以前一样小心。切记如果感觉太疲惫不想跑步，那么就听从身体的指令，好好休息。运动时必须坚持安全第一的原则。

总体来说，运动不仅有利于腹中胎儿的发育，也可以使孕妇本身的血液循环加强，帮助自身能量代谢，调节精神方面的压力，改善睡眠质量，增强食欲。适量运动对腹中胎儿生长发育和孕妇的生产分娩过程是有益的。因此，鼓励大家在怀孕期间进行适量运动。

路跑技术与战术篇

75 跑步是一项什么样的运动?

跑步是人类活动的基本技能之一,是人体位移的快速实现手段;是单脚支撑与腾空相交替,蹬地与摆动相配合,动作协调连贯的周期性运动;是人体完成位移的主要方式和人体运动的自然动作。

76 影响人体跑动的力有哪些?

对人体运动产生作用的力包括内力和外力。内力是指肌肉收缩时产生的力,它是人体运动的动力来源。内力可以控制跑的技术动作,保持运动时的身体姿势,改变身体与支撑点的相互关系。影响人体跑动的外力有支撑反作用力、重力、摩擦力、空气阻力。

77 肌肉收缩产生力的效果取决于哪些因素?

肌肉收缩产生力的效果取决于单个肌纤维的收缩力、肌肉中肌纤维的数量、肌肉收缩前的初长度、中枢神经系统的机能状态、协同肌和对抗肌配合的协调性、肌肉对骨骼发生作用的力学条件等。

78 何谓支撑反作用力?其作用是什么?

支撑反作用力是人体在支撑时,给地面的一个作用力,地面也给人体一个大小相等、方向相反的支撑反作用力。支撑反作用力的大小和方向主要是由人体支撑时作用力的大小和方向决定的，人体前进主要是后蹬的支撑反作用力。人体向前运动主要靠后蹬所获得的支撑反作用力的动力作用。在跑步时，加强后蹬获得动力作用和减少着地时阻力作用都是十分重要的。着地要柔和有力，这有助于减少着地缓冲的时间和阻力，也有助于加快，加大后蹬的速度和力量。

79 何谓重力？重力在跑步中的作用是什么？

重力是地心对人体的吸引力，它作用的方向永远是垂直向下的，和水平面呈90°角度。在静止状态下，重力就是人体的体重。人体要运动必须克服重力，从这个意义上讲，它是阻力。但是，在跑步中，身体重心投影点和支撑点常常不是在一个点上，人体向上或向下运动时，重力所起的作用是不同的。人体由上往下运动时，如下坡跑，重力起助力作用，动作较快也较省力。人体向上运动时，如上坡跑，重力起阻力作用，动作速度较慢也较费力。

80 何谓摩擦力？摩擦力在跑步中的作用是什么？

摩擦力是两个物体在它们接触面之间存在的阻碍它们运动的力。摩擦力与运动方向相反。人体跑动时需要这种力的存在，以保证有牢固的支撑点。支撑面和运动员穿的鞋，对支撑反作用力的大小有一定的影响。支撑面（公路或跑道）平滑或松软将作用力缓冲了一部分，获得的反作用力也较小。着地或后蹬时，摩擦力的加大，有利于用力或快速缓冲。塑胶跑道密度较大，有一定弹性，对提高跑的速度具有良好的作用，路跑时由于水泥或柏油路面硬度大，需要有一双减震效果好一点的、摩擦系数大一点的跑鞋。

81 空气阻力对路跑有何影响？如何降低其影响？

人体跑动时空气作用力一般是阻力，只有在顺风跑而风速又超过跑速时，才起助力作用。人体在较小的顺风跑时，也感觉比较有力，那是因为阻力减小的缘故。顺风跑对提高跑步成绩有良好的影响，因为空气阻力比无风和逆风小一些。但即使是顺风情况下也并非完全没有阻力，因为在一般情况下，气流速度不会大于运动员跑速，所以，气流对跑基本上总是阻力。逆风跑的阻力更大，对成绩不利。逆风跑时适当加大身体前倾可以减小迎风面。身材高的运动员顺风跑时相对较有利，逆风跑时则较不利。路跑比赛时的跟随跑战术可以有效减小空气的阻力。

82 什么是惯性？如何在跑步中利用惯性？

牛顿第一定律揭示，任何物体都具有保持原来状态的特性，这种特性称为物体的惯性。快跑的人不能立即停住，就是物体对运动变化的一种抵抗。这种抵抗的程度和物体的质量（重量）成正比，物体质量大，加速度快，抵抗程度也大，惯性也就大。充分合理地利用惯性，在跑步中是很重要的。为了跑得轻快、协调、放松，就要善于利用惯性，如在自然跑进时需要利用惯性，在掌握速度变换和节奏时也需要利用惯性的作用。

人在跑动中已经有很大的向前的惯性，途中跑不需要太大的向后蹬力，却需要一个使人腾空克服重力的向下蹬力。

83 跑步是周期性运动吗？其动作周期如何划分？

跑步属于典型的周期性运动。跑的每一个周期都由两步组成，即一个复步。整个周期有两个支撑时期和两个腾空时期，一个单步分为着地、蹬伸、折叠前摆和下压着地四个阶段（如图1所示）。跑的动作周期划分是为了便于分析研究技术所遵循的规律，每个动作周期之间都是完整、连贯、不可分割的整体技术的一部分。

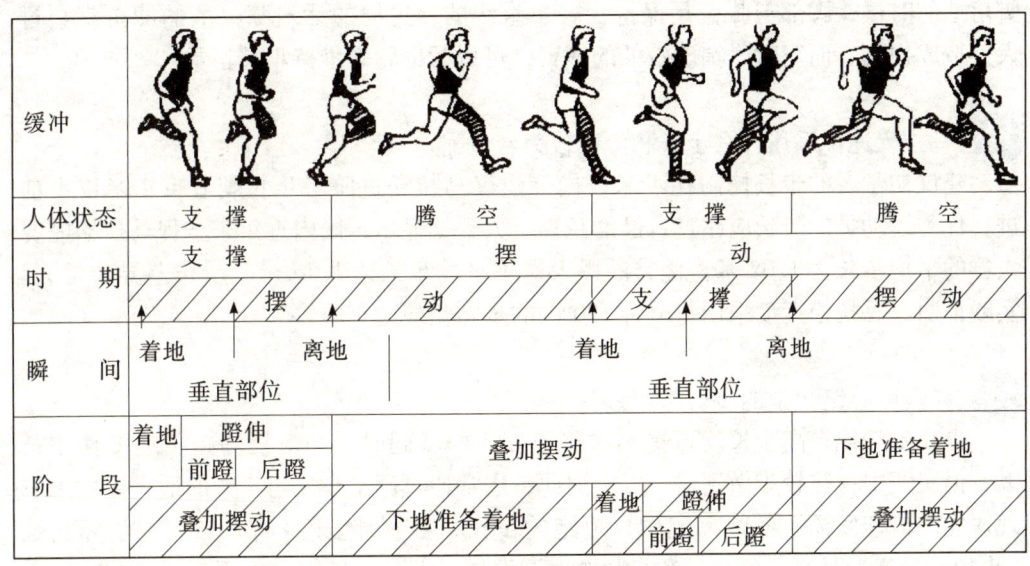

图1　跑的动作周期划分

84 影响跑速的因素有哪些？

影响跑速的因素有步长和步频两个方面。跑的速度（V）是由步频（SL）与步长（SR）决定的，即：$V = SL \times SR$。

（1）步长：单步步长指一足的着地点与另一个足的着地点之间的距离。决定步长的因素有腿长、髋关节的灵活性、肌肉力量、摆腿力量、着地技术、动作协调性及蹬地的力量、速度、方向、角度等。除了人体的结构特点、训练水平与技术水平外，风速、风向与跑道的弹性也是影响步长的因素之一。当个体间进行比较时，步长通常与腿长有关，这反映出身高对步长有影响。在短跑研究中发现，步长和腿长（$r=0.70$）、步长身高（$r=0.59$）有较高的相关系数，但在长跑的相关研究中已经普遍表明步长与腿长的关系是较小的。

（2）步频：步频是单位时间内两腿交换的次数。决定步频的因素有人体神经过程兴奋与抑制的灵活性、运动器官的协调性、肌肉力量及收缩速度及训练水平等。此外，步频还与人的遗传因素有关。

85 跑步时步长越大越好吗？

中国有个成语叫"大步流星"，形容步子跨得大，走得快。这让很多人以为跑步的时候步子越大、速度越快就越好。事实并非如此，因为跑的速度＝步频×步长，并不是步长过大就会跑得更快，应该取一个步长与步频的极值，才是最好的状态。新跑者以自己跑得轻松为主。如果步长过大，对身体的冲击就会加强，大跨度的跑步，前脚落地的时候，脚部与膝盖是保持在一条直线的，这样的话对膝关节的冲击就会过大，造成损伤。而短暂、幅度较低的摆臂，可以帮助跑者维持步长正常。

86 马拉松途中采用什么步长和步频较为合适呢？

建议初学者的步长控制在1米以内，建议马拉松进阶者步长朝着1.4米以上前进，优秀运动员的步长应超过自己的身高。大数据显示，国内近年来全程马拉松完赛人群的平均步长为1.02米，优秀的黑人选手平均步长达1.76米，步长差异非常大。实践证明：马拉松运动采用每分钟180次的步频是最适宜的。

87 如何匹配跑步中的步长与步频？

提高步频或提高步长均可提高位移速度，两者同时增加对提高跑步速度作用最大，但实践中往往较难做到这一点。因此，通常通过调整步长与步频的适宜比例来实现速度的最佳发挥。各距离跑中，短跑的步长指数（步长/身高）较大，步频指数（步频×身高）最高，但步长和步频要协调发展，而马拉松跑多采用每分钟180次左右的步频和适宜的步长来达到节省能量、提高成绩的目的。

88 跑步时脚的着地点在哪？

优秀的短跑运动员脚的着地点在身体重心投影点前30~40厘米处，优秀的马拉松运动员脚的着地点在身体重心投影点前20~30厘米处。在途中跑时，以前的理论认为落地点在重心前会使人体制动，为了减少速度损失，要求减小制动力量。但最近研究表明，前支撑阶段也是身体重心垂直方向获得向上加速的重要阶段。人体在跑动的过程中不但要考虑水平方向速度的损失，还要考虑如何更好地实现垂直方向抵抗身体重力的影响。在途中跑时，人体的运动相对达到最高速度时，如果使着地点靠近身体的投影点就会使前支撑时期垂直方向上的人体运动的速度受到很大的影响。因此，前支撑阶段是人体抵抗身体重心下降并进行垂直加速的重要阶段。

89 什么是身体重心波动差？如何减小跑步时的身体重心波动差？

作用于运动员身体的外力使身体重心不能按照匀速直线运动，除了向前的运动还有上下的波动和左右的摆动，上下波动的差数称为重心波动差。身体重心波动差的大小与跑步的技术有关，跑步的技术不合理（如后蹬角度过大等）是造成身体重心波动差大的主要原因。因此，要掌握跑步的正确技术，力求身体重心移动平稳，减少左右摇晃，缩小身体重心上下波动差。

90 跑步时脚的支撑阶段技术特点是什么？

支撑阶段根据动作性质可划分为着地阶段和蹬伸阶段。

（1）着地阶段是下肢关节以良好的技术弯曲缓冲，踝关节以有力快速的退让性收缩减小水平速度的损失，克服人体着地时身体重心向下的垂直速度，此动作延续18～24米/秒，为人体的应激反应。

（2）蹬伸阶段可分前蹬和后蹬。压心是地面反作用力的合力作用中心。前蹬阶段是着地应激反应结束身体重心开始升高时刻至身体重心投影点移动至压心的阶段，此阶段垂直方向加速度快速上升，加快提高身体重心垂直速度，并为后蹬提供良好的技术准备。途中，跑中前蹬是人体重心向上加速的重要时刻，前蹬时下肢一定程度的垂直加速用力虽然会影响水平速度，但对提高垂直速度有积极意义。后蹬阶段是从身体重心投影点向前越过压心时刻至足离地的瞬间。后蹬补回或增加着地和前程阶段失去的水平速度，继续提高身体重心的高度。后蹬又分为后蹬前期和后蹬后期，在后蹬前期中，髋关节前群肌肉先退让性工作，然后后群肌肉快速向心收缩。后蹬后期，膝关节以屈群肌肉工作为主。前蹬和后蹬前期是身体重心垂直向上加速运动的阶段。

91 路跑途中下肢肌肉是如何工作的？

在跑步过程中，下肢肌肉经历了退让性收缩、等长收缩和向心收缩三个过程。肌电图研究显示，在着地以前，股二头肌和臀大肌活跃，同时使髋关节屈和膝关节伸的离心运动变慢，着地时所有的原动肌（臀大肌、股直肌、股外肌、腓肠肌）活跃以提供着地期间支撑蹬伸的动力。

在支撑阶段，腓肠肌积极运动有助于在支撑后期直到脚尖离地时的跖屈力矩。在支撑后期，股后肌群的积极运动也能有助于发挥在腾空阶段的膝关节屈。在摆动阶段股直肌的积极运动有利于髋关节屈和膝关节伸的功能发挥。踝关节跖屈肌力矩在跑动中占有很重要的地位，研究结果显示，运动员踝关节跖屈肌的最大力矩与跑的速度呈显著性相关。踝关节的跖屈肌先做离心收缩，然后做向心收缩。膝关节的伸肌在接近一半的支撑时刻的时间内是做离心收缩，而且表现出较大的伸膝力矩，退让性的离心收缩肌力矩的峰值要高于向心收缩的肌力矩峰值。髋关节在支撑阶段存在关节屈伸肌群交替工作，在着地后瞬间有较大的屈肌力矩，此屈肌力矩实际起减弱髋关节继续伸展的作用，有利于膝关节的缓冲，在离地前髋关节伸肌起重要作用。下肢肌肉的工作以退让性的离心收缩和主动性的向心收缩为主要特征，肌肉退让性的离心收缩在支撑的缓冲过程中起巨大作用，运动训练中应更多地加强肌肉离心收缩能力的训练，使专项力量练习动作结构中肌肉的工作形式与跑步的技术动作中肌肉工作形式相吻合，以有效提高训练效果。

92 路跑技术与短跑技术有何区别？路跑技术分为哪几个技术环节？它的主要特征是什么？

各种距离路跑的技术基本上是相同的，但由于项目之间的距离不同，在技术动作的速度和幅度及用力程度上有所不同。路跑的完整技术可分为起跑及起跑后的加速阶段、途中跑阶段和终点跑阶段等主要技术环节。路跑技术的一般要求是：身体重心位移平稳，动作实效、经济、轻松、自然，并保持良好的节奏。高步频、积极有效的伸髋和快速有力的摆动动作，是现代路跑技术的主要特征。

93 起跑后的加速阶段有何技术要求？

起跑后的加速跑，主要目的是抢占有利位置，避免被堵在人群之中而影响成绩。技术上要求两腿迅速有力地蹬伸和积极地摆臂，在短时间内达到预定速度。加速的距离依路跑的项目、个人能力及战术而定。一般长距离路跑项目（如马拉松），加速的距离稍短，抢占好有利位置后就按照自己的节奏进入途中跑阶段。对于被堵在人群中的普通跑者来讲，起跑后先跟随人流向前移动，当人群逐渐分散稀疏后再加速抢占有利位置进入途中跑阶段。

94 路跑的后蹬阶段如何用力？

在一个跑的周期中，当身体重心移过支点上方时，后蹬动作就开始了。在摆动腿膝关节迅速有力地向前摆出，带动同侧髋前送的同时，后蹬腿的三个主要关节迅速蹬伸，用力顺序是伸髋、伸膝、伸踝。蹬地时，不仅有腿部大肌群参加工作，而且脚掌小肌群也积极参加工作，最后经脚趾蹬离地面。后蹬结束时，后蹬腿膝关节不是完全伸直的，角度一般为160°~170°，蹬伸结束后应快速向前摆腿。

95 大腿前摆的作用是什么？

摆动大腿带动小腿积极向前上方摆动，能够加大支撑腿的支撑反作用力，加快蹬伸速度，使髋部更好地前送，带动身体重心向前移动，同时也为摆动腿积极着地创造条件。大腿前摆时，小腿要放松。

96 后蹬结束时大小腿是主动折叠的吗？

后蹬结束时放松蹬地腿的肌肉，并迅速有力地将大腿向前方摆出。此时小腿随惯性自然摆起，膝关节弯曲，形成大小腿折叠的姿势。脚在空中移动的轨迹高度在膝关节附近，小腿顺惯性折叠，以髋带动大腿积极、迅速地向前摆动。在膝关节完全放松的情况下，大腿前摆的角速度越大，大小腿折叠的幅度越大。折叠动作是大腿加速前摆带动小腿的惯性动作，并非主动收拉小腿完成折叠。折叠的幅度与大腿前摆的加速度有关，加速度越大，折叠幅度越大。长跑时由于大腿前摆速度慢于短跑，所以大小腿的折叠幅度相对较小。

97 着地缓冲阶段在技术上有什么要求？

脚着地前，摆动大腿积极下压，小腿顺势前摆并做"扒地"动作。着地腿膝关节是弯曲的，这对完成缓冲动作有积极作用。脚着地时用前脚掌或前脚掌外侧先着地，然后过渡到全脚掌着地。优秀的马拉松运动员脚着地点与身体重心投影点间距离为20~30厘米。着地时脚尖应正对跑进方向，不应偏离。脚着地后小腿后部肌群和大腿及臀部肌群应积极而协调地做退让性工作，以减缓着地瞬间的阻力。同时预先拉长伸肌，为后蹬创造条件。伸肌退让的同时，完成屈踝、屈膝和屈髋缓冲动作。其中，屈膝在缓冲过程中起主导作用。此时，骨盆向摆动腿一侧倾斜，摆动腿的膝关节低于支撑腿的膝关节。

98 跑步时上体姿势是怎样的？

跑步时上体应该正直或稍前倾，头向上顶，核心收紧，头颈部肌肉自然放松，两眼平视。良好的上体姿势可以更好地发挥蹬和摆的作用，为肌肉和内脏器官工作创造良好的条件。

99 跑步摆臂技术有何要求？如果摆臂疲劳怎么办？

摆臂时应该两手半握拳，两臂弯曲，两肩放松，以肩为轴前后自然摆动。摆动幅度应随跑速的变化而适当调整。肘关节的角度在垂直部位可大些，以利于两臂肌肉的放松。路跑的距离一般比较长，当摆臂出现疲劳时可下放手臂抖动几次，放松肩关节和肘关节，缓解不适感。

100 马拉松比赛中怎样跑才最省力？

在马拉松比赛中除了因战术的需要而改变跑的节奏外，一般多采用匀速跑。匀速跑可为肌肉和内脏器官的活动创造有利的条件，节省能量，推迟疲劳的出现。但长时间用一种节奏跑会使运动员感到单调，也不适应现代路跑激烈竞争的需要，因此应掌握多种节奏跑的方法。

101 终点冲刺应如何跑？

终点跑是各种距离路跑项目在靠近终点前最后一段距离的冲刺跑，也是相对于途中跑的一段快速跑。终点跑的距离要根据路跑项目、训练水平、个人特点、战术需要及比赛的具体情况来确定。速度占优势的运动员，往往在跟随跑的前提下，在进入最后1公里或看到终点拱门时，才开始最后冲刺超越对手。耐力好的运动员，为了最后战胜对手，多采用更长段落的加速冲刺跑。无论终点跑距离的长短，在冲刺跑之前都必须抢占有利的位置，并注意观察对手情况，动员全部力量冲过终点。对于普通人群来讲，采用正常的节奏跑过终点为好，不建议竭力全速冲过终点，以避免意外伤害。

102 路跑呼吸节奏是怎样的？

跑步时的呼吸是靠胸廓内外空气的压力差来完成气体交换的。关于跑步呼吸方法及呼吸节奏的问题，部分跑者从不同渠道得到不同答案，有些甚至是相互矛盾的。有的说三步一吸，三步一呼，有的说两步一吸，两步一呼等等。其实，跑步时没有必要太过介意自己呼吸的节奏，平时我们的呼吸是一件完全自主的事情，以至于有时候我们会无意识地将它遗忘。因此，路跑时我们也不用过分强调呼吸节奏，采用自然呼吸的方法就好。呼吸的节奏取决于个人特点和跑的速度。在跑步时，有人会感觉呼吸沉重和困难，主要原因是运动强度过大造成的。

103 人体参与呼吸的肌肉有哪些？

呼吸运动是一项综合性运动，参与呼吸的肌肉主要有：①膈肌。膈肌收缩会引起横膈下降，从而使胸腔全方位扩展（向上、向下、向两侧）。②肋间肌。这些小的肌肉群负责吸气时胸廓的横向扩张和肋骨稳定性的保持。③腹肌。这是参与主动呼气的主要肌群，这些肌肉可改变腹内压，从而协助排空肺内气体并转换由膈肌运动产生的压力。④斜方肌。因固定了第一和第二肋骨而对深度吸气有帮助。⑤胸锁乳突肌。会提升胸骨，增加胸腔的纵向尺度。⑥前锯肌。在肩胛骨稳定的情况下，能协助吸气，从而横向扩张胸廓。⑦胸肌。在用力吸气时以提升肋骨。⑧背阔肌。参与用力呼吸过程。⑨竖脊肌。通过伸展脊柱胸段和扩大胸廓对呼吸有所帮助。⑩腰方肌。能稳定第十二肋骨来避免其呼吸时被提高。

104 跑步时能够单纯采用"腹式呼吸"吗？

目前跑界有人推崇"腹式呼吸"的方法，认为跑步时呼吸主要靠膈肌的上升和下降，不是胸廓的起伏，参与的肌肉仅限于膈肌和腹肌。其实这种呼吸方法在剧烈的跑步中很难做到，也没有必要。路跑的呼吸方式一般采用"胸式呼吸"及"腹式呼吸"（或者称"横膈膜呼吸"）的混合方式，以"胸式呼吸"为主。

105 跑步时具体的呼吸方法是怎样的？

掌握有效率的呼吸方法是十分必要的，它会帮助你跑得更远、更持久。

如果是放松跑，因为需氧量不高，那么鼻子呼吸完全可以应付。此时，呼吸顺畅，可以与别人交流。但随着跑步强度加大，需氧量增加，就自然地改用口鼻结合的呼吸方法，此时呼吸就不那么顺畅，与别人交流也感觉困难。如果在比赛的最后冲刺阶段，运动强度接近或达到极限，一般采用口鼻共用，以口呼吸为主的方式。也有一部分人会采用口吸鼻呼的形式进行呼吸。因为用嘴呼吸比用鼻呼吸能接收更多的空气，可以给身体提供更多的氧气。另外，相比用鼻呼吸，用嘴呼吸会让脸部肌肉得到放松，使你保持一个放松和冷静的状态。

106 天气寒冷时应该如何呼吸？

在冬季训练中，空气寒冷，用口呼吸容易造成喉部不适，建议采用鼻孔呼吸的方式。另外，在城市路跑，空气有污染，采用鼻孔呼吸的好处是因为鼻孔里有一层黏膜和鼻毛，并且多毛细血管，对吸入的空气具有加温、加湿和一定的清洁作用，能减少对气道的刺激，这也是对气管和肺的一种保护。在冷环境中训练，如果运动强度较大，不得不用口进行呼吸时，可采用舌尖微卷顶住上颚的形式进行呼吸。

107 鼻炎患者能跑步吗？

能，而且路跑对鼻炎患者的康复有帮助。对于鼻塞和鼻炎的人来说，路跑时尝试用鼻子呼吸一段时间后神奇地发现鼻子居然通了。主要原因是跑步时呼吸深度加大，促进了呼吸道的畅通，同时，呼吸加快增加了鼻黏膜和鼻腔里的血液循环，有利于鼻炎康复。

108 什么是"极点"？为什么会产生"极点"？路跑比赛中出现"极点"怎么办？

在跑步比赛中，由于氧气的供应落后于肌肉活动的需要，跑到一定阶段会出现胸部发闷、呼吸困难、动作无力、跑速降低、不愿跑下去或难于继续坚持跑下去的感觉，这种生理现象称为"极点"。这是跑的过程中正常的现象，它与准备活动、训练水平和运动强度等有关。

会产生极点是由于人体刚刚进入运动状态时，身体的各个器官还没能建立起协同工作的状态，心肺系统还不能马上适应肌肉、骨骼等运动器官的活动需要，氧气供应落后于肌肉活动的需要，人体在活动过程中所产生的二氧化碳、乳酸等代谢产物不能及时代谢和排出,为了更多地吸入氧气、排出二氧化碳,心率开始加快,呼吸变得急促,大脑皮层工作紊乱,中枢神经的协调性遭到破坏,因而出现了"极点"现象。

跑的强度大,"极点"出现得早;跑的强度小,"极点"出现得较迟,或者不会出现。"极点"现象也与训练水平有关,训练水平高,内脏器官的适应能力就强,"极点"出现得就缓和、短暂。"极点"的现象是可以控制和克服的。在练习过程中,应遵循循序渐进的原则,充分做好准备活动,掌握好途中跑的速度变化。当"极点"出现时,可适当降低跑速,注意加深呼吸,特别是加深呼气,同时要以顽强的意志坚持下去。"极点"的克服不仅是提高训练水平的过程,也是锻炼意志、克服困难的过程。

109 什么是"撞墙"现象?

在一场马拉松比赛中,人体需要消耗非常多的能量,而在一场马拉松所需的能量中,以糖和脂肪代谢混合供能为主。其中,糖酵解供能只能持续一个半到两个小时,脂肪可以支持更长时间。虽然脂肪代谢供能系统效率较低,最大输出功率只有糖酵解系统的一半,但是脂肪代谢贮备充足,可以维持较长时间的运动。当我们跑了2个小时左右时,体内可用于为运动供能的糖原基本上消耗殆尽,剩下的糖必须留着用于为大脑供能,作为一种保护性反射,大脑关闭对运动系统的葡萄糖供能。此时我们的身体不得不完全依靠脂肪来为运动供能时,由于脂肪的供能效率比糖低,所以当运动的主要供能物质切换为脂肪后,人体会感觉浑身无力,腿发软,甚至精疲力竭、出现抽筋以至于无法再跑下去的现象,就是我们所说的"撞墙"。

110 "撞墙"和"极点"有何不同?

很多人会以为"极点"和"撞墙"是一回事,其实不然。尽管二者在表现上都会出现使跑者出现"乏力、跑不动、不想跑"的现象,但是二者的原理是完全不一样的。"极点"现象指的是由于人体的内脏惰性,导致呼吸系统和内脏器官机能跟不上运动器官所需的能量,从而产生的跑步乏力现象。而"撞墙"是由于体内糖原的过度消耗。"极点"通过充分的准备活动和合理控制运动强度是可以克服的,而"撞墙"则很难克服,即便是有一定基础的跑者也很难不受到"撞墙"的影响。"极点"现象通常出现在跑步刚开始的阶段,而"撞墙"通常出现在马拉松的30公里之后。

111 如何减少"撞墙"带来的影响?

"撞墙"现象的产生虽然是不可避免的,但是可以通过系统化训练减少"撞墙"带来的不利影响,即通过训练提升运动时人体氧化能系统利用脂肪的效率。长距离慢跑训练(LSD)是一种很好的训练氧化能系统的运动,可以很好地训练心肺系统,提升有氧运动的表现,提高运动时利用脂肪的效率。但是当我们在进行LSD时需要注意两点:①LSD训练时的心率应该控制在最大心率的65%~75%之间,如果心率过高，强度过大，训练的就不是我们需要的氧化能系统了。②训练时间不能太短，如果你是为了尽可能减少"撞墙"带来的影响，那你每次 LSD 训练的时间应该至少保证 2 小时，这样才能充分训练氧化能系统。短时间的慢跑训练，如慢跑 30 分钟，虽对健身有益，但对于减少"撞墙"影响的效果几乎是微乎其微的。

112 出现"撞墙"现象该怎么办？

第一，消除心理障碍。"撞墙"这个词已成为业余跑者的口头禅。其实"撞墙"是一种正常的运动生理现象，在任何竞技类项目比赛中都会出现。例如，足球运动员 70~85 分钟抽筋现象，篮球运动员第四节动作僵硬、变形造成命中率下降等现象，都是因为运动员体能严重透支，造成身体处于或接近"撞墙"的表现。因此，一旦出现"撞墙"，我们要积极、乐观面对，而不是消极地选择逃避比赛。

第二，宁肯慢，不要停。马拉松是一个超长距离项目，运动员的后程基本处于一个机械运动状态，一旦停下来，打乱了节奏，就很难再跑起来。因此，当运动员出现"撞墙"现象时，只要没有抽筋，绝不能完全停止运动，要适当降低配速，始终保持运动状态，哪怕保持小碎步慢跑也行。同时，出现"撞墙"时，要注意控制呼吸频率和增进呼吸深度，延缓呼气，这些都有助于快速消除"撞墙"现象或缩短它的持续时间。

第三，加强意志品质培养。在日常训练或比赛中出现"撞墙"前，运动员脑海里会有一个复杂的状态。例如，心情浮躁、消极，告诫自己健康最重要。其实，这一连串的思想变化都是运动员准备放弃比赛的前奏。当你在 30 公里处遇到"撞墙"的时候，请你看看周围的队友或对手，换位感受一下他们此刻的身体状态，他们和你一样也正承受着"撞墙"的折磨，那你也可以和他们一样凭着自己的意志和毅力继续坚持，随着内脏器官的调节和机能的改善，氧供应增加，乳酸的清除加快，植物性神经中枢的惰性得到克服，"撞墙"出现的现象及症状就会逐渐消失，生理过程将出现新的平衡。

113 专业的马拉松选手是否也会出现"撞墙"现象？

"撞墙"并非只出现在能力较低或"菜鸟"跑者身上，精英跑者甚至专业选手如果训练不系统，战术安排不恰当，在比赛中也会出现"撞墙"现象。但越是经验丰富的选手，"撞墙"发生的情况越少，因为他们明白怎样能避免"撞墙"。专业选手出现的"撞墙"，与其说是他们能力不够，不如说是跑马拉松的战术出现失误。一般情况是前面配速太快，体内的糖被提前透支掉了，或者当天状态不佳、外界高温高湿等原因，影响了燃脂效率。

114 "撞墙"是因为能量耗尽了吗？

跑马拉松所需的能量大部分来源于脂肪，这是人体最"取之不尽、用之不竭"的能源库，也就没有"能量耗尽"的说法。其实"撞墙"更多是因氧化供能系统的局限，或者机体的综合性疲劳，使得能量物质的利用率降低和运动能力下降。

"撞墙"的生理极其复杂，除了涉及能量代谢，还涉及神经的保护性抑制、中枢疲劳、肌肉的兴奋收缩偶联功能下降等多种变化机制。一般来说，马拉松项目"撞墙"的原因是有氧代谢与脂肪氧化到了极限，加上长时间运动中肌肉本身的疲劳、神经中枢（大脑）的疲劳引起的。因此，马拉松比赛中单靠补糖是不能完全保证防止"撞墙"的。赛前一周提高体内糖储备、比赛过程中通过饮料和能量胶补糖，都可以明显减轻"撞墙"的反应。不过这些都只属于外在的保障，体内携带的糖原和比赛中补充的能量都是有限的。因此，提高糖的储备量、改善糖的节省化、提高脂肪的有氧代谢能力，是提高长距离项目运动员运动能力的关键，也是减少"撞墙"现象的关键。

众多研究发现，经过大量有氧训练的耐力运动人群，脂肪氧化比例高。脂肪的代谢几乎全通过有氧代谢，而不像糖可以通过有氧、无氧不同方式代谢。在有氧供能中，脂肪的供能比例也要远远大于糖，特别是马拉松比赛的中后期。因此，有氧能力的提高可以直接带动脂肪代谢的提高。当脂肪代谢比例提高了，伴随的就是糖代谢比例的减少以及对糖代谢的依赖性减少。这样，运动中最高效也最宝贵的供能物质糖类就达到节省化，能量代谢系统更倾向于最取之不尽、用之不竭的脂肪储备。

115 路跑时是前脚掌着地好还是脚后跟着地好？

人们对这个问题一直以来争论不休。其实抛开配速谈脚的着地方式是没有意义的，每个人也并不是全程都采用前脚掌着地或脚后跟着地，只是比例不同而已。一般情况下，配速快，用前脚掌着地；配速慢，则用脚后跟滚动着地。运动员一般采用前脚掌落地或全脚掌落地，而普通健康跑人群采用脚后跟滚动着地的比较多。而挑战人类极限的跑步运动，无论是短跑、中跑、长跑还是马拉松跑的世界纪录创造者，落地动作都是采用前脚掌落地创造的。

对于普通的跑者来讲，由于跑速比较慢，步幅较小，对地面的冲击也相对较小，加上市面上有专门为路跑人群量身定制的具有较强避震功能的跑鞋，则可以采用脚后跟着地的方式进行训练和比赛。如果配速很慢，还一味强调前脚掌着地，反而容易出现"踮脚尖"跑的错误动作，造成小腿肌肉过分紧张。

116 过分强调脚后跟着地有何害处？

有研究认为，脚后跟落地的害处包括：①跑步动作不协调，刺激神经系统，尤其是青少年正在发育阶段，形成了脚后跟落地动作的习惯，产生的后果及害处极大。②马拉松跑42.195公里，如果用脚后跟落地轻则引起跟骨骨膜炎，重则引起跟腱滑囊积液、骨质增生等慢性病。③训练比赛形成脚后跟落地习惯后，特别容易引起运动创伤，如最常见的损伤——崴脚。除此之外，还容易引起疲劳性骨折、拉伤跟腱韧带、造成胫腓骨骨膜炎等。④脚后跟落地时跑步重心较低，容易造成身体疲劳，尤其是小肌肉群疲劳，如马拉松后半程抽筋的现象与在疲劳状态下用脚后跟落地有关。⑤体重超重的人健身跑时用脚后跟落地危害更大。

117　前脚掌着地的优势是什么？

前脚掌先着地能充分发挥足部缓冲能力，减少冲击，降低受伤概率。

首先，前脚掌先着地的跑法利用脚踝的运动（足跖屈动作），充分发挥了足部的缓冲能力，足部、小腿肌群与跟腱参与到这个缓冲过程，有利于减少落地时腿部骨骼和关节受到的冲击，特别是降低膝伤的发生概率。如果采用脚跟直接着地的方式，无法利用脚踝的运动有效地缓冲落地时对膝盖的冲击力。

其次，前脚掌落地是减少着地时间的需求。后跟先着地需要从后跟落地过渡到前掌蹬地，需要一定的过渡时间。而前脚掌先着地省略了这一过程（重心一直压在前掌），有利于减少着地时间，提高动作效率。

118　前脚掌着地跑与踮脚尖跑的区别是什么？踮脚尖跑有何危害？

前脚掌着地是脚掌以接近水平的角度落下，前脚掌先着地，随后整个脚掌接触地面，通过这样一个过程来缓和落地冲击。而踮脚跑是指脚后跟一直不落地，那样容易使得小腿肌肉过度紧绷，诱发跟腱炎、足底筋膜炎和小腿胫骨应力综合征。

119　初学者难以坚持前脚掌落地的原因是什么？

肌肉力量不足，节奏和速度慢，是前脚掌着地没有在初学者中普及的重要原因。发挥脚踝缓冲能力的过程，足部、小腿肌群都需要提供足够的力量来支撑。如果力量不足，采用前脚掌跑法就会感觉脚底软绵绵的，发不上力。而且在这个过程中，虽然膝关节压力少了，但其他部位（比如跟腱、小腿肌群、足底）的受力是增加的，如果这些部位不够强大就容易引起足底筋膜炎、小腿胫骨应力综合征、跟腱炎等损伤。

另外，前脚掌落地对速度和节奏的要求更高。虽然前脚掌落地有利于提高速度和效率，但反过来跑的速度和节奏越快，就越容易实现前脚掌着地。初学者如果没有一定的速度，或者没有一定的协调性和控制能力，盲目地模仿前脚掌着地的技术反而可能导致肌肉发僵，同时增加受伤风险。

120 马拉松运动员全程都是采用前脚掌着地技术吗?

不是。优秀运动员途中并非只采用一种落地技术,只是比例不同而已。针对马拉松高水平运动员的对比分析发现,比赛15公里处和30公里处受试者的速度变化不是很大,但是采用前脚掌落地的比例在30公里处比15公里处减少。比赛后程的疲劳必然导致力量和节奏感下降,使得落地、蹬地的时效性有所下降。如果在这时一味追求前脚掌着地,足踝小腿肌肉更容易紧张疲劳,也比较容易出现抽筋等症状。因此,如果在进行长距离训练、马拉松比赛时出现小腿无力、脚踝不舒服,不能再坚持前脚掌着地时,适当增加后跟着地,也不影响整体动作的效率和增加伤病风险。

121 路跑中常见的错误动作有哪些?

（1）跑时含胸弓背。
（2）身体重心不稳,左右波动。
（3）跑进方向重心起伏过大。
（4）后蹬无力,"坐着跑"。
（5）脚落地太重,跑时没有弹性。
（6）踢小腿跑。
（7）摆臂动作不规范：左右横摆、以肘关节为轴的上下前臂摆动、前后摆动不适当、耸肩、摆臂无力等。
（8）脚跟制动着地。
（9）踮脚尖跑。

122 "身体重心左右摇摆或跑进方向重心起伏过大"的原因是什么?如何纠正?

（1）原因。
①对身体重心在跑动时平稳的重要性认识不足,脚着地时成外八字形或两腿力量不一样大。
②摆臂动作不符合运动原理或动作幅度不等。
③后蹬角度偏大,跳动跑,头部姿势不正确。
④对步长与步频的合理完善配合的重要性认识不够。
（2）纠正方法。
①充分理解与认识身体重心在跑进方向上平稳的重要性。
②练习时注意膝关节向正前方摆动,以脚在分道线上着地来进行练习（直线段）,谨防外八字脚现象,尤其在练习疲劳时应时刻注意此问题。
③加强腿与臂的力量对称练习和四肢等全身动作协调配合。

④眼看着前方的标记跑，做到目光与标记保持一定的平行位置，避免跑时重心起伏过大，领会步长与步频在中长跑中的合理比值的重要性，切勿突然加大步长或加快步频。

123 "后蹬无力，'坐着跑'"的原因是什么？如何纠正？

（1）原因。
①未掌握技术要领，髋关节的灵活性和柔韧性差，动作不协调。
②后蹬动作不充分，髋未前送。
③上体过于前倾，使髋关节产生补偿性后移。
④腰腹部松弛，核心力量差，后蹬时髋部前送不充分。
⑤腿部和踝关节的力量不够。

（2）纠正方法。
①清楚在后蹬时髋、膝、踝三关节的用力顺序和充分伸展髋关节的动作。
②后蹬时强调摆动腿前摆带动同侧骨盆前送。
③加强腰、腹肌力量练习。跑动时强调腰腹部保持适度的紧张。
④身体保持正直，以利于髋关节前送。
⑤加强支撑腿的伸肌群力量，提高支撑能力。

124 "脚落地太重，跑时没有弹性"的原因是什么？如何纠正？

（1）原因。
①脚着地方法不对，落地时没有缓冲。
②脚掌和踝关节力量差。

（2）纠正方法。
①做小步跑和高抬腿跑过渡到加速跑练习。
②加强小腿、脚掌肌肉和踝关节力量练习。

125 "踢小腿跑"的原因是什么？如何纠正？

（1）原因。
①跑步技术概念不清，错误地认为前踢小腿能加大步长。
②摆动大腿前摆太低，前摆伸膝时造成前踢小腿。
③后蹬结束后，大小腿折叠角度大，前摆时小腿前踢。

（2）纠正方法。
①强调大腿快速前摆，在大腿向下摆落时，小腿顺势伸展。
②反复做高抬腿和车轮跑的专项练习。

126 "错误摆臂动作"的原因是什么？如何纠正？

（1）原因。

①正确摆臂技术概念不清。

②肩、臂无力或肩关节过于紧张。

③腰、腹部力量差。

（2）纠正方法。

①了解正确摆臂的技术要领，反复练习正确摆臂技术动作。

②增强肩关节、臂、腰、腹部力量。

③持重物做摆臂练习。

④在中等速度跑中改进摆臂技术。

127 "脚跟制动着地"的原因是什么？如何纠正？

（1）原因。

①步幅太大，脚跟落地太靠前。

②膝关节锁死（保持一个姿势固定不动）。

③脚落地太重、不柔和。

（2）纠正方法。

①了解正确摆动腿落地的技术要领，反复练习脚掌落地技术动作。

②提高步频，缩短脚的着地时间。

③提高配速。

④多做放松弹性跑。

128 "踮脚尖跑"的原因是什么？如何纠正？

（1）原因。

①对脚着地技术理解错误，把前脚掌着地技术错误理解为脚尖着地。

②跑步时小腿肌肉不放松，踝关节紧张。

（2）纠正方法。

①明确路跑时脚的着地跟配速有关，配速慢的话可以用脚跟着地滚动至前脚掌蹬伸，配速快的话直接用前脚掌着地缓冲后蹬伸。

②加强小步跑和车轮跑等跑步专门性训练，体会跑步时小腿肌肉及踝关节的放松。

③多进行放松跑和弹性跑训练，加强肌肉协调性练习，提高跑步的经济性。

129 "步频太慢"的原因是什么？如何纠正？

（1）原因。

①对最经济步频概念不明确。

②落地时脚跟着地，使脚着地时间过长。

③步幅太大，影响步频。

（2）纠正方法。

①明确路跑的最经济步频为每分钟 180 次左右，平时练习按照此步频节奏练习。

②体会前脚掌着地，缩短脚的着地时间。

③加快摆动腿下压着地，缩短腾空时间，减小步幅。

④跟随高步频跑者一起练习，体会相同步频节奏。

130 造成膝伤的错误跑姿有哪些？

（1）落地时膝盖打直。

（2）落地时重心不稳定。

（3）跑步途中大肌群没有得到充分利用。

（4）步幅太大，过分追求步长。

（5）身体后仰。

131 "落地时打直膝关节"为何会伤膝？

在跑步过程中，肌肉在一连串的动态运作中是瞬息万变的。在落地时，膝关节打直（没有弯曲），会导致膝关节锁死，受到地面的冲击增加。只有膝关节适当弯曲时，附近的肌肉群才能形成自然缓冲机制，减少膝关节软骨的磨损，并且让支撑力量传导到大腿肌群与核心肌群。如果膝关节"打直锁死"了，落地的冲击就没有任何削减，全部被膝关节承受。

132 "重心不稳"为何会伤膝？

跑步时如果重心不稳，人体的向前性就会很差，重心就不是向前而是左右摇摆、上下波动，重心的摇摆和起伏增加了落地时对膝关节的冲击力。这样一来，无论是膝盖还是腰背部，都容易因为长期冲击过大形成劳损。这种不合理的跑步姿态，不仅影响动作效率和速度，也增加了受伤的风险。

133 "身体后仰"为何会伤膝？

跑步时上体正直或稍前倾，才会使重力的作用在支撑腿之前，对身体产生向前的一个分力，借助这个分力更自然地完成向前动作。但如果重心向后仰，向前的分力会减小，落地时增加了膝盖的压力，动作的时效性和经济性也差了很多。所以，在开始训练的前期，有必要加强辅助训练，包括躯干核心力量训练、腿部力量训练、柔韧性训练（拉伸）等。

134 为什么会出现"含胸弓背"？它有何危害？如何纠正？

（1）原因。
①对跑步技术理解错误，错误地认为人体重力是跑步的动力。
②跑步时低头。
③核心力量差。
（2）危害。
路跑时持续的含胸弓背，不仅影响呼吸，大大降低了跑步效率，长此以往还会导致腰背压力增加，出现腰酸背痛的现象，甚至造成腰肌劳损。
（3）纠正方法。
①正确认识跑步的动力来源，在非下坡跑时，重力是阻力，不是跑步的动力。
②跑步时抬头，眼看前方。
③加强核心力量训练。

135 走和跑同属于双脚交替的周期性运动，为什么跑比走要累？

我们首先要明确走与跑的区别。走路没有腾空，而跑步存在着腾空期，需要蹬地克服重力才能腾空。腾空之后还需要缓冲落地，缓冲过程也是一个耗能的过程，这就造成了跑步的强度远远大于走路。因此，跑步本质上是一项克服重力的运动。

136 在平路上跑步，重力是阻力还是助力？

跑步的方向是向前的，需要一个向前的力，而重力的方向永远是向下的，不可能成为向前跑动的动力。另外，跑步时要腾空，需要一个向上的力，而重力的方向永远是向下的。由此来看，在平路上跑步，重力不仅不是助力，而且是阻碍我们跑步腾空的阻力。

137 重力何时能成为跑步的动力？

在下坡跑的时候，重力即成为跑步的动力。

138 既然重力在跑步时不做功，为何还要身体稍微前倾？

正确的跑步技术应该是身体保持正直，稍微前倾。身体前倾的主要目的有以下两个。一是减少风阻。二是身体前倾可以获得生物力学优势，更有效地蹬地发力。如果身体前倾是利用重力产生向前的动力，那么从理论上说，身体前倾越明显，利用重力的效果就越好，而实际经验证明，跑步时身体只要轻微前倾即可，如果你刻意往前倾，那么必须马上把跑步速度加快，步频加快，才能配合上明显前倾的身体。短跑运动员起跑加速阶段身体前倾更为明显，而途中跑阶段的前倾角度则不需要那么大。

139 自我调控跑步强度有哪些方法？

（1）血乳酸检测法：在运动中采集血样，分析血乳酸值，判定运动强度。这是传统的专业运动员控制运动强度的方法，因为需要采血，所以不适合普通路跑人群。

（2）汗液分析法：根据不同运动阶段汗液成分的不同来分析判断运动强度。因分析成本较高，目前还不普及。

（3）心率控制法：根据心率的高低来粗略判断运动强度的大小。此方法简单易操作，比较常用，适合普通路跑人群。

（4）呼吸判断法：跑步时能够说长句完整的话，或者能够唱歌，属于小强度；如果不能够说长句话或唱歌，只能断断续续说话，属于中等强度；如果喘气厉害不能讲话，属于大强度。此方法简单明了，不用专门测试，适用于普通路跑人群自我判断。

140 每个人是否采用相同的心率标准控制跑步强度？

因为每个人的体质不同，即便按照同样的配速来跑，表现出的心率也可能是不同的。心率作为运动强度的指标，不能只看即时心率，每个人的心率都在随时改变，范围在基础心率和最大心率之间。当然，这个数值范围会随每个人的身体状况（包括运动习惯、健康状态、年龄等）而不同。因此，心率的控制要因人、因时而异。在通过心率来分析运动强度时，不能仅仅依据运动时的心率多少，还有必要同时考虑个人的基础心率和最大心率。

141 何谓基础心率？

基础心率是在早上起床前，保持仰卧体位，测量1分钟的脉搏。如果是坐姿或站姿的话，脉搏会高一些。成年人的基础心率一般在60~75次/分。经常训练的人，特别是长期进行耐力运动训练的人，其数值会低一些。有很多业余马拉松爱好者的静息心率都在50次/分以下，而有的职业马拉松选手甚至在30次/分左右。

142 常年参加路跑运动的人为何基础心率比较低？

训练带来的基础心率降低，主要是因为心脏收缩力变强，每次心跳的泵血量增加。也有很多运动员的心脏肥大（心肌厚度大，心室腔容量大）。每分钟人体需要的血液循环量＝每分钟的心跳次数×每次心跳的泵血量。如果每次心跳的泵血量增加的话，就可以降低心跳次数，而保证同样的血液循环量。跑者基础心率的降低就是心脏功能改善的结果，也就意味着可以适应强度更大的运动。

143 何谓心输出量?

心输出量是指每分钟左心室或右心室泵入主动脉或肺动脉的血量。左、右心室的输出量基本相等。心室每次搏动输出的血量称为每搏输出量,每分钟一侧心室输出的血液总量,即每分心输出量。心输出量是评价循环系统效率高低的重要指标,在很大程度上和全身组织细胞的新陈代谢率相适应。

144 何谓心率储备?

心率储备是指最大心率减去基础心率的值,它可以反映一个人的心脏功能。心率储备大则心脏功能好,反之则差。

145 长期路跑之后心率过缓是正常现象吗?

对于长期路跑的人,安静时心率过缓是正常的。一般成人安静时心率在 60～100 次/分之间,临床上安静时心率超过 100 次/分称之为心动过速,60 次/分以下称之为心动过缓。

经过长期较系统锻炼的人群,安静时心率减慢,长期从事路跑等耐力主导项目的人群,心率减慢尤为显著,因为这部分人群的心脏结构发生了改变。经过长期规律的耐力性项目锻炼后,人的心室壁轻度增厚,心室腔容积显著增大,这是为了使得心脏每次搏动输送的血量增多,从而能够满足耐力项目中机体对于氧气及能源物质的大量需求。在安静时,心率下降了,因此心脏的耗氧是减少的,同时心肌的疲劳度也是下降的。心肌舒张的时间适当延长,心肌的收缩力增强,泵血能力也随之增强,同时并不影响最大心率。因此,在安静心率与最大心率之间,心率增长的空间增加了,也就意味着,同样强度的运动下,心脏做功能力增加了,从这个方面也表明,这种对运动的适应性改变是有益于心脏机能的。

146 运动时的心率怎么测量?

为了测量运动时的心率,最好是佩戴心率表。如果没有心率表,就需要跑步停止后,立马手工测量心率。但是运动停止后,随着时间的推移,心率会恢复。而且耐力越好的跑者,其心率恢复得越快。考虑到这个因素,手工测量心率的正确方法如下:

① 运动停止后立刻(最晚在 10～20 秒之内)测量 10 秒心跳。
② 运动心率 = 10 秒内的心跳数 × 6 + 10。

虽然经常看到老中医在手腕处把脉,但是为了保证更高的准确性,跑步心率还是推荐以测颈部动脉为主。

147 何谓最大心率？如何测量？

提高运动强度，心率就会上升，升到不能再升了，就是最大心率。

实际测量最大心率的做法是：渐渐提高测试的运动强度，直到完全发挥出全身的运动能力。这种做法具有一定的风险性，特别是对于没有运动习惯的中老年人群。因此大多数时候，只能通过计算来预测最大心率。

一般常用的计算公式：最大心率 = 220 - 年龄。

另外还有公式：最大心率 = 206.9 - （0.67 × 年龄）。

这些公式是针对没有运动习惯的普通大众人群，对于训练有素的马拉松选手来说则不太适用。在现实生活中，也有60多岁的精英选手实际测量最大心率达到180次/分的记录。

148 个体间最大心率有何差异？

最大心率的个体差异很大。一般来说，20岁左右的人最大心率在200次/分左右，之后随着年龄增长而降低。但是如果保持锻炼的话，最大心率的下降会变缓。也就是说，对于年轻人而言，训练对最大心率没什么效果，但年纪越大，越能显示出运动对最大心率带来的影响。此外，通过训练还可以提高肌肉的耐乳酸性，以便接受更高强度的训练，从而带来最大心率的提高。

149 心率与运动强度的关系是怎样的？

心率的高低反映运动强度的大小，可以从以下两个公式判定。

计算公式①：运动强度（%）= 运动心率 ÷ 最高心率 × 100%。

该公式虽然计算简单，但是每个人的静息心率都不同。于是，考虑到静息心率，有了如下修正版的公式。

计算公式②：运动强度（%）=（运动心率 - 静息心率）÷（最高心率 - 静息心率）× 100%。

公式②以静息心率为基准，算出相对上升的比值。

表1 心率与运动强度换算表

跑者	预测最大心率	静息心率	运动心率	运动强度（公式1）	运动强度（公式2）
A（60岁）	160次/分	45次/分	140次/分	87.5%	82.6%
B（40岁）	180次/分	70次/分	160次/分	88.9%	81.8%

注：这里的最大心率是用（220 - 年龄）的计算公式来预测的，跟真实的最大心率有误差。

同样的年龄，没有训练基础的人静息心率较高，训练有素的人静息心率较低，即便是同样的运动心率，不同的人感受到的强度也不一样。因此，公式②比公式①更科学。从表1可以看出，虽然B的运动心率高，但不管是用公式①还是公式②，计算出的运动强度，AB两者的差别不大。再来看按照公式②计算的结果，考虑到静息心率，A的运动强度要比B大。

150 在训练或比赛时，配速与心率出现差异时应该保持配速还是保持心率？

安全起见，应该保持心率。根据心率来进行训练不仅高效，而且安全。同样的配速，对不同的人所产生的负荷强度不同，根据心率来进行训练，可以更加直观地控制运动的负荷。即便是同一个人、同样的线路、同样的速度，其心率也会随着当天的身体状态和环境（温度、湿度、风向、日晒等）等因素而发生变化。如果仅仅以配速作为衡量负荷强度的指标是不够准确的。有的跑者为了守住速度，以配速来控制运动强度。殊不知，随着训练的深入和其他影响因素的变化，跑者在实际跑动中会无意识地提速，形成超速状态。在这种情况下会给身体带来不必要的负荷，甚至达不到训练效果。依据心率区间而展开训练，是考虑到身体状态的，更加让人安心和安全的训练方法。

151 不同的运动目的对应怎样的心率区间？

如表2所示，运动强度在80%以上的区间4和5相当于"无氧运动"，而80%以下的区间1、2和3相当于"有氧运动"。对于路跑运动来说，属于无氧运动的区间4和5，心率较高但不能长时间维持，只能做中、短距离跑。而属于有氧运动的区间1、2和3，心率相对较低，可以长时间维持，适合半程及全程马拉松等耐力路跑运动。

表2 运动强度对应心率区间换算表

心率区间	运动类型	运动强度	运动目的
5	无氧运动	90%～100%	提高爆发力和耐乳酸能力
4	无氧运动	80%～90%	提高肌肉力量和基础代谢能力
3	有氧运动	70%～80%	提高耐力
2	有氧运动	60%～70%	燃烧脂肪，减轻体重
1	有氧运动	50%～60%	热身

152 各种强度路跑训练的心率区间是什么样的？

具体的心率区间可参考表3。

表3　各种强度路跑训练的心率区间

训练种类	运动强度	训练描绘	训练目的
间歇跑	90%~100%	训练休息交替进行	提高最大摄氧量
节奏跑	80%~90%	按照比赛的节奏	提高专项能力
配速跑	70%~90%	根据不同的配速达到不同的训练效果	提高基础代谢和无氧阈强度
LSD（Long Slow Distance 长距离慢跑）	60%~70%	长距离慢跑	提高有氧代谢能力
恢复跑	50%~60%	赛后恢复，没有速度和距离的要求	赛后恢复、调整

153　不同距离路跑比赛的心率区间是什么样的？

比赛中具体的心率区间可参考表4。

表4　不同距离路跑比赛的心率区间

距离	运动强度	心率范围
半马以下	90%左右	168次/分以上
半马	85%~90%	162~168次/分
全程马拉松	75%~85%	150~162次/分

注：以40岁、静息心率为60次/分的跑者为例。

154　何谓"心率漂移"？出现的原因是什么？

一般情况下，心率会随着速度而变化，但是长时间奔跑的时候，即便一直保持同样的速度，到了后半程，心率也会随着时间的推移而慢慢上升，这个现象就是"心率漂移"。

心率漂移的原因有疲劳堆积、能量来源的变化、心脏的泵血量减少、体温上升等。

长时间奔跑，体内的糖原越来越少，身体的能量来源由糖原转向脂肪。随着体温上升，身体会大量出汗，体内水分流失，导致循环的血液量减少，加上长时间运动，心脏也会疲劳，因此后半程心脏的泵血能力会下降，这当然会妨碍运动能力。另外，当跑步速度开始下降时，心率漂移也很明显。

反过来说，心率漂移反映了身体疲劳，代表了身体循环功能的低下。

心率漂移率随着运动强度、环境、训练状况、身体状况的变化而发生变化。具体来说，心率漂移与以下原因有关：①运动强度越大，心率漂移越大。②温度越高，赛道的高低起伏越明显，心率漂移越大。③补给不足，导致心率漂移增大。④训练不足、状态不良时，心率漂移大。

155 什么是路跑战术？

路跑以马拉松为代表，属于长时间耐力项目，根据项目特点，制定马拉松跑的战术是反映日常训练效果、提高马拉松跑成绩的战略。马拉松跑的战术要围绕战略目标来制订，要符合跑者的实际。

156 如何安排路跑战术？

中长跑、马拉松比赛具有时间长、不分道等特点，因此参赛选手的"自控性"非常关键，选手之间的战术也存在相互影响。总的来说，不同距离的比赛项目，战术的复杂性和重要性也不同。一般来说，不管是中长跑还是马拉松，不管是场地跑还是路跑，不管是中长距离还是超长距离，根据参赛选手的目的和目标，主要将路跑战术分为两大类：一类是选手之间的竞赛战术，另一类是实现自我超越的个人战术。

157 什么情况下采用领跑战术？

一般来说，想破自己的记录，而且耐力好的运动员会采用领跑战术。主要有以下3种情况。

一是速度均匀，节奏感强，维持自己制定的目标，夺取好成绩。要求运动员本身实力强，并具备驾驭比赛节奏的能力，在比赛中能够一直处在队伍前方，掌控整个局面，而且还能坚持到最终夺冠。创世界纪录的运动员往往是在比赛中一骑绝尘的。如鼎盛时期的一代跑神——盖布雷西拉西耶。埃塞俄比亚名将阿亚娜在里约奥运女子万米夺冠并打破世界纪录时，整个后半程都是独自一人在"表演"，完全按照自己的节奏跑。

二是具备一定实力，但速度和冲刺能力较弱，希望前程用较快的节奏拖垮对手（或者拖垮对手从而帮助队友夺冠）。但是这种跑法的风险比较大，自己提早体力不支、被对手超过的情况更多见。

三是领跑的"兔子"，即配速员。专业马拉松比赛"兔子"和业余马拉松"兔子"不同。专业马拉松比赛中的"兔子"往往不会跑完全程（只会带领到半程或三分之二便退出，如马拉松只跑前30公里、5 000米只跑前3 000米），也一般不是场上水平最高的选手，而是为夺冠、破纪录热门选手创造好的配速条件。业余马拉松"兔子"则不同，是按照固定成绩和配速来跑完全程的，这也是为什么赛事官方配速员（"兔子"）要经过严格的选拔，个人最好成绩也是要远远高于所负责的配速任务。

由于领跑往往比跟随跑需要消耗更多的体力,所以领跑战术也被视为一种"牺牲"战术。在奥运会、世锦赛这样的大赛中,我们经常会看到来自同一个国家的几名选手采取相互领跑的战术来确保队中实力最强的人夺冠。

158 什么情况下采用跟随跑战术?

在通常情况下,采取跟随跑战术的选手分为两类。

一种是经验不足且实力较弱的选手,跟随领跑者可以更好地控制配速和节奏,或者让更高水平的选手适当地"带快"节奏,从而有利于发挥自己的潜能。这种情况多见于希望跑出好成绩的业余跑者。

另一种是水平较高的选手。这些选手一般速度快、能力强,紧跟后面,一步不落。跟随前方的选手(水平不一定高于自己)来节省体力,给对手造成心理压力,不急于加速,这种方法节省体力,储存能量,最后发挥一搏,从而有利于最后的冲刺决胜。这种情况多见于专业选手,而且是"速度型"选手。

159 何时采用变速跑战术?

一般速度快、耐力好的选手,会在途中随意变速,拖垮对手,最后乱中取胜。这种战术一般运用于距离较短的路跑比赛中。马拉松距离较长,体能消耗较大,一般不常采用变速跑战术,只有那些顶尖的选手偶尔会采用。

160 普通人群马拉松的战术如何安排?

一般根据个人参赛的目的安排战术。目前世界范围内开展的路跑赛事,群众基础与竞技基础越来越好,各类人群参赛的目的不一样,其中包括大众健身娱乐、个人乔装秀、集体品牌展示、跑团健身娱乐等,重在参与和娱乐性。

自我超越型战术在业余跑者中比较多见,一些业余跑者经历了长期训练和比赛后,逐渐形成自己的比赛风格与节奏,而且不会受到其余选手的影响。对于这类跑者来说,独自跑是很好的选择,完全按照自己的节奏进行,不受他人影响。但是这种跑法对跑者本身的节奏感和控制能力要求较高,一般采用运动手表来监测个人配速和运动心率负荷的形式按照既定的速度节奏和心率范围进行。

专业选手如果实力特别突出,也会采取这种方式。同样,水平差距太大的选手也是按自己的节奏跑,不然很容易被其他选手拖垮。

161 在马拉松比赛中应如何分配体能?

马拉松跑的体能分配可按前半程、后半程分配,也可按10公里、20公里、30公里、42.195公里4个阶段分配,还可以按5公里跑分段。

(1)按前半程、后半程体力分配:按计划马拉松跑的目标成绩,计算出前半程、后半程跑的配速。基本是匀速。后半程比前半程慢6分钟属于正常。前半程一定要稳,严格按正常速度跑。后半程全力跑。在最后2 195米冲刺见分晓。

(2)按10公里、20公里、30公里、42.195公里分配:根据自己的计划,算出分段跑的速度。基本上按照计划跑,从心理上把握好跑的速度,不受干扰,保存自己的体力。10公里内平均相差2分钟属于正常。

(3)按5公里分段分配:按自己预定的跑速匀速跑,这种跑法适用于业余选手。要认真分析自己的实力,制订一份详细的跑步计划。

162 路跑比赛中的配速策略有哪些?

从优秀运动员的比赛速度分配情况来看,大体可以分为三种类型:先快后慢型、先慢后快型和匀速型。

(1)先快后慢型。这种运动员进入比赛状态比较快,起跑后速度快。从800米、1 500米、5 000米、10 000米到半程、全程马拉松,这种策略对运动员的自身能力要求很高,风险大,大多数运动员会因前程速度过快,导致后程的跑速大幅下降,失败的概率比较大,但是一旦他们在比赛中成功,就会创造出很好的成绩。

(2)先慢后快型。这种运动员往往结合跟随跑战术,在前半程保留一定体力,后半程发力冲刺来取得好成绩。如埃塞俄比亚选手阿亚娜打破女子万米世界纪录,前5 000米用时14:46.81,后半程用时14:30.64。

(3)匀速型。匀速型运动员的速度也不是一样的,但其变化幅度较小。在马拉松比赛中,每5公里的速度和第一个5公里速度相比,上下波动不超过3%就属于匀速。这种跑法创造优异成绩的概率最大,当然,这要求运动员具备一定的速度控制能力。

对业余跑者而言,选择合理配速比对抗性竞赛战术更重要。业余马拉松跑者更多的是"自我超越",良好的配速节奏比战术安排更重要。实力是决定性因素,赛前业余选手要根据自身的训练水平制定详细的比赛方案。

163 如果追求个人最好成绩是速度重要还是耐力重要?

马拉松热催生了一批追求PB(personal best,即个人最好成绩)的人群,平时训练借鉴专业运动员的训练方法,节奏跑、变速跑、间歇跑、冲刺跑、长距离跑全都训练,没有重点,也不知道如何分配。科研人员做过这样一项研究,让一些跑者总是进行间歇训练,过一段时间发现他们的速度确实提升了,但是有氧能力却下降了很多。这是因为他们的无氧能力大大提高,快肌纤维明显增加,慢肌纤维逐渐减少。备战一场马拉松有两个训练阶段,一是打基础阶段,二是竞赛备战阶段,即提升速度阶段。虽然每个阶段都有侧重点,但不能在打基础阶段只进行耐力训练,或者在竞赛备战阶段只进行速度训练。把两者在不同的阶段割裂开来,是不正确的做法。训练是一门平衡的艺术，在速度训练之前，你需要累积足够的跑量，即要打好有氧耐力基础，在速度训练阶段，有氧练习仍应该占据训练的主流。对于长跑运动，所有的训练都是相辅相成的。没有有氧耐力基础，速度训练会大打折扣，而且容易受伤。但如果仅仅是耐力训练，速度能力上不去，那么全马成绩也不会提高。至于速度训练和耐力训练的占比，这需要根据你将要参加的比赛而定。如果是为了参加马拉松，那么速度训练的占比不要超过20%；如果只是为了参加一场5公里的比赛，速度训练可以稍微增加一些。

路跑准备活动与拉伸篇

164 什么是准备活动？为什么要进行准备活动？

准备活动是指在比赛、训练和体育课进行运动之前的身体练习。机体从安静状态进入剧烈运动状态，需要有一定的适应过程，准备活动能够使身体逐渐预热，提高中枢神经系统的兴奋性，提高运动系统和内脏器官的适应性，为即将到来的大运动量、高强度训练和比赛以及充分发挥身体的最大运动能力做准备，有利于训练和比赛的顺利进行。反之，则会加大运动损伤的风险，以及会出现身体的不适状态，容易影响训练和比赛的效果。

165 准备活动的分类有哪些？它们之间有什么关系？

根据准备活动目的不同，通常将准备活动分为一般性准备活动和专门性准备活动。

一般性准备活动是集合了走、跑、跳、徒手练习和体育游戏等各种形式的身体练习，是与训练和正式比赛的结构特点不相同的活动，目的是为了提高机体的兴奋性，使体温升高以及使机体的各项指标达到合理的水平，增强机体的代谢水平和各器官的功能，防止运动损伤，等等。

专门性准备活动是指与正式比赛或训练的结构动作、节奏及运动强度相似的各种身体练习。例如，跑类项目采用跑的专门性练习：小步跑、高抬腿、后蹬跑和车轮跑等。其目的是提高参与运动有关中枢间的协调性，强化动力定型，强化专业技术水平，为其后专业训练和比赛做好技术和机能准备。

两种准备活动虽然侧重点不同，但实际运用中相互联系、不可分割。在运动实践中，为了提高神经系统的兴奋性，两种准备活动缺一不可。

166 热身的定义是什么？准备活动与热身有什么区别？

热身是大众对一般性准备活动的俗称，其目的是使身体预热，类似于一般性准备活动。

准备活动是体育领域内的专业术语，其目的是使身体预热，类似于一般性准备活动，而准备活动不仅包含一般性准备活动，还包含专项准备活动，其范围更加广泛。

167 准备活动有什么作用？

通过完成合理的准备活动，不仅可预先动员内脏器官、骨骼肌的机能，而且可强化运动技能，从而缩短进入工作状态的时间，为正式比赛和训练奠定良好的基础，此外还能调节心理状态。

168 准备活动有什么生理作用？

（1）提高机体的调节能力。
（2）提高机体的有氧工作能力。
（3）提高体温和代谢水平。
（4）提高肌肉的收缩能力。
（5）提高机体的散热能力。
（6）调整赛前状态。

169 准备活动的生理机制是什么？

通过准备活动，可以在神经中枢的相应部位留下兴奋性提高的"痕迹"。这一痕迹效应能使中枢神经系统在正式比赛时或训练时处于良好的兴奋状态，从而改善神经系统的调节能力，提高内脏器官的机能，增强能量代谢，提高运动成绩，等等。

170 如何选择准备活动？构成准备活动生理负荷的主要因素有哪些？

从科学锻炼、训练和参加比赛的角度来讲，在锻炼、训练和比赛开始前必须进行相应的准备活动。

要根据运动项目、运动目的、运动负荷强度、运动负荷量度和自身特点选择合理的准备活动手段。应遵循趣味性、实用性、全面性、针对性等原则。

构成准备活动生理负荷的主要因素包括准备活动的内容、形式、时间、强度以及与正式训练或比赛的时间间隔等。一般情况下，一般性准备活动的强度为45% O_2max，心率控制在100~120次/分为宜，准备活动的持续时间一般为10~30分钟。

171 准备活动结束与正式训练或比赛开始之间需要间隔多长时间？

一般情况下，准备活动结束到正式训练或比赛开始的时间间隔可根据"痕迹"在体内延续的时间长短来确定，通常两者之间的时间间隔不超过 15 分钟。

172 准备活动不足或过量会对训练或比赛产生什么影响？

准备活动不足或过量都会对训练和比赛产生不良影响。准备活动不足将增加人们进入工作状态的时长和增大运动损伤的风险，准备活动过量往往会使机体在正式训练和比赛前产生疲劳而降低训练或比赛时的运动能力。

173 如何灵活安排准备活动？

进行准备活动时要根据项目类型和特点、个人习惯、年龄、季节气候和训练水平等因素适当调整和灵活安排。例如，在温暖的季节里，准备活动的时间可以适当缩短；而在寒冷的季节里，准备活动的时间则应适当延长。

174 路跑中进行准备活动的注意事项有哪些？

（1）准备活动要充分。
（2）准备活动要全面。
（3）准备活动负荷的控制要合理。
（4）准备活动要遵循循序渐进原则。
（5）要将一般性准备活动和专项准备活动有机结合。

175 路跑项目进行准备活动时要特别注意身体的哪些部位？

路跑是一项全身性的运动，准备活动要全面，同时要注意对颈肩部、腰腹部、臀部以及下肢的肌肉和关节进行充分的准备活动。

176 适合路跑的一般性准备活动有哪些？

适合路跑的一般性准备活动形式与种类特别丰富，只要能使身体预热即可。如游戏、慢跑、转髋跳、交叉步跑、身体各个部位的动态拉伸等。

177 与路跑有关的专项准备活动有哪些？

路跑与其他跑类的专项准备活动基本上保持一致，大都以跑的专门性练习为主，如小步跑、高抬腿、后蹬跑和车轮跑等。

178 头部运动的技术特点是什么？

　　前两个八拍，头部前、后、左、右依次运动，后两个八拍，头部依次顺时针和逆时针做绕环运动。动作要轻柔，不可用力过猛（如图 2 所示）。

图 2　头部运动

179 压肩的技术特点是什么？

　　两脚分开伸直站立与肩同宽，两臂伸直与肩同宽放在横木上，上体保持一条直线，以肩为轴，上下交替运动，背部保持一个平面（如图 3 所示）。

图 3　压肩

180 腰部运动的技术特点是什么？

　　身体直立，双手叉腰，双脚与肩同宽，以腰部为中心做绕环运动。动作轻缓有节奏（如图 4 所示）。

图4 腰部运动

181 正压腿的技术特点是什么？

面对横木，一腿伸直勾脚尖放在横木上，另一腿伸直脚尖朝前站立地面，同时双手伸直向前触碰脚尖，并将腹部贴近大腿（如图5所示）。

图5 正压腿

182 侧压腿的技术特点是什么？

两腿左右开立，一条腿屈膝，另一条腿侧向伸直，双脚底部不得离开地面，头部可转向直腿一侧，单手触碰直腿脚踝（如图6所示）。

图 6　侧压腿

183 弓步压腿的技术特点是什么？

两腿前后开立；目视前方，前腿的大腿和小腿弯曲 90°，大腿与躯干呈 90°夹角，膝关节不得超过脚尖；后腿向身体后方伸直，脚尖向前，身体上下有节奏地运动。压腿幅度适中，循序渐进（如图 7 所示）。

图 7　弓步压腿

184 原地摆腿的技术特点是什么？

正对横木站立，双手抓紧横木，一条腿伸直站立地面，另一条腿伸直经身体前方，向左右摆腿（如图 8 所示）。

图 8 原地摆腿

185 行进间正踢腿的技术特点是什么?

身体直立,两臂侧平举,两腿膝关节处不得弯曲,行进间两腿交替向上方踢。上踢腿勾脚尖,腿伸直。支撑腿脚跟不得离地,脚尖朝前(如图 9 所示)。

图 9 行进间正踢腿

186 行进间外摆腿的技术特点是什么?

身体直立,两臂侧平举,两腿膝关节处不得弯曲,腿向上方踢到最高点时,向外侧摆动,行进间两腿交替进行。上踢腿勾脚尖,腿伸直。支撑腿脚跟不得离地,脚尖朝前(如图 10 所示)。

① ② ③ ④

图 10 行进间外摆腿

187 活动膝关节的技术特点是什么？

双腿并拢，双手扶住膝关节，做顺时针或逆时针绕环运动。双手扶膝关节不得发力（如图 11 所示）。

① ② ③

图 11 活动膝关节

188 活动踝关节的技术特点是什么？

身体直立，身体重心集中在一条腿上，另一条腿的脚尖点地，以踝关节为中心做绕环运动，两脚交替进行轻柔用力，幅度适中（如图 12 所示）。

① ②

图 12　活动踝关节

189 交叉步跑的技术特点是什么？

身体直立，两臂侧平举，双脚依次前后交叉侧向跑进，髋关节转动（如图 13 所示）。

① ② ③ ④

图 13　交叉步跑

190 踢臀跑的技术特点是什么？

上体正直，两臂自然摆动，跑进时用后脚跟碰自己的臀部。保持高频率，身体不能过分前倾（如图 14 所示）。

图 14　踢臀跑

191 转髋跳的技术特点是什么？

　　站立位，双腿伸直分开约肩膀 2 倍宽，双手叉腰，双腿连续跳动（注意：两脚落地的部位必须是一侧脚的脚尖和另一侧脚的脚跟落地）。身体始终正对前方，髋关节不断地转动（如图 15 所示）。

图 15　转髋跳

192 后蹬跑的技术特点是什么？

　　上体正直或稍前倾，两臂前后有力摆动。蹬地时充分伸展髋关节，膝、踝关节并留在身体后面，同时摆动腿积极向前上方摆动至水平或接近水平部位时，带动同侧髋充分前送，膝关节放松，大腿积极下压，两腿交替进行，频率快（如图 16 所示）。

图 16　后蹬跑

193 跨步跳的技术特点是什么？

　　技术特点与后蹬跑有相似的地方，不同的是跨步跳后腿自由放松可以弯曲，两臂可以同时向上方摆动。合腿用力蹬伸，滞留在身体后要小腿放松，前腿屈膝前顶、送髋，落地时小腿积极后拉，手臂上提摆至肩高制动，有明显的腾空时间（如图17所示）。

图 17　跨步跳

194 小步跑的技术特点是什么？

　　上体正直肩放松，两臂前后自然摆动，髋、膝、踝关节放松，迈步时膝向前摆出，髋稍有转动。当摆腿的膝向前摆动的同时，另一侧的大腿积极下压，足前掌扒地式着地，着地时膝关节伸直，足跟提起，踝关节有弹性。保持高重心、快频率（如图18所示）。

图 18 小步跑

195 高抬腿跑的技术特点是什么？

上体正直或稍前倾，两臂前后摆动。大腿积极向前上摆到水平，并稍稍带动同侧髋向前，同时膝关节放松，大腿积极下压。在抬腿的同时，另一侧的大腿积极下压，直腿前脚掌着地，重心要提起，用踝关节缓冲。保持高重心、快频率（如图19所示）。

图 19 高抬腿跑

196 车轮跑的技术特点是什么？

身体直立，向前跑动时大腿积极下压，频率要快，两腿的动作如同"蹬自行车"一样。大腿积极下压时，身体不能后仰（如图20所示）。

① ② ③

图 20 车轮跑

197 什么是拉伸?

拉伸是指为了提高或保持关节的灵活性和肌肉的柔韧性,在运动前为了预防运动损伤和运动后为了加快机体的恢复、及时消除疲劳而进行的身体练习。

拉伸分为静态拉伸和动态拉伸。

(1) 静态拉伸。

静态拉伸指通过缓慢的动作,将肌肉、韧带等软组织拉长到某一限度时,暂时保持动作静止,使软组织处于拉长状态的练习方法。因为其操作简单,动作幅度较大,有利于肌肉的放松和疲劳的消除,主要适用于训练后的放松和恢复部分。

(2) 动态拉伸。

动态拉伸指有节奏地通过多次重复同一动作的练习使软组织逐渐被拉长的练习方法。动态拉伸能够引起肌肉的牵张反射,提高肌肉的伸展性和收缩性,可以增加肌肉的弹性,降低肌肉的黏滞性,预防训练时受伤,为进入工作状态做好准备,主要适用于训练前的准备活动部分。

198 拉伸的形式分为哪两种?

按照拉伸的特点,可以将拉伸分为主动拉伸和被动拉伸两种形式。

(1) 主动拉伸。

主动拉伸指主要依靠收缩肌肉的力量,而不是其他外力使动作保持在某一个特定的位置上,可以增加动作的柔韧性和收缩肌肉的力量。

(2) 被动拉伸。

被动拉伸指利用自身的体重或者器械及外力的作用使肢体保持一定的伸展位置,是一种缓慢的、放松性的拉伸,而且可以起到降低神经和肌肉兴奋性的作用,是在运动结束后放松时可采用的良好方法。

199 拉伸放松在训练中有什么意义？

作为一种练习手段，拉伸放松练习主要是提高关节的灵活性和保持肌肉的柔韧性以及训练后的放松活动。

200 拉伸放松在路跑训练中的作用有哪些？

提高肌肉的柔韧性，预防运动损伤；缓解肌肉紧张和消除疲劳，促进机体快速恢复；拉长肌肉和肌腱，改善身体线条；缓解精神疲劳和促进心情舒畅。

201 在路跑训练中拉伸放松如何提高肌肉的柔韧性和预防运动损伤？

大负荷的训练会使肌肉变得僵硬和疲劳，僵硬的肌肉和疲劳是导致运动中肌肉拉伤的主要原因。训练后的拉伸放松能够有效地缓解疲劳，减少疲劳的堆积，加快肌肉的恢复；能够使肌肉的黏滞性降低、肌肉弹性增加、柔韧性和肌肉关节的活动范围增大，有效地降低肌肉拉伤的概率。

202 在路跑训练中拉伸放松如何缓解肌肉紧张、消除疲劳以及促进机体的恢复？

在长时间的大运动负荷路跑训练中，会使肌肉出现即时性和延迟性酸痛。即时性酸痛是因为通过大负荷训练使肌肉内的乳酸增加和堆积而产生酸痛。延迟性酸痛主要是由于肌纤维的损伤和痉挛造成的。对这些部位进行及时的拉伸，可以减缓乳酸的堆积，使骨骼肌结构功能和肌原纤维的排列得以恢复，使肌肉酸痛以及肌肉的僵硬现象得以减轻和消除，从而加速机体的恢复。

203 在路跑训练中，拉伸放松如何改善身体线条？

在长时间大运动负荷的训练中，肌肉由于持续的收缩和拉伸，处于紧张状态，使肌纤维排序混乱，肌肉疲劳而变得紧缩僵硬。持续的运动使肌肉内的血液增加，增大肌肉的维度。如果训练后不及时进行拉伸放松练习，就会变成人们常说的"死肌肉"，进而形成"大象腿"和"萝卜腿"。训练后及时进行有效的拉伸，可以使肌纤维的排序正常，消除肌肉的僵硬，促进血液循环，从而达到拉长肌肉和肌腱，改善身体线条的效果。

204 在路跑训练中，拉伸放松如何缓解精神疲劳和促进心情舒畅？

人们在进行大强度和大负荷训练中，精神高度集中，神经一直处于紧绷状态，为了使这种状态得到有效的缓解，就要在训练后进行必要的拉伸放松练习。拉伸放松具有手段多样、强度小、动作轻缓、操作简单等特点，能够转移人们的注意力，进而缓解人们在训练时的精神疲劳，促进心情的舒畅。

205 在路跑训练中，拉伸放松的注意事项有哪些？

把握好拉伸的时机和时间；拉伸部位要全面；选择合适的拉伸类型；把握好拉伸的度；应遵循循序渐进原则；因人而异；要注意各个拉伸方法和手段的要领，防止拉伸动作变形，出现拉伸不到位或者身体损伤的情况。

206 在路跑训练中，如何把握拉伸的时机和时间？

训练后进行拉伸一定要把握好拉伸的时机，不可在训练结束后立刻进行拉伸，要经过短暂的休息，使心率恢复到适宜的水平再进行拉伸。但也不能休息时间过长，因为机体温度的下降会影响拉伸的效果。进行拉伸放松要保证机体的温度，一般在训练后3分钟左右进行，整体拉伸时间保证在20分钟左右。

207 在路跑训练中，如何全面地、有侧重点地进行拉伸？

跑步是一项以下肢为主的全身运动，拉伸要全面，重点要放在下肢的拉伸上。对下肢进行全面有效的拉伸放松，才能消除机体的疲劳，使肌肉恢复弹性。拉伸应该重点针对髋部、臀部、大腿和小腿等部位进行。

208 在路跑训练中，如何把握拉伸放松的度？

众所周知，肌肉自身有收缩能力，这就决定了拉伸不能过度。肌肉就像是一根橡皮筋，如果拉伸过度，就会使肌肉失去弹性，导致运动技能得不到保障，无法减少受伤情况的发生。在拉伸放松中应以感觉到被拉伸部位有牵拉感和紧绷感为宜，被拉伸部位出现疼痛时可减小拉伸的幅度。

209 在路跑训练中的拉伸放松如何遵守循序渐进原则？如何做到因人而异？

运动后静态拉伸的重点在于动作从开始到完成要缓慢，不可过快，用力要均匀，以感觉到被牵拉肌肉紧绷和有牵拉感为佳，整个过程要循序渐进。

拉伸练习要因人而异，要根据性别、自身的能力水平、自身特点和实际情况来选择拉伸的方法、时间和手段。

210 路跑训练后如何进行颈部的拉伸？

左手放在头部右侧，向左侧牵拉；右手则反之（如图21所示）。

图 21 颈部拉伸

211 路跑训练后如何进行肩部的拉伸？

左手放在脖子后方，右手抓住左手手臂的肘部，向头部方向缓缓内拉，之后保持静止状态（如图 22 所示）。

图 22 肩部拉伸

212 路跑训练后如何进行背部的拉伸？

跪立地面，双腿分开，臀部坐向脚后跟，身体向前，额头触地（如图 23 所示）。

图23 背部拉伸

213 路跑训练后如何进行腹部的拉伸?

　　双腿并拢跪在垫子上，屈膝90°。头部引领身体后仰形成反弓，双手伸直放于身体后方双脚处（如图24所示）。

图24 腹部拉伸

214 路跑训练后如何进行腰部的拉伸?

　　仰卧在垫子上，右腿膝关节屈。左腿髋屈、膝屈，左脚放于右膝外侧。左手平放在地面保持身体稳定，右手抓住左侧膝关节。右手用力把左膝往右下方拉，使左膝贴近垫子。注意左肩膀不要离开垫子（如图25所示）。

路跑准备活动与拉伸篇

① ②

图 25 腰部拉伸

215 路跑训练后如何进行体侧的拉伸？

　　双脚并拢侧对横木直立，腰背挺直，双脚贴近横木，双手伸直抓横木（一手需要从头顶上方穿过），同时向外侧顶髋（如图 26 所示）。

① ②

图 26 体侧拉伸

216 路跑训练后如何进行臀部的拉伸？

　　盘腿坐，腰背挺直，身体向前压。右腿往前及膝关节屈，左腿放在身体后方。上身向前靠近前侧大腿，使大腿尽量贴于胸前（如图 27 所示）。

65

① ②

图 27 臀部拉伸

217 路跑训练后如何进行大腿前侧的拉伸?

站立位,髋关节保持不动。左膝关节屈,左手尽量握住左侧关节将小腿拉近大腿往后上拉。右腿支撑地面,右手向上伸出,双腿交替拉伸(如图 28 所示)。

① ②

图 28 大腿前侧拉伸

218 路跑训练后如何进行小腿的拉伸?

面朝墙站立,双手扶墙,一腿往前伸直,另一腿往后伸直,前腿的脚掌贴于墙面,脚跟支撑地面,重心前移,以拉伸小腿(如图 29 所示)。

① ②

图 29 小腿拉伸

路跑训练方法与手段篇

219 路跑训练方法有哪些?

路跑的训练方法有很多,大概有以下方法:持续训练法、重复训练法、"法特莱克"训练法、间歇训练法、变速跑训练法、倒金字塔训练法、亚索800训练法、节奏跑训练法、越野跑训练法、山地跑训练法、LSD训练法、"走、跑"结合训练法、模拟比赛训练法。

220 选择训练方法应遵循什么原则?

应遵循科学有序、循序渐进、逐步过渡的原则,根据自己的实际能力和水平选择适合自己的训练方法。

221 必须要按照所选训练方法中规定的负荷强度进行训练吗?

每个训练方法的负荷强度的制定,都有其科学性、合理性和普遍性,大部分跑者可根据其规定的强度进行训练,但一部分跑者可以根据自身的实力水平选用相应的负荷强度。

222 什么是持续训练法?

持续训练法是指负荷强度较低,负荷时间较长,无间断地连续进行练习的训练方法,其主要目的是发展机体的有氧代谢能力。练习时平均负荷心率指标应在每分钟130~170次。

223 路跑训练中持续训练法的练习形式有哪些?各需要多大的负荷强度?各有什么作用?

持续训练法的练习形式有三种：慢速持续跑、中速持续跑和快速持续跑。

慢速持续跑一般持续1~3小时，跑速基本控制在每公里6分钟，平均心率保持在每分钟130~140次，练习过程不间断。慢速持续跑可以有效地发展和保持基础耐力，并且对大强度训练和紧张比赛后的恢复有良好的效果。

中速持续跑一般持续1~2小时，跑速基本控制在每公里5分钟，平均心率保持在每分钟145~155次，练习过程不间断。主要发展跑者的一般耐力和心肺功能。

快速持续跑一般持续0.5~1小时，跑速基本控制在每公里4分钟，平均心率保持在每分钟160~175次，练习过程不间断。其作用主要是提高心肺功能，调节中枢神经系统，提高耐力，磨炼顽强的意志品质。

224 持续训练法有什么注意事项?

（1）采用持续训练法进行训练时，由于手段单一，内容比较枯燥，容易引起跑者（特别是初级跑者）的厌倦，所以教练员要做好他们的思想工作。

（2）跑者应根据训练的总体要求和自身的实际情况进行持续跑训练。快速持续跑训练适用于有一定跑步基础的中高级跑者和资深跑者，不适用于初级跑者。

225 什么是重复训练法?

重复训练法是指多次重复同一练习，两次（组）练习之间安排相对充分休息的练习方法，主要用于提高运动员的速度素质。

构成重复训练法的主要因素有单次（组）练习的负荷量、负荷强度及每次（组）练习之间的休息时间。

226 重复训练法的负荷有什么要求?

采用重复训练法时，每次负荷的强度要求接近、等于甚至高于比赛时的负荷强度。因此，两次练习之间的休息要相对充分。恢复心率通常控制在每分钟120次左右，即可进行下一次练习。

227 重复训练法有什么作用和注意事项?

（1）作用。
①增强心肺功能水平。②提高耐力水平。③磨炼意志。
（2）注意事项。
①准备活动要充分。②实事求是，避免盲从。③放松活动要及时。

228 路跑训练中重复训练法有哪些类型？

以单次练习距离的长短为划分标准，可将重复训练法分为短距离重复训练法、中距离重复训练法和长距离重复训练法三种类型。

229 短距离重复训练法有什么特点和作用？

短距离重复训练法的应用特点是：①一次（组）练习的负荷距离较短，通常为1公里左右。②负荷强度大，练习时心率应控制在每分钟180次左右，配速较快。③间歇时间相对充分，多以心率恢复到每分钟120次左右为准，即可进行下一次（组）的练习。

在路跑训练中，短距离重复训练法主要适用于糖酵解供能下的冲刺能力和速度素质的训练，可有效地提高跑者糖酵解供能系统的储能和供能能力，以糖酵解供能为主条件下的速度耐力，以及提高机体的耐乳酸能力。

230 中距离重复训练法有什么特点和作用？

中距离重复训练法的应用特点是：①一次（组）练习的负荷距离应较长，通常在2公里左右。②负荷强度较大，练习时心率应控制在每分钟170次左右，配速较快。③间歇时间相对充分，多以心率恢复到每分钟120次左右为准，即可进行下一次（组）的练习。

在路跑训练中，中距离重复训练法主要适用于无氧、有氧比例均衡的混合供能系统条件下的速度素质和速度耐力的训练，可有效地提高跑者的无氧、有氧混合代谢的能力和无氧、有氧混合代谢供能状态下的速度素质和速度耐力，以及机体的耐乳酸能力。

231 长距离重复训练法有什么特点和作用？

长距离重复训练法的应用特点是：①一次（组）练习的负荷距离较长，通常在3公里左右。②负荷强度稍大，练习时心率应控制在每分钟165次左右，配速较快。③间歇时间相对充分，多以心率恢复到每分钟120次左右为准，即可进行下一次（组）的练习。

在路跑训练中，长距离训练法主要适用于以有氧代谢供能为主的混合供能条件下的速度耐力和专项耐力，可有效地提高跑者以有氧代谢系统供能为主的代谢能力和该供能状态下的速度耐力以及专项耐力，提高机体抵御疲劳的耐久性和机体的耐乳酸能力。

232 什么是"法特莱克"训练法？

"法特莱克"（Fartlek）在瑞典语中的意思是速度游戏，由 Fart（速度）和 Lek（游戏）两个单词组成，"法特莱克"训练法是一种加速跑与慢跑交替进行的中长跑训练方法，具有游戏性和主观性，同时强调有氧和无氧能量代谢。

233 "法特莱克"训练法的实质是什么?

"法特莱克"的实质是在跑中插入一系列不定时间、不定距离的加速跑、反复跑甚至快速冲刺跑,使它们和慢跑或快走交替进行,运动员可以根据自己的感觉决定加速和放松的时间和距离。

234 "法特莱克"训练法与间歇训练法有什么区别?

"法特莱克"训练类似于间歇训练,但又不同于间歇训练,在实际运用中,两者具有很大的差别。间歇训练对于训练的负荷强度和负荷量有严格的规定,训练者必须按照规定的距离、时间、心率和强度完成每次的训练并按照要求进行休息,以客观和精确的数据对训练进行严格的控制。而"法特莱克"训练除了完成规定的距离外,其他指标如调整训练的强度、速度和分段距离等,可以根据自己的意愿随意调整,以此来保证训练的主观性,能够让练习者享受整个训练过程,从而进一步降低过度训练的可能性。

235 "法特莱克"训练法在路跑训练中的训练形式是什么样的?

"法特莱克"训练法的训练方式比较开放和自由,除了距离有规定外,没有其他限制条件,具有很大的随意性。

训练者可以任意选择适合运动的场地进行训练,建议选择在空气清新和环境优美的地方进行,如郊区、园林、公园、海滩、乡间小道和山间小径等。

采用"法特莱克"训练可以以距离或者时间作为训练的指标。

236 "法特莱克"训练法对生理和心理有什么作用?

首先,跑者可以通过跑步的距离和时间来提高机体的耐力以及训练下肢肌肉力量。其次,可以通过速度的不断变化来提高动作的灵活性和运动姿势的熟练性。此外,通过速度的不断转化,可以有效刺激心肺功能,使心肺功能增强。刚完赛的跑者通过此方法可以有效消除机体的疲劳。

"法特莱克"训练一般是在大自然中进行,空气新鲜,环境优美,地形、地势变化多端,能够很好地调节跑者的心情,有利于消除由于动作单调、环境单一所造成的枯燥感和精神疲倦,从而更好地激发运动兴趣,提高锻炼效果。

237 "法特莱克"训练法对成绩有什么影响?

"法特莱克"训练可以提高跑者的比赛速度,使身体适应目标速度。比赛时当有追赶竞争对手的机会时,能够为身体蓄积和储备能量,达到提高运动成绩的效果。

238 "法特莱克"训练法有什么注意事项?

(1) 遵循循序渐进原则。

(2) 要及时补给。

(3) 注意安全,预防身体损伤。

239 进行"法特莱克"训练前要做好哪些准备工作?

由于"法特莱克"训练主要是在大自然中进行,在路跑训练中的时间和距离又比较长,所以在训练前一定要带好充足的水和补给,在户外进行跑步训练,要提前设计好跑进路线,提前熟知路况,避免过于偏僻、路况条件恶劣、视线范围较差、杳无人烟的地方。

240 什么是间歇训练法?

间歇训练法是指对动作结构和负荷强度、间歇时间提出严格的要求,以使机体处于不完全恢复状态下,反复进行练习的训练方法。

该训练法的优点在于练习期间及间歇期间均能使心率维持在最佳范围之内,改善心泵功能。

间歇训练法的间歇时间一般依据训练内容、训练强度和训练目的来定,一般当心率恢复到每分钟120次左右的时候即可进行下一组(次)的练习。

241 间歇训练法有什么类型?

按照一般传统性质分类,间歇训练法的基本类型主要分为三种:高强性间歇训练方法、强化性间歇训练方法、发展性间歇训练方法。

在路跑训练中,按照路跑的性质特点可将间歇训练法分为短距离间歇训练法、中距离间歇训练法和长距离间歇训练法。

242 短距离间歇训练法有什么训练特点和目的?

练习时距离一般控制在400~800米(不得低于400米),每组练习可安排3~4次,练习4~5组。短距离间歇训练负荷强度很大,心率多控制在每分钟190次左右,恢复到140~120次时即可进行下一次的练习。间歇时间很不充分。

短距离间歇训练类似于高强性间歇训练,能够提高乳酸能系统的供能能力、磷酸盐与乳酸能混合代谢系统的供能能力,目的是为了提高跑者的速度及速度耐力。

243 中距离间歇训练法有什么训练特点和目的?

练习时距离一般控制在1 000~3 000米,每组练习可安排3~4次,练习4~5

组。中距离间歇训练负荷强度大,心率多控制在每分钟 180～170 次,恢复到 130～120 次时即可进行下一次训练。间歇时间不充分。

中距离间歇训练类似于强化型间歇训练,目的是提高乳酸能系统与有氧代谢系统的混合供能能力以及心肺功能。

244 长距离间歇训练法有什么训练特点和目的?

练习时距离一般控制在 3 200～5 000 米,每组练习可安排 1～2 次,练习 2～3 组。负荷强度适中,心率多控制在每分钟 160 次左右,恢复到 120 次左右时即可进行下一次练习。间歇时间不充分。

长距离间歇训练类似于发展性间歇训练,目的是提高有氧代谢供能系统的供能能力、有氧代谢下的运动强度以及心肺功能。

245 间歇训练法对人体心肺功能有什么作用?

通过严格的间歇训练过程,可使路跑训练者的心脏功能得到明显增强。在路跑训练中,间歇训练法对于提高人体心脏输出量的影响最大,可以显著提高心肌收缩能力,提高心脏输送血液的能力,加强肺的通气和换气水平,增大肺活量。

246 间歇训练法对人体耐力水平有什么作用?

(1) 通过不同类型的间歇训练,可使乳酸能系统的供能能力、磷酸原与乳酸能混合代谢系统的供能能力、乳酸能系统与有氧代谢系统的混合供能能力、有氧代谢系统的供能能力等得到有效的提高。

(2) 对于提高路跑训练者的中时间耐力和长时间耐力具有较高的训练价值。

(3) 通过较高负荷心率的刺激,可使机体耐酸能力得到提高,以确保路跑训练者在保持较高运动强度的情况下具备持续运动的能力。

247 间歇训练法对人体专项水平有什么作用?

(1) 通过调节运动负荷的强度,可使机体各机能产生与有关运动项目相匹配的适应性变化。

(2) 通过严格控制间歇时间,有利于路跑训练者在激烈对抗和复杂困难的比赛环境中,稳定、巩固技术动作。

(3) 较高强度负荷下,通过分段持续负荷和不断缩短间歇时间方法,可有效地提高路跑训练者的专项耐力水平。

248 间歇训练法有什么注意事项?

(1) 由于间歇训练法本身的特点,路跑训练者选用此方法进行路跑训练时,要结合自身的实际情况合理安排间歇训练，避免盲目跟风。

（2）没有跑步基础的初学者不宜过多采用此方法，因其负荷量不易掌握，一味盲从可能会适得其反。

（3）有一定跑步基础的跑者和资深跑者要合理地选择练习形式，控制负荷间歇，以避免速度障碍的产生。

249 什么是变速跑训练法？

变速跑训练法是指快跑与慢跑交替进行的一种训练方法。此方法的主要特点是快慢交替，不仅能丰富锻炼内容、增加跑步兴趣，而且对提高人体机能和专项运动能力都有很大的帮助。

250 变速跑在比赛中有什么目的？

变速跑在比赛中常常是一种用来突然甩脱对手的方法。当需要赶超对手时，可以突然加速超越。在比赛中，还可以用"变速"来迷惑对方，干扰对手的运动节奏，消耗对方的体力。

251 在路跑训练中采用变速跑训练有什么目的？

在路跑训练中，变速跑训练法主要用于提高跑者的有氧耐力和无氧耐力水平，是为了更灵活地训练跑者的专项素质和专项能力，以适应比赛中可能出现的各种复杂情况，达到提高运动成绩的目的。此外，也是为了改进动作技术，培养跑者在比赛中所需要的"速度感"和"变速感"等。

252 在路跑训练中变速跑训练法的两种类型分别是什么？

采用变速跑训练法进行路跑训练时主要采用定时变速跑和定距变速跑两种基本训练方法。

（1）定时变速跑。定时变速跑训练就是严格按照规定的时间进行快跑和慢跑的变速跑练习。例如，规定1分钟快跑和2分钟慢跑，那么跑者就要严格按照此要求完成规定的练习。

（2）定距变速跑。定距变速跑就是严格按照规定的距离进行快跑和慢跑的变速跑练习。例如，规定400米快跑和400米慢跑，那么跑者就要严格按照此要求完成规定的练习。

253 定时变速跑有哪两种练习形式？

定时变速跑训练可分为持续定时变速跑和分组定时变速跑两种训练手段，这两种训练手段都能有效提高跑者的有氧耐力和无氧耐力水平。

运用持续定时变速跑练习时，一次训练的时间不少于30分钟，变速的幅度应根据长跑和慢跑的时间比例以及跑者的实际情况来确定。一般变速的幅度较大，为了能使机体快速恢复，慢跑的时间可以安排稍长一些，如1分钟快速跑接着3分钟慢速跑，经过慢跑使机体产生的乳酸消除，减轻机体的疲劳程度，每周可安排一次分组定时变速跑训练。

运用分组定时变速跑练习时，每组练习的时间不少于10分钟，每次可安排3~5组。组与组的间歇相对充分，变速的幅度较大，每周可安排一次练习。

254 定距变速跑有哪两种练习形式？

定距变速跑训练可分为持续定距变速跑和分组定距变速跑两种训练形式，对提高机体的有氧耐力和无氧耐力具有很大帮助。

运用持续定距变速跑练习时，一次练习的距离不得小于5公里，变速的幅度应根据长跑和慢跑的比例与跑者的实际情况决定，一般变速幅度较大时，每周可安排一次持续定距变速跑训练。

运用分组定距变速跑练习时，每次可安排3~5组，每组练习距离不小于2公里，组间间歇相对充分，大约休息3分钟，变速幅度较大，每周可安排一次分组定距变速跑训练。

255 变速跑训练法有什么作用？

变速跑训练法能有效地提高跑者的有氧和无氧的供能能力。一般来讲，慢跑时，运动强度较低，吸入氧气可以满足肌肉的需要，肌肉活动所需要的能量由有氧代谢来保证供给，以保证肌肉活动所需要的能量。当转入快跑后，人体内对氧气的需要量大大增加，这时由于内脏器官功能水平的限制，不能全部满足运动对氧气的需求，就要依靠无氧代谢来供应肌肉活动所需要的能量。变速跑训练法中的慢速跑能有效地提高身体的有氧代谢能力，而快速跑能有效地提高无氧代谢能力。

256 变速跑训练法对提高机体大脑皮层转换功能有什么作用？

变速跑训练能广泛发展人体大脑皮层的转换功能，形成对各种刺激做出应答反应，为增大神经活动过程的强度和灵活性创造条件，加深了停止工作时神经细胞的抑制。

257 变速跑训练法对提高机体心肺功能有什么作用？

变速跑训练能增加机体的吸氧量和快、慢变化下心脏对运动强度的适应，使心脏功能增强，进而提高机体的心肺功能水平。

258 变速跑训练法对提高运动成绩有什么作用？

科学合理地运用变速跑训练，能有效地提高机体的有氧耐力和无氧耐力水平。通过此方法进行快、慢的交替训练，使机体对比赛的强度和节奏产生适应性反应，跑者在比赛中能合理分配体力，为最后赶超对手提供有力保障，进而提高运动成绩。

259 变速跑训练法对培养跑者战术意识和磨炼意志品质有什么作用？有什么注意事项？

（1）作用。

①增强"速度感"和"变速感"。②通过快、慢节奏的变化，提高跑者的战术意识。③有助于改变长跑训练中枯燥乏味的现象，以增强跑者的运动乐趣。④有利于培养跑者吃苦耐劳、敢于拼搏的顽强意志品质。

（2）注意事项。

①训练前要进行充分的准备活动。②练习时合理安排练习负荷。③训练后要及时放松。

260 什么是倒金字塔训练法？

倒金字塔训练法，顾名思义是与金字塔训练完全相反的一种训练方法，是指运动量逐渐减小，运动强度逐渐增大的一种训练方法。

261 倒金字塔训练法有哪些基本类型？

按照倒金字塔训练法的特点可以将其分为大型倒金字塔训练法（大倒）、中型倒金字塔训练法（中倒）和小型倒金字塔训练法（小倒）三种类型。

（1）大型倒金字塔训练法即半程马拉松倒金字塔训练法。距离分别是10公里、5公里、3公里、2公里、1公里，与此距离相对应的心率强度依次约为每分钟160次、165次、170次、175次、180次，两次练习间的间歇时间依次为10分钟、5分钟、4分钟、3分钟。高水平跑者每两周可安排一次大型倒金字塔训练。这种训练方法的负荷强度和负荷量都比较大，练习后机体的疲劳感强烈，主要适用人群为专业马拉松运动员和高水平跑者。

（2）中型倒金字塔训练法的应用特点是：练习距离从5公里开始，依次为5公里、3公里、2公里和1公里，与此距离相对应的心率强度依次约为每分钟165次、170次、175次和180次，两次练习间的间歇时间依次为5分钟、4分钟和3分钟。每周可安排一次中型倒金字塔训练。中型倒金字塔训练的负荷量适中，负荷强度较大，练习后机体的疲劳感较强，主要适用人群为专业中长跑运动员和马拉松中高级跑者。

（3）小型倒金字塔训练法的应用特点是：练习距离从3公里开始，依次为3公里、2公里和1公里，与此距离相对应的心率强度依次约为每分钟170次、180次和

190 次。在路跑训练中每周可安排一次小型倒金字塔训练。小型倒金字塔训练的负荷量相对较小，但是负荷强度较大，练习后机体的疲劳感增加，主要适用人群为专业中长跑运动员以及马拉松中级跑者和极少数的初级跑者。

262 倒金字塔训练法有什么作用和注意事项？

（1）作用。

提高心肺功能水平，增加血液中血红蛋白的含量及稳定性，提高运动成绩。

（2）注意事项。

①结合实力，实事求是。②充分热身，避免损伤。③把握强度，控制配速。④重视放松，促进恢复。

263 什么是亚索800训练法？

亚索800训练法是指通过800米跑来进行马拉松的训练并预测完赛成绩的一种训练方法。

264 如何运用亚索800来预测马拉松成绩？

亚索800训练法的训练方式就是通过10组800米跑来进行路跑训练和预测马拉松的成绩。在训练方面的具体要求就是每组跑完800米的时间、组与组之间的间歇时间必须严格要求保持一致。例如，你用4分钟完成800米，那么以后每组800米用时都要保持在4分钟，并且组间的间歇时间也在4分钟。采用亚索800来预测马拉松成绩的具体操作方法是，如果你用4分钟跑完每组800米，那么你完成马拉松比赛的最终成绩大约在4小时，如果你用3分30秒完成每组800米，那么你完成马拉松比赛的最终成绩大约在3小时30分。

265 亚索800对所有水平的跑者都能起到预测成绩的效果吗？

不能。该方法针对有一定的参加马拉松比赛的量的积累或者是一些高水平跑者。对于初级跑者来讲，虽然按照规定的强度和间歇时间跑完10组800米并非难事，但是按照这个强度去完成马拉松比赛就会变得很不现实。

266 亚索800训练法适用哪些人群？

就练习形式和效果来看，亚索800训练法主要训练有氧耐力和速度耐力，因此，此方法适用于各个水平的跑者。

267 亚索800训练法有什么优点？

亚索800训练法的优点：易理解；易操作；实用性强。

268 亚索800训练法有哪些注意事项？

（1）要严格按照规定的相关要求进行训练，否则将失去训练的意义。

（2）训练者要结合自身的实际情况控制自己的跑速，要保证每组的跑进时间和间歇恒定。这就要求训练者要合理分配自己的体力和配速，否则就会出现前面跑速快，后面跑速慢，甚至无法完成规定的训练任务等情况。

（3）对于参加马拉松比赛的跑者来说，最后一次亚索800的训练至少要放在比赛开始前10~15天内完成。

（4）采用亚索800训练法进行训练时也要注意基础跑量的积累。

269 什么是节奏跑训练法？

节奏跑训练法是指在训练过程中要求训练者按照相对稳定的节奏（通常用步频和步幅的相对稳定来控制）而进行训练的一种方法。

270 什么是节奏跑？

节奏跑是一种配速较快的跑法，通常也被称为乳酸门槛（LT）或门槛跑。节奏跑也常被描述为一种"累而不力竭"的跑步状态。

271 节奏跑训练时如何进行强度的检测？

节奏跑训练法的强度一般控制在最大心率的80%~90%。一是通过配备心率表带来进行检测和控制。二是通过交流来控制（若在跑动过程中能进行简单的交流，则强度适中；如果交流过于轻松，则强度不够；如果跑动过程中无法进行有效的交流，则强度过大）。

272 节奏跑训练法有什么特点和要求？

节奏跑训练的应用特点是：负荷强度较大，节奏感较强。负荷量度应根据跑者的实际水平进行区分。如初级跑者可进行5公里的节奏跑训练，有一定训练基础的中级跑者可进行10公里的节奏跑训练，高水平跑者可进行15公里或者半程马拉松距离的节奏跑训练。练习期间没有间歇，供能形式是以有氧供能为主的有氧和无氧混合代谢供能，配速等于或略低于比赛配速。

273 节奏跑训练时的供能形式是什么？

节奏跑训练时的供能方式是有氧代谢为主的有氧和无氧混合代谢供能。

274 节奏跑训练法有哪两种训练方式？

一种是跟随配速员进行训练，另外一种是通过移动电子设备进行控制，如利用手机下载运动软件，通过软件中的节奏器发出的节奏信号进行节奏跑训练。

275 跟随配速员进行节奏跑训练有什么要求与优点？

跟随配速员进行节奏跑训练要求跑者根据自己的实际水平，选择合适的配速员，而且步幅和步频要和配速员保持一致。对于配速员来说，领跑时跑动的节奏要相对稳定。这种方式由于是团体训练，所以不仅可以消除训练者的孤独感，又能起到带动作用。

276 利用运动软件进行节奏跑训练有什么要求与优点？

（1）要求：调整好节奏器的频率。

（2）优点：减少了对跑者的束缚，跑者可根据自身的感觉进行训练，运动形式相对自由。

277 节奏跑训练法有什么作用？

（1）培养跑者的节奏感。

（2）增强心肺功能。

（3）提升新陈代谢能力。

（4）提高耐力水平。

（5）提高运动成绩。

（6）培养良好的意志品质。

278 节奏跑训练法有什么注意事项？

（1）保持适宜的节奏。

（2）集中注意力。

（3）准备活动要充分。

（4）放松活动要及时。

279 什么是越野跑训练法？

越野跑训练法是指充分利用野外的自然条件，在旷野、田野、草地、沙地、田间或林间小路上进行跑步训练的一种方法。越野跑训练法不仅可以增加训练的新鲜感，使心情舒畅放松，还能利用不同的地形进行训练，从而提高训练的效果。

280 越野跑训练法有什么特点？

以有氧供能为主，练习距离不短于6公里，平均心率控制在每分钟150次左右。

281 如何选择越野跑训练法的路线？

越野跑路线的选择最好是在空旷的田野或树林地带，路面宽度要适中，地面尽可能为草地，带有自然障碍，可有一定的起伏，但要避免很高的障碍物和不安全路线，如深坑、危险的上坡和下坡、茂密的丛林，以及车辆较多的公路等。

282 如何选择越野跑训练法的训练手段？

进行越野跑训练的手段很多，如持续匀速跑、变速跑和上下坡的冲刺跑等，最常用的是持续匀速跑练习。当然也要结合路面情况的实时变化以及训练目的和要求，结合变速跑和间歇训练等手段进行练习，以达到训练效果。

283 如何选择越野跑训练技术？

越野跑训练中的技术要求与长跑技术基本相似。有氧耐力项目跑的技术要求经济实效，合理有节奏的呼吸方法也是越野跑训练的技术要求。由于地面、地形的变化以及各种复杂环境的因素，在跑进中应注意按环境变化而调整技术动作。如在平坦的路面上跑时应保持正常跑姿；上坡跑时身体要前倾，重心前移，前脚掌着地，缩短步长，加快频率，大腿积极向前摆动；下坡跑时上体要稍向后，重心后移，要求全脚掌着地；上下坡时也可采用"之"字形跑法。在经过草地等一些松软的地段时，步长要缩小，步频要加快；等等。

284 越野跑训练对跑者有什么影响？

（1）生理影响。一是加强心血管系统和呼吸系统的功能，提高跑者机体吸收氧、输送氧和利用氧气的能力。二是加快血液循环，促进机体的新陈代谢，改善健康。三是提高心肌的收缩力，增大搏出量，提高运动时的心率阈值。四是提高机体的乳酸阈值，缓解机体疲劳的程度，是发展有氧耐力的有效训练方法。

（2）心理影响。路跑训练者通过越野跑训练，可以呼吸新鲜空气，改变训练环境，调节情绪。越野跑训练对于发展路跑训练者机体的耐久力，培养吃苦耐劳、克服困难和坚毅顽强的意志品质具有重要作用。

285 越野跑训练有什么现实作用？

一是通过路面的变化，可以调动机体更多的部位和肌肉参与运动，可以加强跑者的踝关节和腿部力量，进而增加跑者在跑动过程中的稳定性，变化训练节奏。二是既可以对路跑训练进行调节，又可以弥补路跑训练的不足。三是通过训练使机体的乳酸阈值增加，提高机体对乳酸的耐受能力和抵抗疲劳的能力，进而提升机体的有氧耐力和专项耐力水平，提高成绩。

286 越野跑训练法的注意事项有哪些？

（1）训练前：确保安全，装备合适，合理饮食。

（2）训练中：避免受伤，注意补给。

（3）训练后：注意拉伸，充分放松，加快身体的快速恢复。

287 什么是山地跑训练法？

山地跑训练法是指在山地自然环境中，依靠山地坡度的变化来进行训练的一种方法。主要以有氧供能为主的有氧和无氧混合供能，平均坡度为5%~20%之间，训练时的平均心率在每分钟170次左右，每次训练距离不少于5公里。

288 如何选择山地跑训练的路线？

山地跑训练路线应选择在远离公路的，安全的、路面较宽并有一定起伏的山野中。路线的坡度不可过大，应保证平均坡度为5%~20%之间，即每公里的垂直升高在50~200米之间。可以选择在小山坡或小丘陵等地段进行练习，但要避免过多的障碍物和不安全路线，如深坑、茂密的丛林等。

289 如何制定山地跑的训练负荷？

利用山地跑训练法进行路跑训练时，总距离不得短于5公里，最好控制在5~10公里。初级跑者练习的距离可小一些，但不能低于5公里；中高级跑者距离相应要长一些，练习距离要保证在10公里左右；高水平的跑者练习距离则更长，练习距离最少要保证在15公里或更长的距离。练习时由于路面环境和其他环境的不断变化，强度的控制不太好把握，需要跑者自身进行调整，但是总体的强度应以中高等强度为主，即平均心率要控制在每分钟170次左右，越野跑训练法的使用频率可以控制在每两周一次。

290 如何选择山地跑的训练手段？

进行山地跑训练的手段很多，如持续跑、变速跑、间歇跑和上下坡的冲刺跑等。练习手段的不同，对跑者产生的效果也就不同。因此，练习时要结合路面情况的实时变化以及训练目的和要求，合理地使用相应的变速跑和间歇训练等手段进行练习，以达到训练效果。

291 山地跑训练的跑步技术有什么特点?

山地跑训练中的技术要求与长跑技术相似的地方在于呼吸节奏、摆臂、跑姿的规范性和跑动的经济性及时效性等,主要区别在于上下坡的技术要求与在平地练习时的技术要求略有不同。这种区别主要表现在,由于地面、地形的变化以及各种复杂环境的因素,跑进中应注意按环境变化而调整技术动作。例如,在相对平坦的山路上跑进时应跟平地的技术要求一致,保持正常跑姿和节奏;上坡跑时身体要适当前倾,重心前移,前脚掌着地,缩短步长,加快频率,大腿积极向前摆动,上坡时也可采用"之"字形跑法;下坡跑时上体要稍向后,重心后移,要求全脚掌着地;等等。

292 山地跑训练对人体有什么影响?

(1) 人体肌肉力量。山地跑训练能使跑者的核心力量、臀部力量、腿部和踝关节的力量以及力量耐力得到明显加强,尤其对腿部的力量和力量耐力的增长较为明显。通过力量的增加,可提高腿部和踝关节的控制力,扩展动作幅度,增加跑者在跑动过程中的稳定性,使跑步变得轻松有力,既可以对路跑训练进行调节,还可以对路跑训练进行补偿。

(2) 人体心理素质。进行山地跑训练,可以通过改变训练环境、呼吸清新空气使跑者亲近大自然,能有效地缓解跑者的紧张情绪和对训练的心理压力以及恐惧感,调节不良的情绪。山地跑训练的强度和难度都比较大,对跑者的身体素质和心理素质的要求更为严格,通过山地跑的训练能有效地加强跑者的心理素质,对培养其吃苦耐劳、克服困难和坚毅顽强的意志品质具有重要作用。

(3) 耐力水平。山地跑训练法训练中对跑者的速度耐力有明显的提高作用,如长时间的上坡跑和下坡跑训练能有效改善跑者的步幅和步频,提高跑者的体能,加强跑者的速度耐力。在山地跑训练时,人体克服的自身重力、地心引力以及惯性力等比平地训练要大得多,能有效地提高机体的力量耐力。进行山地跑训练,使机体对乳酸产生适应,提高乳酸阈值,有效增加机体对乳酸的耐受能力和抗疲劳能力,进而提升机体的专项耐力水平。

(4) 心肺功能。山地跑训练可以提高跑者机体吸收氧、输送氧和利用氧气的能力,使氧气的利用率增加,提高呼吸系统的机能水平,训练节奏和强度的不断变化给心脏较大的刺激,有利于加大心肌的收缩力,增大运动时最大心率阈值。

293 山地跑训练法有什么注意事项?

(1) 训练前:确保安全,选择合适的装备,合理饮食,补给充足,克服恐惧心理。

(2) 训练中:避免受伤,注意及时补给。

(3) 训练后：要特别重视放松，以便加快机体的快速恢复。

此外，进行山地跑训练时，练习者应根据自身的实际训练水平和身体情况进行练习，尤其是跟腱受过伤的跑者，要慎重选择此方法练习。练习时要选择合适的山坡和距离，避免受伤。

294 什么是 LSD 训练法？

LSD 训练法也叫作长距离慢跑训练法，是由 Long（长）、Slow（慢）、Distance（距离）三个英文单词的首字母构成，它的主要特点是距离长、配速慢。LSD 训练是路跑训练的基础训练内容，对于培养人们参与跑步的兴趣、提高人们参与比赛和训练的适应能力都有显著的现实意义。

295 LSD 训练对距离有什么要求？

LSD 训练对距离的要求，以马拉松训练为例，传统意义上的 LSD 指的是 25~35 公里的距离，但对于其他路跑项目可以根据项目的特点和个人的现实情况来制定距离的长短。例如，平常你的跑量是 10 公里，那么 20 公里对你来说就应该算 LSD 训练。对于级别更高的超级马拉松、百公里等这些超长距离的项目，LSD 的训练距离要更长些。

296 LSD 训练对配速有什么要求？

LSD 对配速的要求一般比人们在比赛中的配速每公里慢 30~50 秒。例如，你平常比赛或进行路跑训练时的配速为每公里 5 分钟，那么进行 LSD 训练时每公里配速就要降到 5 分 30 秒或 5 分 50 秒左右。最简单的测试方式就是在跑进过程中能够自然地和别人交流，如果在跑的过程中感觉交流比较吃力，就说明跑的速度过快，就要适当地降低配速。

297 LSD 训练法对人体有什么影响？有什么注意事项？

LSD 训练对人体的影响：

（1）生理影响。提升耐力、增强心肺功能、改善循环系统、减脂。

（2）心理影响。LSD 训练可以缓解训练者紧张的心情。对于初级跑者来说，可以增加他们长距离跑步的信心和耐心。对于大部分人来说，LSD 训练对磨炼意志、培养坚强的毅力和永不放弃、永不言败的精神起到巨大作用。

训练的注意事项包括：配速要慢、距离要长，防止跑步姿势变形，补给要及时，练习的间隔时间要合理。

298 什么是"走、跑"结合训练法？

"走、跑"结合训练法，顾名思义是指在训练中采用走和跑相结合的一种训练方法。根据不同的训练形式，可将"走、跑"结合训练法分为定时"走、跑"结合训练法、定距"走、跑"结合训练法、固定强度"走、跑"结合训练法和自主控制"走、跑"结合训练法四种。

（1）定时"走、跑"综合训练法。指严格按照规定的时间进行走和跑相结合的跑步训练方法，如规定 2 分钟跑和 2 分钟走或者 5 分钟跑和 2 分钟走等。

（2）定距"走、跑"结合训练法。指严格按照规定的距离进行走和跑相结合的跑步训练方法，如规定 400 米跑和 400 米走或者 400 米跑和 200 米走等。

（3）固定强度"走、跑"结合训练法。指严格按照规定的练习强度进行走和跑相结合的跑步训练方法。如安排练习者在跑步时的平均心率控制在每分钟 180 次左右，行走时保证心率恢复到每分钟 120 次左右，然后进行下一组练习。或者安排练习者在跑步时的平均心率控制在每分钟 160 次左右，行走时保证心率恢复到每分钟 100 次左右，然后进行下一组练习，等等。

（4）自主控制"走、跑"结合训练法。指在训练中，练习者根据自己的实际情况对走和跑进行自主控制的跑步训练方法。

299 "走、跑"结合训练法有什么作用？

（1）培养跑步兴趣，增强跑步信心。
（2）减少运动伤病。
（3）提高有氧耐力水平。

300 "走、跑"结合训练法有什么注意事项？

结合实际情况，合理安排训练，训练后注意放松。

301 什么是模拟比赛训练法？

模拟比赛训练法是指在近似、模拟或真实、严格的比赛条件下，按照比赛的规则和方式进行训练的方法。

302 模拟比赛训练法有什么要求？

要求模拟真实比赛的环境和对手以及比赛规则。

303 模拟比赛训练法有利于提高运动员的哪些能力？

运用模拟比赛训练法有助于运动员全面并综合地提高专项比赛所需的体、技、战、心、智等各种竞技能力。

304 进行模拟比赛训练时,教练员应做哪些工作?

进行模拟比赛训练时,教练员应事先制订比赛的计划和要求,设计好比赛的速度分配,做好各种准备,包括运动员在物质上和心理上的准备,在训练计划安排上做好必要调整。

305 在路跑训练中如何采用模拟训练法?

在路跑训练中采用模拟训练法进行训练时,可以模拟比赛的路线、比赛的距离、比赛的强度以及比赛的各种环境等。

306 模拟比赛训练法有哪些应用要求?

(1) 明确运用模拟比赛训练法的目的。
(2) 跑者要珍惜模拟比赛训练的机会。
(3) 跑者要遵守模拟比赛的基本规则。
(4) 制定严密的比赛方案。

307 模拟比赛训练法有什么作用?

(1) 加强跑者跑步节奏的调整。
(2) 锻炼跑者的心理承受能力。
(3) 适应比赛环境和条件。
(4) 检查训练水平。

308 模拟比赛训练法有什么注意事项?

(1) 训练前:路跑运动由于时间长、强度大和耗能大等特点,所以饮食要特别讲究。在进行模拟训练前应特别注意饮食的质量,摄入较全面、均衡、合理的营养,以增加能量贮备,尤其要增加糖分的补给。还要调整好心态,要重视训练。此外,要特别注意保证充分的准备活动,提高机体的中枢神经的兴奋性。不同水平的跑者在选择模拟比赛训练法时要量力而行,避免冒进。

(2) 训练中:如模拟马拉松赛等高强度的训练,要特别注意训练中及时的补给。在训练中如出现极点,反应太过激烈、岔气和肌肉痉挛等问题时应及时进行有效的处理,情况严重者应立即终止训练,避免身体受到损伤。此外,若在道路上进行训练,由于路况较复杂,训练时要特别注意自己和他人的安全。

(3) 训练后:注意训练后身体肌肉的放松及保护措施,并通过各种手段如营养素、心理暗示、拉伸、按摩和理疗等,使身体快速恢复。还要总结训练中自己存在的问题,建立自己的战术,并在往后的训练中有意识地弥补自己的不足。

309 什么是核心力量?

核心力量是指人体核心区域肌群的力量,它可以稳定人体的躯干部位,传递上下肢的力量,使四肢协调配合运动,同时起到保持身体稳定性和平衡性的作用。

310 核心区在哪里?

在中国传统武术中,我们常称之为"丹田",泛指人体中心周围的区域,而国外的学者们大都将其定义在"腰椎—骨盆—髋关节"的部位,是指人体的中间环节。随着人体科学的不断发展和完善,核心区的内涵也更加丰富,其范围扩大到整个躯干,即肩关节—髋关节。

311 什么是核心力量训练法?

核心力量训练法是现代体能训练方法的一种,是利用各种训练器材和训练手段来提高运动员的核心力量能力,进而提高运动员竞技能力的训练方法,可以运用在众多竞技运动项目的训练中。

312 在路跑训练中核心力量训练有什么作用?

核心力量训练对路跑的主要作用在于加强核心部位肌群的稳定性与平衡能力,通过加强核心肌群的力量来保持脊柱的中立位置,保持正确的跑动姿势,稳定跑动中的身体重心,加强身体在跑动中的控制能力和平衡能力。可以在运动过程中将核心部位肌群的能量传递到四肢,提高动作效率的同时也提高了运动成绩,并且可以达到预防运动损伤的目的。

313 核心力量训练法有哪些类型?

主要可以分为核心稳定性训练和核心专业性力量训练两大类。

314 核心力量训练的手段有哪些?

目前,随着人体运动科学的不断进步和发展以及训练体系的不断完善,针对核心力量训练的方法和手段也日益丰富,如平板支撑、小推车、悬垂举腿、滚筒翻、双人"W"等。

315 平板支撑有什么动作要求?

俯卧,双肘弯曲支撑在地面上,肩膀和肘关节垂直于地面,双脚撑地,身体离开地面,躯干伸直,头部、肩部、胯部和踝部保持在同一平面,腹肌收紧,盆底肌收紧,脊椎延长,眼睛看向地面,保持均匀呼吸(如图30所示)。

图 30　平板支撑

316 体侧平板支撑有什么动作要求？

一侧臂肘部弯曲支撑在地面上，收紧胸部，腰部和腹部使身体保持一个平面，另一侧手臂贴放在腿部，整体保持静止姿势（可以左右交替进行）（如图 31 所示）。

图 31　体侧平板支撑

317 两头起有什么动作要求？

练习者仰卧地面，双腿伸直并拢，手臂于头后自然伸直，练习时以胯为轴，两腿两臂同时上举下压，向身体中间靠拢，使身体形成对折，然后恢复原状（如图 32 所示）。

图 32　两头起

318 "小推车"有什么动作要求？

两人（A和B）一组，前后站立，A双臂伸直撑地，收紧腰腹，B用双手抬起A的两腿，A用双手代步，交替移动双手前行（如图33所示）。

图33　"小推车"

319 "蹦蹦车"有什么动作要求？

两人（A和B）一组，前后站立，A双臂伸直撑地，收紧腰腹，B用双手抬起A的两腿，A先做一个俯卧撑然后双手同时发力撑离地面，做俯卧撑式前行（如图34所示）。

图34　"蹦蹦车"

320 悬垂举腿有什么动作要求？

双手正握单杠，身体直垂于杠下。双腿伸直并拢向上高举，然后缓缓下放到起始状态（如图35所示）。

图35 悬垂举腿

321 伏地登山有什么动作要求？

双手撑地，身体成一条直线（同俯卧撑一样），腹肌发力，单脚向前靠近胸部，做登山状，再回到起始动作，两腿交替进行，速度可逐渐加快（如图36所示）。

图36 伏地登山

322 俯卧挺身有什么动作要求？

两人（A和B）一组，A呈俯卧姿势，双手置于脑后或胸前，B固定住A的双脚，A以腹部为支撑点，腰部用力抬起上身（如图37所示）。

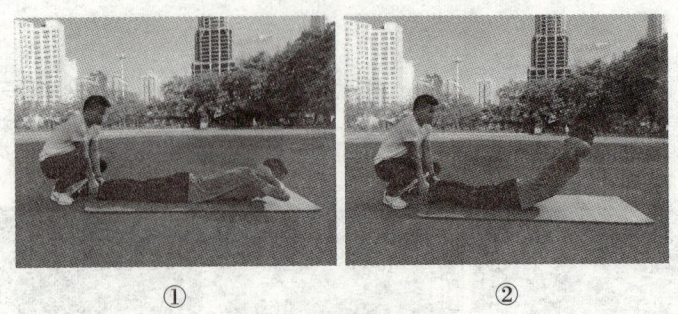

图 37 俯卧挺身

323 收腹抱膝跳有什么动作要求?

双脚站立地面,发力跳起,同时大小腿折叠,膝关节靠近胸部,两手在身体腾空时向下做抱膝动作(如图 38 所示)。

图 38 收腹抱膝跳

324 双人"W"有什么动作要求?

两人一组面对面坐在地上,两人双手对拉,双脚相对,双腿伸直高举,造型如同英文字母"W"(如图 39 所示)。

图39 双人"W"

325 实心球俯卧撑有什么动作要求？

准备四个实心球，分别置于两手和两脚下，以实心球为支点做俯卧撑（如图40所示）。

图40 实心球俯卧撑

326 十字挺身有什么动作要求？

俯卧趴在地上，两臂弯曲放于胸下。左腿和右臂同时向上抬起，直到感觉下背部收缩拉紧，静待三秒。放下左腿和右臂，换右腿和左臂（如图41所示）。

图41 十字挺身

327 波比跳有什么动作要求？

开始姿势与俯卧撑相同，先做一个俯卧撑，双手的位置保持不变，双脚蹬地发力向躯干回收成蜷缩姿势，然后臂、腿发力奋力跃起，再落地缓冲恢复到起始姿势（如图42所示）。

图42 波比跳

328 滚筒翻有什么动作要求？

起始姿势与俯卧撑相同，身体呈滚筒姿势向左（右）水平面连续翻滚。练习过程中，除了手和脚之外，身体的任何部位不得触地，以保持动作的连贯性（如图43所示）。

图43 滚筒翻

329 仰卧卷腹有什么动作要求？

身体仰卧于地上，双膝弯曲90°，双脚并拢放平在地面上。双手置于腹部，沉肩收腹，微收下颚，向上至肩胛骨离开地面，腰部固定，向下至肩胛骨平贴地面（如图44所示）。

图44 仰卧卷腹

路跑训练计划制订及赛前竞技状态调整篇

330 什么是训练原则？

训练原则是依据运动训练活动的客观规律而确定的组织运动训练所必须遵循的基本准则，是运动训练活动客观规律的反映，对运动训练实践具有普遍指导意义。

331 什么是训练规律？

训练规律是指运动训练系统内各种因素之间，以及它们与系统外部各相关因素之间在结构与功能上的本质联系和发展的必然趋势，是不依靠人们的主观意识而转移的客观存在。这些本质练习在运动训练活动中不断重复出现，在一定条件下影响或者决定着运动训练的进程。

332 制订运动训练计划的原则有哪些？

分别是竞技需要原则、动机激励原则、有效控制原则、系统训练原则、周期安排原则、适宜负荷原则、区别对待原则、直观教练原则和适时恢复原则九大原则。

333 什么是竞技需要原则？贯彻该原则有哪些注意事项？

竞技需要原则是指根据提高运动员竞技能力及运动成绩的需要，从实战出发，科学安排训练的阶段划分及训练的内容、方法、手段和负荷等因素的训练原则。

注意事项：
（1）要围绕运动训练的基本目标，全面安排好训练和比赛。
（2）正确分析专项竞技能力的结构特点。
（3）按照竞技的需要确定负荷内容。
（4）注意负荷内容的合理结构。

334. 什么是动机激励原则？遵循该原则的依据有哪些？

动机激励原则是指通过多种方法和途径，激发运动员主动从事艰苦训练的动机和行为的训练原则。

依据：（1）成功的动机是运动员参训的重要原动力。（2）竞技训练的长期性和艰苦性要求不断地激励着运动员。

335. 什么是有效控制原则？训练信息是实施有效训练控制的必备条件，那么其在现代训练中有哪些表现？

有效控制原则是指要求对运动训练活动实施有效控制的训练原则。

表现：
（1）运用控制信息有效地调节和控制运动员的训练。
（2）运用信息反馈对正在进行的训练过程进行有效的检测和控制。
（3）运用对运动员训练过程与状态的诊断，了解训练过程的发展状况，评价运动员的训练水平。
（4）运用对选材对象状态信息的测定，进行科学地选材。
（5）利用比赛前和比赛中获得的比赛信息，有效地组织赛前训练和比赛中的战术调控。
（6）运用获得的信息改进训练工作，不断地创造新的技术、战术、训练方法和手段。
（7）用扩大知识信息获取量，提高教练员和运动员的知识及智能水平。
（8）运用各种不同的信息，对训练过程进行多学科综合调控。
（9）利用舆论信息的扰动影响或在一定程度上制衡对手的战术决策等。

336. 什么是系统训练原则？如何保持训练的系统性？

系统训练原则是指持续地、循序渐进地组织运动训练过程的训练原则。

要保持训练的系统性，一是要健全多级训练体制，二是要建立和强化正确的训练动机，三是要科学地制订训练计划，四是要提供有利的社会保障。

337 周期安排原则及其训练学要点是什么?

周期安排原则是指周期性地组织运动训练过程的训练原则。

训练学要点:

（1）掌握各种周期的序列结构。按时间跨度划分，可分为多年训练周期、年度训练周期、大训练周期、中训练周期、小训练周期及日训练周期。

（2）选择适宜的周期类型。周的训练可以分为基本训练周、赛前训练周、比赛周和恢复周。

（3）处理好决定训练周期时间的固定因素和变异因素的关系。人体竞技能力的变化是变异因素，适宜比赛条件是固定因素。

（4）注意周期之间的衔接。

338 什么是适宜负荷原则？负荷的构成包括什么?

适宜负荷原则是指根据运动员的现实情况和人体机能的训练适应规律，以及提高运动员竞技能力的需要，在训练中给予相应训练量度的负荷，以取得理想训练效果的训练原则。

运动训练过程中的任何一个负荷，都包含着负荷的量与强度两方面。负荷量的评价指标一般为次数、时间、距离、重量等。符合强度的评价指标通常通过练习的速度、远度、高度、单位练习的负重量或练习的难度予以衡量。

339 贯彻适宜负荷原则要注意哪些事项?

（1）正确理解负荷的构成，即负荷量和强度。前者反映负荷对机体刺激的量的大小，后者则反应负荷对机体刺激的强度。

（2）渐进式地增加负荷的量度。包括直线式、阶梯式、波浪式和跳跃式等四种基本形式。尤其是跳跃式，只有在特殊情况下对优秀运动员才可采用。

（3）科学地探求负荷量度的临界值。

（4）建立科学的诊断系统，选取可靠的指标，在恰当的时间用科学的方法客观地进行准确的诊断。

（5）正确处理负荷与恢复的关系，重视负荷与恢复的协同效应。

340 什么是区别对待原则?

区别对待原则是指对于不同专项、不同的运动员或不同的训练状态、不同的训练任务及不同的训练条件，有区别地组织安排各自相应的训练过程，选择相应的训练内容，给予相应的训练负荷的训练原则。

341 什么是直观教练原则？其训练学要点有哪些？

直观教练原则是指在运动训练中运用多种直观手段，通过运动员的视觉器官，激发活跃的形象思维，建立正确的动作表象，培养运动员的观察能力和思维能力，提高运动员竞技水平的训练原则。

训练学要点：

（1）教练员应高度重视直观教练原则的运用。

（2）注意应用科学技术的新成果。

（3）注意直观教练原则与积极思维的有机结合。

342 什么是适时恢复原则？

适时恢复原则是指及时消除运动员在训练中所产生的疲劳，并通过生物适应过程产生超量恢复，提高机体能力的训练原则。

343 有哪些加速机体恢复的适宜措施？

（1）训练学恢复手段：①变换训练内容和训练环境，交替安排负荷，调整训练间歇的时间与方式。②恢复过程中以轻微的肌肉活动更快消除肌肉和血液中的乳酸。③根据人体的生物钟节律，安排好每天的训练时间。

（2）医学、生物学恢复手段：主要包括理疗恢复手段，如水浴、蒸气浴、漩涡浴、氮气浴等，其他手段还有按摩、电兴奋、电睡眠、紫外线照射、红外线照射等。

（3）营养学恢复手段：不仅要考虑补充物的量，还应注意各种营养素的均衡搭配。

（4）心理学恢复手段：主要是利用自我暗示、放松训练、气功、生物反馈等手段促进恢复。

344 什么是运动训练计划？

运动训练计划是指为了在未来训练过程中，有目的、有组织、有步骤地进行训练，而对运动员的某一训练过程或者某一训练阶段所做出的能在该阶段实现的科学规划。

345 运动训练计划在训练过程中有什么作用？

运动训练计划的制订与实施，是运动训练过程的中心环节，贯穿教练员与运动员的全部训练实践活动。

（1）构建运动训练过程框架。

（2）提出运动训练纲领。

（3）调控运动训练过程。
（4）提供运动训练结果的评级依据。

346 运动训练计划的基本内容有哪些？

（1）运动员起始状态的诊断。
（2）确定训练指标。
（3）划分训练阶段，提出不同训练阶段的主要任务。
（4）确定实现目标的基本对策。
（5）安排比赛序列。
（6）规划训练负荷的动态变化趋势。
（7）选择训练方法和手段。
（8）确定各个手段、练习负荷的要求。
（9）制定恢复措施。
（10）规划检查评定训练效果的内容、时间及标准。
[注意：周、课训练计划中不包括第（5）项内容。]

347 根据对马拉松训练理论的分析以及耐力性运动的特点，马拉松业余选手有哪些训练方法？

（1）发展有氧代谢系统，提高脂肪及糖脂的协调功能可采用60～90分钟持续匀速跑或增速跑、爬山等训练方法。
（2）提高最大有氧供能能力，增加快肌纤维的参与能力，发展无氧阈强度训练可采用1 000～2 000米间歇跑、3 000～5 000米重复跑、8 000～16 000米的快速持续跑的训练方法。
（3）提高乳酸耐受能力、糖酵解能力，提高最大摄氧量，发展速度训练可采用法特莱克跑、场地短距离快跑等。

348 什么是赛前状态？有什么生理变化？

赛前状态是指在参加正式比赛或运动训练前，人体某些器官和系统产生的一系列条件反射性机能变化。良好的赛前状态可预先动员人体相应器官、系统的机能，克服内脏器官的生理惰性，为即将进行的比赛或训练做好准备，有利于机体快速进入高水平运动状态。

赛前状态的生理变化主要表现为中枢神经系统兴奋性提高，内脏器官功能增强，体温上升，物质代谢活动加强。例如，心率加快、收缩压升高、心输出量增加；呼吸频率加快、呼吸深度加大、肺通气量和吸氧量增加；紧张性出汗、尿频、血糖升高以及肌肉颤抖等。

349 影响赛前状态的反应程度的因素有哪些？

影响赛前状态的反应程度的因素包括比赛性质、运动员的训练水平、运动员的机能状态以及心理素质等。比赛规模越大，距离比赛时间越近，赛前状态反应越明显，如血压和脉搏的变化。运动员情绪紧张、训练水平低、身体机能欠佳、比赛经验不足等也会使赛前状态反应增强。此外，运动强度越大，赛前机能反应也越大。

350 赛前状态的产生机制是什么？

赛前状态产生的机理可用条件反射学说加以解释。因为比赛或训练时的运动场地、运动器械、广播声、音乐声、观众呐喊声、裁判和对手的表现等信息，通过感官作用于运动员的大脑皮质，与比赛或运动训练时肌肉活动所引起的生理变化相结合。两者持久而反复的结合，使运动场景的信息变成了条件刺激，尽管在比赛或训练前没有进行肌肉活动，但只要接触或想到这些刺激，就可产生与运动训练或比赛时相类似的生理反应。由此可见，赛前状态是运动场景刺激与肌肉活动多次结合后，在大脑皮质中建立暂时性神经联系的结果。即在大脑皮质的主导下，通过两个信号系统的相互作用而建立的条件反射。由于这些生理变化是在日常比赛或训练的自然环境条件下形成的，所以赛前状态的生理机理是自然条件反射。

351 赛前状态的类型有哪些？

起赛热症、起赛冷淡、准备状态。

352 准备状态的特点是什么？

准备状态的特点是中枢神经兴奋性适度提高，自主神经和内脏器官的惰性有所克服，机体机能得到预先动员，有利于缩短进入工作状态（运动开始后人体机能逐步提高的过程）的时间，使机体更好地发挥机能水平，以提高运动成绩。准备状态是运动员良好赛前状态表现，此状态多见于优秀运动员。

353 赛前心理准备有什么意义？

运动员参加重大比赛前的技能、素质、技术、战术的竞技能力变化不大，但是心理变化十分显著，通常一些微小因素都会引起情绪上的急剧变化。因此，赛前心理准备工作的意义十分重要。近年来的研究发现，重大比赛中发挥失常的运动员，约70%属于心理方面准备不足。由此可见，充分的赛前心理准备尤为重要。有经验的教练员、运动员通常十分重视赛前的心理准备。自然，赛前心理准备的目的是增强心理稳定性和必胜的信念，积极消除赛前出现的心理障碍，形成良好的心理状态。

354 赛前心理准备的内容包括什么？

（1）分析彼此的利弊因素。
（2）明确适宜的比赛任务。
（3）激发良好的比赛动机。
（4）增强比赛的必胜信心。
（5）建立行动的思维程序。
（6）掌握合适的调控手段。

355 赛前状态思维调整措施有哪些？

赛前状态适宜的生理变化，对提高人体运动能力具有积极的作用，如果其生理变化程度过弱或过强，将会有碍运动过程中身体正常生理机能的发挥，影响运动能力。因此，在运动时间中有时需要采取相应的措施来调整运动员的不良赛前状态，以增强其运动能力。

（1）不断提高运动员的心理素质，端正比赛态度，正确认识和对待比赛的意义。掌握重要的身心调整方法，增强自控能力，确保情绪稳定。

（2）多组织运动员参加比赛、模拟比赛或观看比赛，适应各种比赛环境，积累比赛经验。

（3）根据运动员的赛前状态安排适宜的准备活动。如果运动员过度紧张，可安排一些轻松缓和、节奏感强、强度小、能够转移注意力的活动或练习。如果运动员兴奋性过低，情绪消沉，则可以安排一些活跃、强度较大、时间较长、与比赛内容比较接近的练习或活动。

（4）按摩对消除精神紧张或提高神经中枢的兴奋性有一定的作用。

（5）随时了解运动员的思想状况，加强思想教育和管理，科学安排赛前活动，严格遵守作息规律，保证足够的睡眠时间，合理调整膳食结构等。

356 赛前准备活动有什么作用？

（1）增加肌肉收缩时的速度和力量。
（2）改善肌肉协调能力。
（3）预防或减少肌肉、肌腱韧带的伤害。
（4）在耐力性项目中，赛前准备活动可以加速第二次呼吸的出现。
（5）改善肌肉的黏滞性。
（6）增强血红素和肌蛋白的结合，进而增强氧的释放能力。
（7）改善代谢。
（8）减少血管壁阻力。

（9）神经感觉受纳器的敏感度和神经传导速度可因体温提高而适当地提升，从而获得改善。

（10）促使体温上升，可以刺激血管扩张，使活动部位的局部血流增加。血液的流速和流量随肌肉温度上升而增加，改善能源的供输和代谢物的排除。

357 什么是唤醒？

唤醒，是指机体总的生理性激活的不同状态或不同程度，是由感觉兴奋性水平、腺体和激素水平以及肌肉的准备性所决定的一种生理和心理活动的准备状态。

358 什么是"倒 U 型假说"理论？

"倒 U 型假说"的第一个理论是关于唤醒水平与操作成绩的关系。人处于较低的唤醒水平时，操作成绩较低。由低唤醒水平到中等唤醒水平的临界点以前，随着唤醒水平的提高，运动表现也将向好的方向改善。在中等唤醒水平时，操作成绩最高。然而，当唤醒水平继续增高，达到高度兴奋状态时，操作成绩又逐步下降。

"倒 U 型假说"第二个理论：①较高的唤醒水平是体能主导类运动项目取得最佳成绩所必要的。体能主导类项目如短跑、举重等需要较高的唤醒水平。②高唤醒水平会干扰复杂运动技能、精细肌肉活动，即要求高度协调性、稳定性以及一般注意力的运动。因此，技能性项目如射击、体操等需要较低的唤醒水平。

359 不同的运动项目对唤醒水平的要求是不同的，那么属于体能主导类耐力型项目的马拉松需要什么样的唤醒水平呢？

马拉松是周期性动作结构的体能主导类项目，技能比较简单，适当提高唤醒水平有利于发挥。但由于距离长，对体能分配、战术控制以及运动经济性、节奏感有一定要求，所以又要求唤醒水平低于短跑、举重等纯爆发力项目，否则极易出现战术失误、体力分配不合理、节奏打乱等不利于比赛进行的情况。

因此，马拉松项目较适合中等唤醒水平，不宜过高或过低。而且从人的气质特征来看，黏液质的人比多血质、胆汁质的人更容易在耐力项目有所建树。

360 什么是最佳竞技状态？

最佳竞技状态是指运动员获得最好成绩的最佳状态。它主要取决于运动员通过日常训练，使机体内部各系统功能储备良好，即运动员的运动素质、心理素质、专项水平以及技战术素养已经达到最佳状态，神经系统调节能力达到阶段顶点。因此，最佳竞技状态最重要的特征表现在运动员的运动成绩上。

361 影响最佳竞技状态的因素有哪些？

（1）运动负荷控制。在运动训练中，科学合理地控制运动负荷和运动强度非常重要，也是影响最佳竞技状态的重要因素之一。

（2）教练员水平。教练员自身对运动项目的认识、态度、行为、情绪以及对运动员自身运动能力的了解和控制，会影响运动员最佳竞技状态的形成。

（3）运动员的自我管理。运动员的心理状态行为、生活方式会影响最佳竞技状态的形成。不注意睡眠、饮食不定时、吸烟、酗酒等都会减缓运动训练之后的恢复速度，从而对形成最佳竞技状态产生不利的影响。

（4）客观环境。包括自然气候、环境，比赛场馆、比赛性质以及赛事规模等。

362 如何判断是否处在最佳竞技状态？

（1）要有周期训练阶段。最佳竞技状态不是说感觉身体状态良好，就一定能跑出好成绩，它需要经过一个前期储备—中期演变—后期爆发的周期训练过程。因此，好的竞技状态一定是经过前期或近阶段系统训练后而产生的。通常比较理想的周期训练效果是运动员阶段性系统训练2~3个周期（每个周期4~6周）以上。

（2）训练数据分析。除了保持系统训练外，最佳竞技状态的判断还要分析运动员的阶段性训练数据，特别是比赛前三周的训练数据非常重要。赛前三周，运动员的专项强度数据要求始终处在一个稳定向上的趋势，接近"高点"而不轻易触摸"高点"，始终留有一丁点上升空间。这里特别要提醒的是，赛前不要频繁将强度拉到最高点，尽可能将最佳潜能延伸到比赛时。

（3）关注运动员生化指标的变化，这也是判断运动员是否处于最佳竞技状态很重要的一个评估指标。由于业余训练，科研条件无法和专业队相比，所以建议业余跑者在日常训练和临近比赛时测一测血常规指标，做一下比较分析。主要关注红细胞、白细胞、血红蛋白和红细胞压积四个指标，如果没有其他感染症状，通常这四个指标越高越好，如果赛前的指标接近于或高于日常训练时的指标，说明竞技状态较不错。

（4）教练员的经验判断和运动员的自身感觉。教练员的经验判断主要基于教练员对运动员综合素质的全面了解，以及时刻留意运动员在完成赛前训练课时的过程表现，这一点非常重要。

363 为什么春夏之交时节竞技状态会不佳？

（1）这是赛季后正常的疲劳期。每年到了春夏之交的时节，上半年的马拉松比赛基本已经落幕，本身属于比赛期和准备期（夏训）之间的过渡，也是一轮赛季后的调整期，因此会出现疲劳、竞技状态下降，甚至精神上出现"厌跑"的状态，这都是非常普遍和正常的现象。当充分调整和合理恢复后，经过一个新周期的训练，竞技状态又可以调整到新的高峰，并超过原来水平，这种"疲劳—恢复—再疲劳—再恢复"的过程，使得运动水平是"波浪式"上升的，而不是直线上升的。

（2）人体兴奋性受气温升高影响，随着温度升高而降低。

到了春末夏初季节后，随着气温的升高，皮肤的毛细血管舒张，体表血液流量增加，并且血流速度减慢（因为血管扩张了），供给其他部位（肌肉、大脑）的血液就会相对减少。当肌肉的循环血量减少之后，摄入的氧气和营养物质就会减少，直接导致有氧供能速率下降。当大脑血流量减少时，人就会觉得萎靡不振，精神不佳。

这种困倦也跟交感神经的兴奋性下降有关。一般来说，当温度较低时，人体交感神经的兴奋性会比较高（交感神经主要控制人体运动状态下的各种生命活动），人体在长时间运动中更容易保持兴奋。但是温度升高后，交感神经的兴奋性下降，就会感到困倦。

另外，温度较低时，人体基础代谢率会提高，以维持正常体温。随着天气变暖，维持体温所需的基础代谢逐渐降低，人体就不那么兴奋了。

364 如何应对春夏之交时节萎靡不振的竞技状态？

（1）调整训练方法。赛季刚结束，需要足够的时间从一连串比赛的疲劳中恢复过来，所以训练量和强度都不宜过大。提倡进行交叉运动，如增加一些球类趣味运动。

（2）保证足够的睡眠。没有足够的睡眠质量，不可能有饱满的精神状态。

（3）调整饮食结构。饮食要清淡，少吃油腻的食物，同时少摄入高升糖指数的食物。摄取足够的蛋白质，在饮食中应该增加一些牛肉、海鲜等高蛋白食物。多吃新鲜蔬果，保证身体对维生素的需求，适量补充一些B族维生素，如粗粮、瘦肉、蛋类、奶制品等，这是神经功能代谢不可缺少的物质。可以适当饮用咖啡、茶等含有咖啡因的饮料，咖啡因可以提高神经兴奋性，但应注意避免饮用过量，从而影响睡眠。

365 为什么跑后会有人出现倍感空虚的情形？

（1）一次性跑太多，训练过度后会出现失落感。
（2）连续作战，徒增厌倦。
（3）长期缺少变化，容易麻木。
（4）暂停太久，重启训练易导致迷茫。

366 什么是过度训练？

过度训练一直是运动员与教练们在制订和参与训练计划时须极力避免的严重状况，因为这会直接影响到选手的比赛表现或日常生活，让过去几周、几个月甚至几年的努力完全浪费掉。

最常见的症状就是运动表现下降（越练越弱）、时刻感到疲劳，以及注意力散失等。严重的还会影响睡眠和心理状况，变得易怒、坐立不安、易激动、焦虑、失落或对运动缺乏热情。而且若要从过度训练症中恢复到原始状态可能会耗时数个月以上，对运动员来说是巨大的损失。

因此，平常教练必须遵循周期性训练原则，并且密切观察选手的身心状况以便适时调整训练量，预防过度训练的发生。

367 如何识别过度训练的信号？

（1）双腿沉重。你的双腿失去了力量，速度变缓，出现这种情况的原因可能是糖原耗尽了。

（2）脉搏加速。每天早晨起床前测一下自己的脉搏，如果超过了平时的正常值就需要在训练中减量。

（3）睡眠出现问题。出现难以入睡、夜间醒几次、早晨起床困难等现象。

（4）性欲衰退。你的生活不再浪漫，这也许是由于训练而产生的疲劳使睾酮水平下降造成的。

（5）惧怕训练。如果你觉得每天早晨出门跑步不那么积极了，总是坐在那里磨蹭，那么这就是你的身体在告诉你需要休息了。

（6）肌肉疼痛。有时在经过大强度训练后，感到肌肉疼痛属于正常情况，但如果这种疼痛持续很久就是过度训练的信号。

（7）赛前感冒。由于大跑量的训练，跑者的抵抗力下降，更容易被感冒病菌所感染。

368 如何预防训练过度？

（1）增加训练内容的多样性。

出现跑步伤病的一个主要原因就是你的脚在跑动中成千上万次地撞击地面所带来的冲击，游泳、滑雪、骑自行车和走路都不会造成这样的冲击。换言之，巧妙的交叉训练是预防伤病的重要方法。但是过量的交叉训练也可能会导致受伤。由于使用了不同的肌肉（看似"不疲劳"），跑者在高强度跑步训练之间进行的交叉训练可能会过量。如果不注意的话，可能会受伤。"交叉训练不会使人受伤"只是一个臆想。

（2）谨慎地进行速度训练。

速度训练本身并不会给你造成伤害，但速度训练加上大跑量积累就可能带来风险。马拉松跑者可以进行速度训练，但应该在大跑量积累和相应的减量休整后进行。

（3）仔细挑选跑步路面。

每种路面的坚硬程度不一致。尽管如此，如果你准备在马路上参加比赛，仍需要在马路上持续练习，让自己的肌肉适应路面的冲击。

（4）选用减震跑鞋。

减缓地面冲击的一种方法就是穿一双能适度缓震的跑鞋。近半个世纪以来，男子马拉松的成绩提高了接近 20 分钟，其中的一个原因可能就是出现了更好的跑鞋，跑者在训练中更少遭受伤病的困扰了。值得注意的是，过软的跑鞋缺乏足够的支撑，可能会削弱足部的稳定性，从而导致跑者受伤。因此，谨慎地选择跑鞋是重中之重。例如，与体重较小的跑者相比，体重较大的跑者就要选择支撑性更好的鞋。

（5）保持肌肉的放松和强壮。

拉伸是减少伤病的一种方法，而拉伸肌肉的最好时机是在热身之后，每一位跑者都应该做一些既方便又舒适的拉伸。田径运动员通常会先慢跑 2~3 公里，在做强烈运动之前进行拉伸或做操。

（6）防止伤病复发。

有三个因素决定了大训练量的跑者是否会再次受伤，即频率、跑量和训练方法。关键在于跑者的训练方法，过快的跑量积累是导致伤病的重要因素。

（7）训练计划要与年龄相匹配。

虽然基础的训练原则适用于所有跑者，但不同跑者的具体训练计划还是存在差异的。尽管跑步有助于减缓衰老，但当你的年纪越来越大时，你必须减掉那些对你来说有伤病风险的训练内容，其中可能包括田径场上的间歇跑、跑坡、法特莱克训练法以及其他包含"起步—停车"形式的运动。

能坚持跑步是最重要的，耐力跑的秘诀在于避免伤害。每天坚持跑步，无论成绩是否有提高，至少会让你保持最佳的状态。

毫无疑问，如果能避免伤病，你就能最大限度地延长跑步寿命，保护性跑步策略可能是最好的训练策略。

369 冬天跑步会不会产生训练过量的问题？

训练过量是跑者都可能会遇到的问题，轻则受伤，重则可能危及生命。

一般情况下，跑者在夏天比较容易出现训练过量的问题，但这并不意味着冬天的跑步训练就不会给跑者带来训练过量的危险。相反，正是很多跑者忽略了冬季对训练强度的控制，反而容易造成"易受伤"的体质。

正因如此，在冬季训练时认真监控自己的身体状况显得尤为重要。训练过度不是一天造成的，跑者需要一直监控自己的训练情况。

370 如何科学监控"训练过度"？

（1）体重。

每天称量体重，连续几天体重下降，表示身体处于缺水的状态，缺水会导致运动表现下降及影响恢复的速度，应养成定时喝水的习惯。连续几周体重下降，就要注意是否摄取的热量不足，也要注意所摄取的营养是否均衡。

(2) 安静心律。

清晨一起床的心跳可以显示你恢复的程度，如果安静心率比平常高出 5 下，这可能表示恢复不够或是生病的前兆。

(3) 训练的环境。

在湿热的环境训练，会比在干冷的环境中体温升高更快，身体产生的热无法有效排出，这会使训练需要更多的时间恢复。

(4) 睡眠时间。

睡眠的时间及品质都会影响恢复。如果睡眠品质下降，早上起来感觉精神不饱满，或是睡眠不断中断，就表示有可能过度训练了。

371 过度训练处理及加速恢复方式有哪些？

如果有过度训练的状况产生，首先要排除生病的可能性。如果在没有生病的情况下，就要降低训练的强度，让身体的状况恢复，该过程可能需要 2~3 周。

(1) 冷热交替法。

利用冷热交替的方式增进血管的血流，增进血流可以加速乳酸及其他废物的代谢，同时可以促进肌肉的放松。

冷热交替法的做法是使用 15~16 ℃的冷水和 35 ℃的热水交替放松肌肉，过冷或过热的温度都会导致受伤。一般的做法是在浴缸里放冷水，在冷水中泡 1 分钟后，使用莲蓬头冲 2~3 分钟的热水。如此重复 3 次，冬天以热水结束，夏天以冷水结束。

跑步会让肌肉紧绷、肌纤维受损，身体需要时间修复受伤的组织。如果跑者进行高强度的训练，而身体还没有恢复，就会造成肌肉酸痛紧绷。按摩可以增进血流量，使肌肉放松，增加关节活动度及柔软度，减少疤痕组织，减少运动受伤的概率。如果经济许可，可以找专业的按摩师做运动按摩，如果无法负担专业的运动按摩，则可以自行使用按摩器材。

(2) 食补恢复。

规划好跑步后的饮食很重要，可以携带三明治、香蕉、坚果、能量棒等去跑步，跑步结束后及时食用，及时补充能量。

(3) 选择适合的装备，预防过度训练。

尽管科学研究表明，压缩裤、压缩袜没有明显效果，但是不少跑者都认为这样的装备对于恢复是很有效果的。其原理是将下肢的静脉血液利用渐层的压力压回下腔静脉，让心脏血液增加，帮助排除乳酸等废物，增进肌肉的恢复速度。

当进行高强度的间歇或是冲刺后，会造成肾上腺素增加及乳酸的堆积。在进行完这些高强度的运动后，进行一小段的慢跑，可以加速乳酸的排除，降低肾上腺素

372 训练后身体暂时"变差"正常吗？

无论何种水平的运动员，训练后身体暂时"变差"都是一种非常正常的反应。身体暂时"变差"是产生训练效果和提高水平的必经之路。从生理学角度来看，当人体进行大强度急性运动时，人处在一个高度应激状态中（所谓应激，就是环境突然变化引起的人体反应，这个环境变化可以是饥饿、减肥、突然大量运动等）。

皮质醇增加会抑制体内的合成代谢，使得组织修复减慢，还会抑制免疫功能，使得感冒的发生率增加。但只要坚持系统、科学、循序渐进的训练，人体一般具备自我调节能力，可以重返平衡，因此无需过度担心暂时的、轻微的身体"变差"现象。

373 运动过量对身体的危害有哪些？

（1）肌肉溶解。

肌肉溶解是指当肌肉受伤时，肌肉中的一种叫作肌球素的蛋白质被释放出来，进入血液循环系统。这种蛋白质在肾脏中会被过滤，并可能被分解成有毒物质，危害肾脏。如果运动过度，身体无法在较短的时间内将其修复的话，就无法达到锻炼的目的，而且还会伤害到自己的肌肉，导致肌肉溶解。

（2）慢性疾病。

当马拉松运动员过量运动时，体内自由基的数量会迅速增加，它是大部分慢性疾病的罪魁祸首。另外，马拉松运动员运动过量还可能导致跟腱炎、胫骨骨膜炎、髂胫束综合征、膝关节炎症等慢性劳损。若长期处于过度运动中还会诱发心肌炎、心肌劳损、心肌梗死等疾病。

（3）免疫力下降。

科学合理的运动负荷可以提高免疫力，但是如果运动过度，需要身体把大量的能量调集来修复受损细胞，那么在这个时间里，身体免疫力就会下降，就很容易生病。一般而言，剧烈运动后的免疫力降低要维持 1 小时左右，要经过 24 小时以后才能恢复到原来的水平。

路跑赛前饮食营养篇

374 为什么路跑赛前一定要调整饮食?

大强度训练和路跑比赛前的饮食调整是为了:①防止乳酸堆积,增加碱性物质,保证体内有充足维生素 B1。②增加运动前和运动中的糖原储备,保持血糖水平。③赛前科学补液,使体内水和状态良好。④矫正运动前微量元素和维生素营养不足或缺乏状态的问题。⑤适量补充抗氧化物有利于减轻疲劳、增强耐力、防止运动损伤等。⑥提高运动性能,提升运动水平。

375 跑者赛前调整期需要遵循的膳食营养原则有哪些?

(1) 赛前选择的食物应该满足能量和体液平衡的需要,食物体积和重量小,易于消化吸收。

(2) 低脂肪,具有优质蛋白质的食物。

(3) 具有充足糖、水分,富含维生素、矿物质的食物。

(4) 选择的食物应是口感好、跑者喜爱的食物,应考虑跑者的个人需求。

376 如何做好跑步的膳食比例搭配?

跑步饮食要搭配好碳水、蛋白、脂肪三者的比例,选择健康的食材和合适的烹饪方式。如果处于增肌期,建议碳水、蛋白、脂肪三者的比例为5∶3∶2,处于减脂期则为6∶3∶1。烹饪以最原生态的水煮和蒸为主,其次是煎,最后是炒,千万不要油炸。如果实在避免不了调料,则以粉末状调料为主,尽量少放酱类。

377 赛前如何科学饮食储备能量？

（1）赛前一周。

赛前一周的饮食营养对于比赛当天的竞技状态至关重要。一是要增加糖原储备，可通过米饭、面食等为主的复合碳水化合物来补充。二是要增加代谢关键物质的储备，维生素 B 族与能量代谢紧密相关，因此可以增加粗粮、豆类及其制品的摄入量。三是要增加蔬菜、水果、海带等含有的抗氧化物质与缓冲物质的储备。四是赛前适当补充优质蛋白质是不可或缺的，但在赛前 2~3 天应逐步降低低蛋白质摄入比例，以减轻消化负担，配合高糖饮食需要。

（2）比赛当日。

①赛前一餐体积要小，重量要轻。②赛前一餐至少在比赛开始前 3 小时完成。③比赛当日不宜换吃新食物或改变饮食习惯。④大量出汗的比赛项目以及在高温环境下比赛应在赛前补液 500~700 毫升。⑤赛前不可饮用含酒精的饮料。⑥赛前 15~30 分钟应补糖，量控制在 50 克/时。

378 对于持续时间为 3~5 小时的路跑运动前该怎么吃？

建议吃比较容易消化且碳水化合物含量丰富的食物，这样可以降低出现肠胃不适的概率，并且能够迅速补充肝糖原含量，但切记不可大量进食。进食时间最好是开始运动前的 1.5~2 小时，碳水化合物与蛋白质的比例为 4∶1。例如，50~70 克的碳水化合物和 13~18 克的蛋白质，喝 355~470 毫升的水，并补充一点电解质，也可以喝一杯 225 毫升的咖啡或茶。

379 对于持续时间为 1.5~3 小时的路跑运动前该怎么吃？

建议吃容易消化的食物，可减少肠胃不适，增加肝糖原含量并减少肌肉的消耗，考虑到跑步时身体的晃动比较大，所以建议在训练前 75~90 分钟，选择食用少量、低纤以及碳水化合物丰富的食物，碳水化合物与蛋白质的比例同样为 4∶1，30~50 克的碳水化合物和 8~13 克的蛋白质，再喝 340~450 毫升的水和电解质，同样可以喝 225 毫升的咖啡或茶。

380 日常饮食中对跑者的优质燃料是什么？

跑者跑步的时间越长，消耗的碳水化合物和蛋白质就越多。因此，建议跑者在每一次进食的时候，选择碳水化合物、蛋白质和脂肪的混合物，饮食中有 60% 甚至更多的热量应该来自碳水化合物，15%~20% 的热量应该来自蛋白质，20%~25% 的热量应该来自脂肪。这样的策略可以让碳水化合物缓慢而稳定地释放到血液中，以便于这些碳水化合物被用作能源并储存为糖原，避免其堆积成脂肪细胞。

381 跑者的饮食主要存在什么问题？

跑者的饮食问题主要有以下三点：①优质蛋白总体摄入不足，但脂肪摄入往往超标。②糖的摄入偏多，使得热量摄入过多，不利于体重控制，但谷薯类、粗粮类食物提供的热量占比又不足。③水的补充不够，特别是运动后补水、补糖、补盐不够，影响疲劳消除效果。

382 运动前想要补充额外能量，吃什么食物最好？

对于这个问题，每一位跑者的答案都不尽相同。最重要的一点就是要吃对你有用的、能让你感觉良好的、不会让胃部感到不适的食物。这里有一个可行的办法：在运动前1小时喝一杯咖啡，外加一根香蕉或一碗燕麦粥，在运动前30分钟喝120～240毫升运动饮料，从中获取一些能量，包括身体所需的碳水化合物和水分。

383 一根香蕉对跑者有什么作用？

香蕉被誉为跑步圣果，其中丰富的营养元素不仅可以迅速地转换成跑步所需的能量，还能及时地补充人体所需的电解质，适量地吃香蕉，会使运动期间的饱腹感更持久。同时，香蕉含有的泛酸等成分和可以提高兴奋的生物碱物质，是引起人体开心的激素，具有减轻心理压力、排除紧张、提高注意力、解除忧郁、令人快乐开心等多种好处。

384 保持全天体力充沛的最好办法是什么？

为了保持体力，你需要有规律地摄入营养合理的正餐与零食。首先，饥饿必然会导致体力下降。其次，在两餐之间，记得吃些健康的零食。只要吃得合理，零食也能有益健康，而不是起相反作用。

385 为什么零食对跑者未必是坏事？

不少跑者喜欢吃零食，而且他们的身体也需要额外的营养，零食是获取能量的最佳途径之一。不少营养专家研究发现，每天吃5顿小餐比吃3顿大餐的效果要好很多。因为保持稳定地摄取一小部分食物，可以使体内的能量维持在一个较高水平。同时，少吃多餐既不会让跑者感到格外饥饿，也不会觉得太饱。

386 跑步前哪些食物不宜吃？

（1）高糖类食品。如巧克力、甜甜圈、冰淇淋等。

（2）快餐类食品。快餐类食物拥有极高的卡路里，而这些摄入人体的热量即使是通过跑步也难以消耗。

（3）功能性饮料。不少研究指出，短距离、短时间的跑步不需要饮用功能性饮料，因为功能性饮料中所含有的物质可以提升人体的运动能力，如果这种物质在体内堆积过多反而有害健康。如果你习惯在晚上跑步，喝了功能性饮料之后就很可能令你无法入眠，影响第二天的正常生活以及训练。

387 空腹跑步的危害是什么？

空腹跑步不可取，因为空腹运动会给肠胃增加不必要的负担，长此以往容易引发肠胃疾病，除此之外没在没有补充一定能量的情况下运动，容易感到疲劳，影响跑步效果，且非常容易出现低血糖等并发症。因此，最好在跑步前1小时补充适量的碳水化合物，如高纤饼干、优酪乳、新鲜水果等食物，除了可避免因血糖过度下降引起的不适症状外，也能增加跑步的持久性，降低跑步后的疲劳感和饥饿感。

388 路跑运动的能源供应系统和补充是什么？

路跑运动的主要供能物质有糖类、脂肪和蛋白质。运动中人体所需的能量分别由磷酸原系统、酵解能系统和氧化能系统三种不同的能源系统供给。直接能源均来自ATP（三磷酸腺苷），当肌肉收缩时，ATP迅速分解，与ATP分解相偶联的是CP（磷酸肌酸）迅速分解放能，供ADP（二磷酸腺苷）再合成ATP。乳酸能是指肌糖原或葡萄糖在无氧分解的过程中再合成ATP，也称无氧糖酵解系统，它是机体处于氧供不足时的主要供能系统。氧化能系统又称有氧能系统，在糖类、脂肪和蛋白质氧供充分时，可以氧化分解提供大量能量，维持运动时间较长，成为长时间运动的主要能源。

389 跑步之前喝蛋白粉有必要吗？

跑步前喝蛋白粉比较伤胃，建议运动后1小时服用蛋白粉。蛋白粉能给人体提供丰富的蛋白质，而蛋白质能分解出一些氨基酸帮助机体合成肌肉蛋白质，帮助肌肉重建。除此之外，充足的蛋白质还可以确保机体在高强度的训练之后能够及时地进行自我修复。

390 蛋白质对跑者来说的重要性有哪些体现？

蛋白质主要用于增加肌肉蛋白的合成，同时增强肌肉力量，有助于提高跑步能力，它一般不作为能量供给的主体，供给能量的主体是糖和脂肪。在马拉松这样的超长时间运动中，蛋白质同样可以提供一些热量，但人体肌肉会有轻微损伤。因此，剧烈跑步之后的几天内都会有肌肉酸痛的现象。蛋白质亦可以修复和更新肌肉组织，让肌肉变得更强壮。马拉松比赛的"撞墙期"现象不仅仅是因为糖原耗竭，还跟中枢疲劳等一系列复杂机制有关，而蛋白质可以防止中枢疲劳的发生。

391 跑者如何比较好地摄取蛋白质营养？

蛋白质与人体的运动能力有着密切的关系，运动时体内蛋白质代谢加强。即便是较长时间的有氧运动排汗量大时，含氮化合物也会排出体外，蛋白质的需要量也会增大。尤其是进行系统性的力量训练前，人体肌肉蛋白质的代谢率会加速，需要从食物中摄入蛋白质来合成自己的肌肉（1~1.2 克蛋白质/公斤体重），当然，如果能摄取一些完全优质蛋白，效果会更好。

392 跑者为什么要摄取大量碳水化合物？

碳水化合物作为人体的三大能量来源之一，其重要性不言而喻。跑者在训练及比赛过程中，需要碳水化合物来维持血糖稳定。碳水化合物中的葡萄糖在肌肉和肝脏中是以糖原的形式被储存的，而且数量有限，它会限制跑者的运动时间和强度。因此，跑者需要摄入大量的碳水化合物来维持运动。

393 不同时间段的路跑训练补充碳水化合物含量的标准是什么？

研究表明，尽管在运动前或运动中摄入碳水化合物都可以提高运动表现能力，但在运动前和运动中都摄入碳水化合物的效果会更好。为了最大限度地提高身体机能和减少肠胃不适，建议摄入碳水化合物含量如下：①对于参加持续时间少于 0.5 小时的短而强度高的运动，运动中不需要摄入碳水化合物。②对于持续时间为 1~2.5 小时的持续运动，建议每小时摄入 60 克左右的碳水化合物。③对于持续时间超过 2.5 小时的长时间运动，建议每小时摄入 90 克左右的碳水化合物。

394 为什么碳水化合物会影响跑步能力？

众所周知，人体在运动时所消耗的能量必须能符合所需要的能量，而碳水化合物是生命细胞的重要成分和主要供能物质，并且有调节细胞活动的信息查询重要功能。当从事强度大且剧烈的运动（如马拉松、长距离越野）时，能量需求大，且要在瞬间完成供应，身体的肝糖存量会很快被用光，只有碳水化合物能快速产生能量而被利用。因此，体内碳水化合物不足时会严重影响运动员的跑步能力。

395 各种维生素对跑者到底有多重要？

虽然维生素在人体内的含量很少，但对人体的作用却是不可忽视的，它们可以促进代谢，调节正常的生理机能。维生素 A 可以维持良好视力，多存在于肝脏及橙黄色蔬菜水果中。维生素 B 族可以有效缓解运动带来的压力，其中维生素 B1 可提高运动能力和防止过度疲劳，维生素 B2 对从事爆发性强的运动的人尤其重要。维生素 C 有抗氧化功能，多存在于蔬菜水果中，可防止自由基对身体的伤害，增强机体应激能力。运动强度大或耗能多的人，应注意补充维生素 C，以防影响正常生理机能，造成运动损伤。

396 为什么铁元素被称为有氧运动能力的保护剂？

铁元素是血红蛋白的组成部分，血红蛋白又参与氧的运输和储存。如果缺铁，则意味着有氧运动能力下降，从而导致最大摄氧量降低，进而影响跑步的耐力。此外，铁的缺失还会导致大量的乳酸堆积，让身体产生疲劳，表现为跑者体能下降，不宜再继续进行中长跑。因此，铁是跑者需要悉心补充的重要元素。一般情况下，海带、紫菜、猪肝、木耳，以及蛋黄中都含有一定的铁元素，跑者均可进行正常的摄入。

397 为什么运动跑者需要适量补充钙质？

钙是骨骼的有机组成部分，同时，钙质是强化骨质的必备元素，可以配合维生素成分共同使跑者骨骼保持良好状态。钙会随着汗液的排出而消耗，缺钙很容易导致抽筋。因此，我们每天要补充至少 800～1 200 毫克的钙，钙多存在于牛奶、肉类、豆腐、虾皮中。镁是促进钙吸收利用的一种元素，与钙同补效果最好。

398 为什么胡萝卜素被称为跑者的全能营养素？

提到胡萝卜素，首先想到的肯定都是胡萝卜、南瓜等蔬菜，这些蔬菜中含有足够成分的β-胡萝卜素。β-胡萝卜素对于一个善于跑步的跑者来说是绝对的全能营养素，它具有提高免疫力的作用。同时，它还具备保护黏膜和皮肤所需要的维生素A的转化作用，以及转化抗氧化物质的特异功能，是人体不可或缺的重要组成元素。

399 为什么说钾元素是身体痉挛的预防剂？

对于吃"铁"，大家可能都比较容易理解，可要是说起吃"钾"，跑者则要陌生许多。钾元素可以维持肌肉收缩和代谢功能，可以调节身体的液体平衡，特别是对于身体的心肌正常作用巨大。如果身体缺钾过多，则会导致肌肉表现无力、心律不齐等症状显现，会对跑者的正常跑步造成影响，尤其是对于患有脚部浮肿问题的跑者的影响更为明显。只要在平常的饮食中适当有牛奶、橘子、香蕉等食物的摄入，补充钾元素不成问题。

400 跑者进行1个小时以上的跑步训练，应该如何补水？

运动前2小时补水约500毫升，提前给肾脏充足的时间进行代谢，将体液平衡和渗透压调节至最佳状态，有充足时间将多余水分从体内排出。在运动中少量多次地补充水分。因为大量出汗时电解质和微量元素也会随之流失，及时补充运动饮料可帮助身体恢复。运动训练后推荐喝含电解质、矿物质和微量元素的运动饮料，但不宜过量，以免肾脏的负担过大。

401 跑者运动时会大量出汗，需要适时补充水分维持身体平衡，饮水量达到什么标准为好？

正常人每天的饮水量在1 500～1 700毫升，跑者每天的饮水量要超过这个水平，每天最好达到 2 500 毫升以上。跑步前 1~2 小时补充 250~500 毫升，跑步中每 15~20 分钟补充 85~125 毫升，结束跑步 30 分钟后根据实际跑量与强度补充 170~600 毫升。

402 在长距离长时间的剧烈运动中，为什么不能只喝饮用水？

马拉松等长时间剧烈运动中，身体很容易脱水，在身体已经脱水的情况下，如果只喝饮用水，容易引发"低血钠脑病"，俗称水中毒。这是由于在身体脱水脱盐的情况下，如果只是大量喝饮用水，这些水会大量进入细胞内，导致细胞水肿，进行引发全身无力、头晕、嗜睡、恶心、呕吐、无力、瘫痪，甚至有死亡的风险。

403 运动饮料能起到什么样的作用？

运动饮料是依据运动时人体能量和水盐代谢特点，根据运动时的生理消耗特点而专门设计的饮料品种，可以有针对性地补充运动时所丢失的营养，为人体提供能量，起到保持、提高运动能力的作用。

404 功能性饮料是否就是运动饮料？

功能性饮料通常是含有咖啡因、牛磺酸、维生素 B 族等成分，具有增加血液循环、使人精力充沛的功效。其主要功能是提高身体兴奋性以及能量代谢的效率，对于体液电解质平衡没有太大的作用。因此，功能性饮料并不能等同于运动饮料。

405 什么是跑者应当饮用的最好的饮料？

跑者最好是饮用添加了钠元素（食盐成分）和葡萄糖（食糖成分）的运动饮料。很多常见的运动饮料被专门配制成含有适量的电解质和合理糖分的饮料，饮用后可被人体快速吸收，使人体内电解质达到平衡状态，对运动中的能量供给和运动后的体力恢复都有好处。总之，不要饮用含有额外维生素、药物和激素的"边缘"饮料。

406 短时间运动需要喝运动饮料吗？

短时间运动时喝运动饮料不仅没有好处，还会影响运动效果。运动后人体内的水分和一些矿物质会随着汗液大量排出体外，这也是人在运动后感觉疲劳和精神不佳的原因。因此，在运动后需要适当给身体补充水分，而是否需要喝运动饮料则需要视运动时间和强度等而定。

407 什么时候喝运动饮料最合适？

运动饮料的饮用时间很重要。可以在运动前 2 小时饮用 400~600 毫升含糖和电解质的运动饮料，也可以在运动前 15~20 分钟喝 400~700 毫升运动饮料，每次 100~200 毫升，分 2~4 次饮用。但需要避免在运动前 20~60 分钟之间补充含糖饮料，以防止由于胰岛素反应引起运动时低血糖。

408 运动跑者饮酒会对身体造成什么危害?

美国运动医学会建议，运动前48小时内避免饮酒。究其原因，一是酒精会诱发血压上升及心跳加速，同时会干扰体内的平衡感。二是酒精不利于体内蛋白质合成，在激烈的训练结束后，不能及时给予肌肉修复所需的营养。三是酒精不利于身体对于维生素和矿物质的吸收，进而降低身体的新陈代谢效率。酒精会抑制体内肝糖原合成效率以及储存肝糖原能力，所以对于想要在赛前进行"肝糖原超补法"的选手而言，酒精是一点好处也没有的。

409 怎样通过饮食来突破跑步的"撞墙期"?

一般来说，身体能量系统可储存少部分肝糖糖原，但糖原随着运动时间的拉长会逐渐转换成燃烧脂肪作为输出主能量。在脂肪作为主能量供能之前，如果没有及时补充能量，很快就会遇到令人眼冒金星的"撞墙期"。因此，建议运动前1小时补充少量碳水化合物，采用少食多餐的方法，分2~3次分别进食，有助于维持能量。随着1小时运动时间的推移，体内肝糖原所剩无几，之后可以陆续补充碳水化合物。

410 为了预防跑步性腹泻，赛前饮食方面的注意事项有哪些?

在长时间运动中，消化系统因为长时间受到抑制会产生一定的轻微损伤，极易诱发腹泻。对于本身肠道系统就不太好的跑者来说，比赛前一天应避免高脂、高热量饮食和高血糖指数食物摄入，尤其不要进食生冷食物和辛辣食物，避免刺激消化道，导致胃肠道黏膜受损，引起腹泻。比赛前一天可以吃一些谷物类食品保健养胃，也可以吃洋葱、大蒜来杀除肠道内残存的细菌，以此预防在跑步中或跑步后出现腹泻的情况。

411 跑者跑步中出现的恶心、呕吐是由哪些饮食方面的不当因素造成的?

比赛前吃得太多、晚饭太迟、吃的食物种类不合适都会造成跑步前胃内容物还没有排空的情况，会产生较大的震荡感，容易诱发恶心、呕吐。因此，赛前一餐的饮食要遵循"零脂肪、低蛋白、高碳水化合物"的原则，以保持在比赛中"相对空腹，又不缺乏能量"的状态。

412 肌肉酸痛的现象可以用饮食疗法来改善吗?

肌肉酸痛现象主要是由于肌肉蛋白受损减少引起的，是跑步训练中不可避免会出现的副作用。跑者如果在运动的前、中、后期都进行比较平衡的营养补充，就可以最大限度地降低运动过程中带来的肌肉蛋白消耗，并最大限度地加快运动后肌肉蛋白质的恢复及补充。

413 高温天气下，跑者喜欢吃冷饮降温的习惯对身体有哪些危害？

夏季酷暑，不少人在这个季节运动时喜欢吃冷饮。但运动时大量血液涌向肌肉和体表，消化系统则处于相对贫血状态，这时进食大量冷饮不仅会降低胃的温度，还会冲淡胃液，使胃的生理机能受损，会引起消化不良、呕吐、腹泻、腹痛、急性胃肠炎等不良症状，还可能为以后患慢性胃炎、胃溃疡等疾病埋下祸根。

414 比赛途中服用能量胶是否对运动状态有帮助？

一般的能量胶约含有25克糖分，以麦芽糊精作为主要糖分，同时搭配其他糖分、氨基酸和电解质等。麦芽糊精是由多个葡萄糖聚合成的多糖，和葡萄糖一样易被人体吸收，且碳水化合物的含量浓度也非常高，有助于保持稳定的血糖水平，持续供能。能量胶中的氨基酸有助于蛋白质的合成，让蛋白质转化为肌肉可利用的能量，使肌肉能够坚持更长时间的高强度工作状态。

415 比赛前吃什么可以预防比赛途中出现腿抽筋的状况？

比赛途中腿抽筋主要是因为长时间保持固定姿势，过度使用肌肉，肌肉处在持续紧张的状态下，局部血管暂时性的狭窄，导致肌肉不能得到很好的供血，加上长时间的运动会伴有电解质（钠、钾元素）大量的丢失，导致电解质紊乱，肌肉痉挛，腿脚部抽筋。建议在运动前饮用足量的水或者运动饮料。在运动前饮用500~600毫升的水，每运动15分钟饮用60~100毫升的水。平时需要保持良好的饮食习惯，多吃水果和蔬菜。

416 跑者大量大强度运动后，容易造成食欲不振，跑者应该怎样饮食才能改善这种情况？

跑者大运动量大强度运动之后，消化系统受到抑制，此时若立即进食固体食物，必然不利于消化。因此，运动后1小时内摄入吸收较快的单糖、低聚糖，有利于对糖原的恢复。经过1小时的休息，人体的运动系统就不再那么亢奋，同时，消化系统的兴奋性恢复，就可以恢复食欲。

417 跑者如果一直吃素到底好不好？

素食含有丰富的营养，有改善血管健康、防癌、防止尿酸过高等功效，素食主义作为一种饮食习惯本应该得到人们的尊重，但这并不意味着它比别的饮食习惯更加健康。中国居民膳食指南强调荤素搭配，膳食均衡，过度强调素食，容易缺乏营养，得不偿失。因此，少吃肉，多吃蔬菜，合理膳食才是健康饮食的精辟总结。

马拉松比赛攻略篇

418 赛前一周，训练量应该减少还是加大？为什么？

　　减量。备战比赛的长期训练过程中，身体接受了较大训练负荷刺激、收获了训练效果的同时，也积累了不少疲劳。在比赛前只有减少运动负荷，才能让身体机能得到充分恢复、疲劳得到充分消除，才能带着理想的竞技状态迎接比赛。有些跑者为了冲击更好的成绩，赛前一周还拼命训练，甚至给自己加练，这是不科学的。

419 赛前训练减量的前提是什么？

　　减量需要建立在长期系统训练的基础上。这一依据是超量恢复理论，在长期训练中，身体机能本应该处于亏损状态，而在减量期，身体可以得到超量恢复，超过原有水平，在比赛中拥有良好的竞技状态。

　　但是如果长期训练不系统或者运动负荷不明显，身体一直处于适应状态，就没有超负荷刺激，那么减量期也就不会有明显的超量恢复，运动能力甚至可能有所下降。

　　对于前期训练不系统的跑者，赛前一周不建议进行特意的减量安排，但也不要"临阵磨枪"。建议赛前按照平时的习惯规律运动和休息（适当减少运动，增加休息），在比赛中量力而行，将冲击名次或 PB 的计划推迟到下一轮的备战中。

420 如何通过减量来调整出最佳状态？

　　（1）减量只是为身体机能恢复与增长创造了一个条件，恢复与增长的关键是饮食与睡眠。因此，要保证饮食均衡和足够的睡眠。

（2）在减少训练负荷，让身体机能得以恢复的同时，最大程度保持运动状态，这样才达到赛前减量的目的。然而，减量导致运动状态下滑的问题也很容易出现，特别是对于水平较高、平时训练量较大的跑者。

（3）在减量时期，肌糖原充分储备的过程会伴随着水分的储存，使得肌肉充水膨胀，也可能会导致部分跑者出现肌肉僵硬的情况。此时需要进行适量低强度的慢跑以及拉伸来缓解。

421 赛前一周如何安排训练？

调整期之前（赛前最后一个周末）进行最后一次大课：20 公里左右的节奏跑训练。此后逐渐减少训练量和强度。

平时每周训练 3~4 次的跑者，赛前一周建议安排两次训练。例如，周三有氧训练 10 公里，中等强度（70% 最大心率）；周五慢跑 6 公里，强度 50%，短距离冲刺 400 米×2 次，强度 85%，间歇 2 分钟；周日比赛。

对于平时每周训练 6~7 次、水平较高的跑者，可每隔 1~2 天进行一次有氧训练 10~12 公里，强度保持在 65% 左右。周四或周五有氧训练后增加几组短距离冲刺。周六休息，周日比赛。

422 赛前一周的训练应注意什么？

需要注意的是：赛前一周的训练目标是调整出最佳竞技状态，在比赛中最大程度发挥自己的水平，而不是强调训练效果。因此，这时候任何训练都不应该产生太多疲劳感，要让身体状态一天比一天饱满。

需要提醒的是：上述建议中的短距离冲刺是为了调动竞技状态，而不是练习无氧耐力和速度能力。如果感到过度兴奋，反而要有意识地压制一下，以便把最好的状态留给比赛。

423 赛前一天要做什么？

（1）领取参赛物资。比赛前一天，领取号码牌和参赛物资。领取后要及时把号码牌和电子芯片等最重要的参赛物资别到衣服上，以防第二天因时间紧张而遗漏。

（2）准备参赛的装备。参赛前一天一定要把第二天参加比赛的衣服、鞋子准备好。谨记要准备平时跑步穿的衣服和鞋子，新鞋子没有经过磨合，跑到后程会磨脚。还要根据个人情况和气温高低，准备压缩袜、腰包、毛巾等跑步装备。部分跑者还会根据自己的身体状态，为每公里分配一些盐丸和能量胶备用。

（3）熟悉路线。熟悉从住宿地到起终点的路线和起终点的功能区分布，做到心中有数。必须要读阅参赛包里面的参赛手册，充分了解赛事时间和基本情况。

（4）充足的休息。赛前一天要有充足的休息，养精蓄锐，保持充足的睡眠时间。

424　新手如何制定自己的完赛目标？

一般情况要根据自己最近的跑步状态，制定自己的完赛目标。初次参赛万万不要过于激进，把目标定得过高，否则容易提前透支身体，最后痛苦不堪。要合理制定完赛目标，严格按照计划来完成赛事。

425　赛前一天不能做什么？

（1）不要吃刺激的食物。外地跑者到一个新城市，品尝一些特色名吃是必不可少的，但一定要注意，比赛前一天要选择一些温和的食物，不要食用非常刺激的食物，否则会造成肠胃不适。在赛场上拉肚子，不但影响心情，还影响成绩，最关键的是会让身体能量流失。

（2）不要熬夜。参加赛事，部分跑者会借住在同学、朋友家里，久别重逢，要避免彻夜畅谈的现象。

（3）不要进行高强度的训练。比赛前的一天最好选择休息，如果实在想跑，可以放松跑几公里，但跑步距离万万不要太长，速度也不宜太快。

（4）不要喝酒。酒精容易麻痹神经，会影响第二天血液的载氧能力，严重影响跑步效果。

426　赛前一天到底要不要再跑跑？

通常来说不是必需的，你需要的是足够的休息和调整身体状态。如果你已经习惯每天跑步的节奏，那么跑一跑当然没有坏处，但赛前一天的跑步不是为了临阵磨枪，而是为了保持状态，一般30分钟足矣，不建议超过45分钟，可以自己感受一下第二天比赛计划的配速跑步，熟悉该配速下跑步的感觉。

427　如何推算比赛时的配速？

很多跑者会大体制定一个目标，如全马比赛是5小时，还是4小时完赛，根据完赛时间去推算配速。

如果计划5小时完成全马，平均配速要达到7∶07左右。如果计划4个半小时完成全马，平均配速要达到6∶24左右。如果计划4小时完成全马，平均配速要达到5∶41左右。如果计划3个半小时完成全马，平均配速要达到5∶00左右。如果计划3小时完成全马，平均配速要达到4∶16左右。

马拉松比赛时间超长，由于疲劳、大量出汗导致身体脱水、体温升高等因素，普通选手基本不太可能全程保持同样的配速，因为心率会随着运动时间的增长而上升，很难保持平稳，特别是越到比赛后程，心率会越高，这就是"心率漂移"现象。也就是说，在马拉松比赛后半程，即使配速不变，心率也会随着时间推移而缓慢上升。因此，前半程可以比预测配速稍微快5~10秒，用以抵消后半程因体力不支的降速。

428 马拉松比赛中心率和配速冲突时怎么办？

安全理性跑马的一个重要策略是按照心率去跑马，始终把心率控制在一个合理水平。当心率和配速冲突时，应当优先考虑心率。

例如，如果跑马拉松时计划配速为6：00，但是当配速达到6：00时，你的心率已经超过180次/分，你就应该把配速降低，降为6：30甚至更慢，从而让自己的心率降下来。

当然，在这种情况下，意味着你无法按照预定配速完赛，你的完赛时间将长于计划时间，但这样可以避免运动强度超出身体承受极限而引发安全问题。如果你希望自己可以以比较低的心率实现6：00配速跑马，那么你就得通过训练，提升心脏功能，改善耐力，到那个时候，你就可以以更低的心率，更快的速度完成跑马了。

429 马拉松赛前紧张该怎么办？

马拉松新手都会出现赛前紧张现象。过分紧张会刺激自主神经系统，令肾上腺素超标，血管收窄，血压上升，心跳加快，有些人甚至会肠胃不适。这些会令跑者感到肌肉无力、呼吸困难。这时首先应该转移注意力，不要过度关注赛事。另外，很多人紧张是因为好不容易抽中签（某些马拉松赛事因为人数限制采用抽签制），太在乎这场比赛，把比赛目标定得较高。要想克服紧张，就要降低比赛目标，以安全完赛为目的。

430 比赛当天什么时候起床？

一般应该在开赛前两个半小时左右起床准备参赛物品、洗漱、吃早餐、排泄等。

431 比赛当天早餐怎么吃？

早餐应该以面食为主（馒头、青菜包子、白米饭），可以配以白粥（青菜粥）、榨菜或青菜（6成饱）。拒绝油炸食品（油条、大饼、蛋炒饭）、大鱼大肉等。

432 从出发到赛场检录的过程中应注意什么？

出发前进行第二次排泄（到赛场后上厕所要排队），再次检查参赛物品。出发路途注意安全，到了起点，尽快找到对应的地点存放衣物车辆，早点存放好衣物进入安检区域检录，进入对应的出发区。到了起点，若有便意就抓紧时间排队再解决一次。此时不需要再进水，只润一润嗓子即可。

如果你已经具备一定的水平，想冲击PB，更要早一点到达赛场，争取早点站在起点前列的位置。虽然目前大多数马拉松赛都有了净成绩，采取分区起跑，但是如果站得太靠后，起跑后人挤来挤去，会打乱你的跑步节奏，一旦节奏乱了，必定会影响到最终成绩。最后，检查鞋带，做好手表GPS定位工作。

433 检录后如何热身?

进入赛场后,由于人多没有办法做行进间的热身活动,只能原地小范围进行热身。可以原地高抬腿,充分做好上、下肢的拉伸运动。开跑后前 2 公里的配速应该比计划配速慢 10 秒/公里,相当于热身,不急于加速。

434 前 5 公里怎么跑?

刚起跑时,人容易亢奋,会拼命往前拥挤,这时候很容易被绊倒、摔倒。因此,刚起跑时一定要主动用两只手臂适当向外展一下,留下前进的空间,以保证自己安全前进。起跑后,要时刻注意脚下(会有一些空瓶子、一次性雨衣等垃圾)。由于热身活动没有做开,前面不要冲得太快,要静下心来,排除他人的速度干扰,时刻关注自己的配速。

435 前 5 公里要不要补水?

前 5 公里时,即使不渴,也要少量喝一点水。因为水进入体内 30 分钟左右之后才能被人体吸收,当你感到口渴时身体已经处于缺水状态了。另外,由于 5 公里处人群还没有完全散开,饮水站附近人很多,要注意安全。

436 5~20 公里这一阶段应该注意什么?

这个阶段身体已完全活动开,应该是比赛自身感觉最好的阶段,这时要学会控制节奏和配速。如果身边有与你配速相近,且观察了一段距离的跑者,感觉他的节奏比较稳的话,可以跟在他身后(对方的侧后方)跑。这期间尽量不要和熟人说话、聊天(容易消耗体力、岔气),要静下心,沉住气,尽可能采用匀速跑。这一阶段人逐渐进入兴奋状态,容易盲目加速,人体会出现竞技状态上的"假现象"。这时应该时刻保持清醒的头脑,按照既定的配速行进。如果过多地超过预定的配速,后程降速是肯定的。对于全马选手,5~20 公里这个阶段,一般情况下每个人都不会感觉太累,这是一个正常的运动生理现象,千万别误解成自己今天的状态非常好。

437 20~30 公里这一阶段应该注意什么?

通常,在这个阶段,运动员的身体开始首次出现疲劳感,但不必太恐慌,专业运动员也经常会有这种感受,这时需要适当降低配速,及时补充能量、水分、食物,利用饮水站和下坡路段调整身体状态。如果出现四肢沉重、技术僵硬,配速有所下降的情况,在技术上应注意加快摆臂的节奏,不要拉大步子,尽量跟着身边的选手跑。在信念上要静定自如、保持清醒、鼓励自己、相信自己。

438 30~38公里这一阶段应该注意什么?

这个阶段是马拉松最艰难的区域,也是决定运动员本次比赛能否取得优异成绩的区域。如果这时只是出现正常的配速下降,没有其他身体不适,那么你应该咬紧牙关,保持必胜的信念,发挥勇敢、坚持、拼搏的精神。如果这时你的配速反而没有明显的下降,体能状况和节奏依然保持得比较好,说明当天你的竞技状态不错,会取得一个满意的成绩。

在这一阶段,很多人会出现"撞墙"现象,它只是一个正常的人体极限点,专业运动员跑到这个阶段的身心感受和痛苦程度只会比业余选手更严重。因此,不必妖魔化"撞墙"这个词,更不必过多地恐慌、担心和害怕。

439 38公里到终点这一阶段应该注意什么?

通常在这个阶段,运动员基本闯过"极点""撞墙""鬼门关",运动员的竞技状态也会逐渐好转。这时如果自身感觉良好,就要尽快恢复跑的节奏,加快摆臂频率,适当提速,力争最好成绩。需要注意的是,冲过终点一定不要立刻坐下,要随惯性慢跑或走200~400米,给身体机能和关节缓冲的时间,随后再取衣物、补水、拉伸、放松。

440 马拉松比赛中为何要及时补水?

脱水是影响运动能力的一大天敌,因为脱水使得血容量减少,增加心血管系统负担,限制人体的散热能力,使人体运动能力大幅度下降,严重缺水甚至会危及生命。因此,马拉松比赛中及时补水非常关键。

441 马拉松比赛前需要补水吗?如何补?

比赛前可适当补水。一般专业运动员在赛前2小时会最后一次喝带糖的运动饮料,之后便只喝矿泉水。因为饮料中的简单糖类消化吸收快,运动前大量摄入易使机体遭受糖的冲击性负荷,而导致反馈性的血糖降低,出现肌肉发软、爆发力不足以及兴奋度下降的情况。赛前也可以喝一些咖啡或功能饮料来提高兴奋性,调动运动状态。但如果在以往训练或比赛中没有喝咖啡、功能饮料的习惯,还是应该保持平时的习惯。

442 马拉松比赛中如何补水?

在持续时间超过1小时以上的运动中,每小时应补给液体600~1 000毫升。摄入的液体应含有4%~8%的碳水化合物和0.5~0.7克的钠。理想的补液频率和数量是每15~20分钟一次,每次150~300毫升。需要注意的是:比赛过程中的第一个补给点（一般在5公里处）要喝水，即使不渴也要少量喝一点。因为体感的口渴与身体脱水之间有一个延迟的过程，所以不要等到口渴再喝水，那时你已经严重脱水。尽量养成跑动中喝水，因为后程一旦停下来喝水，跑步的机械性就消失了，节奏也乱了，很难再跑起来。饮水站附近人多路滑，因此要注意安全。建议跑者们在比赛开始阶段以喝矿泉水为主，随着比赛进行再增加运动饮料。如果觉得运动饮料黏口，越喝越渴，说明浓度太高，可以喝一半纯水，再喝一半饮料。

443 跑者在比赛中为什么要补充盐丸和能量棒？

当跑者进行一小时以上的强度较大、出汗较多的运动后，除了身体大量脱水，能量消耗、糖原消耗很大之外，还会出现明显的电解质流失状况，这时仅仅喝水不足以恢复电解质平衡，有必要补充盐丸，而运动饮料的能量密度有限，因此能量棒是一种理想的能量补给品。能量棒中含有单糖、双糖和低聚糖，可储备及补充能量，并促进能量恢复，实现能量接力，还含有碳水化合物和一定量的蛋白质、氨基酸，有助于抗疲劳，帮助肌肉恢复，保持较好的运动状态。

444 盐丸什么时候吃比较合适？怎么吃？

建议普通选手在15公里处、25公里处和35公里处各吃一颗盐丸。在距离补水站前100~200米处就取出盐丸，撕开包装，放进口中，经过水站时取一杯水，将口中的盐丸和水吞下。

445 能量胶什么时候吃比较合适？怎么吃？

建议在17.5公里、27.5公里、32.5公里、37.5公里处各吃一个能量胶。在距离补水站前150~200米处就取出能量胶，撕开包装，慢慢吃进口中，经过水站时取一杯水，将口中的能量胶稀释吞下（注意呼吸，不要呛到）。水平较低、体能较差的跑者可以酌情增加摄入量，但一般全程食用不超过5个。需要注意的是，有时刚喝完饮料或水，身体会有短时间的沉重，不是非常舒服，这是比较正常的现象，继续奔跑400米左右会重新进入一个正常的节奏。

446 盐丸和能量胶如何携带？

可以用小的密封袋分装盐丸，与能量胶一起放在腰包里。目前很多赛事已经提供能量胶和盐丸，一些小型赛事没有提供，需要自己配带。一般水平高、速度较快的跑者不习惯携带太多物品或者腰包（感觉是一种累赘，很影响节奏）。专业运动员往往有专门配比的自备饮料，由专人负责供给，但业余跑者享受不到这样的条件。一般来说，运动水平越高，完赛时间越短，需要的能量胶和盐丸数量越少。

447 如果自备能量胶和盐丸，购买时如何选择？

目前市面上的盐丸配比大多类似，而能量胶差别较大，跑者可以参照说明书上的营养成分表进行购买。例如，不同能量胶的糖分组成不同，如果平时对糖饮料、甜食比较敏感，建议选择麦芽糊精比例高的能量胶。能量胶的盐分含量差异很大，如果比赛时天气很热，可以选择相对高盐分的。能量胶的咖啡因含量不同，低的（25毫克）、双倍（50毫克），甚至3~4倍不等，也有不含咖啡因的。咖啡因可以提升兴奋性，但是平时对咖啡因不习惯、反应较大的人应避免食用含有咖啡因的能量胶。

448 如何判断比赛中是否失温？遇到失温怎么办？

在寒冷的冬季或雨天举行的马拉松比赛，有可能造成失温现象。当身体出现失温情况时，会出现动作磕碰不稳、协调性下降，意识清醒程度和全身的控制力下降，甚至晕厥的现象。这时首先应该停止运动，及时求助赛会安排的医疗和救护力量。同时，应该及时替换干衣服，并披上外套或保温铝箔，寻找遮蔽处，补充带糖的运动饮料，饮用热的姜糖水会更好。

449 低温天气比赛如何预防失温？

主要通过调整衣着预防失温。在马拉松正式开赛前，可以把一次性雨衣或者比赛专用的锡箔纸披在身上保暖，待发枪起跑后再丢弃，从而减少比赛前的热量损失。在比赛中，与皮肤接触的最内层衣物要透气、速干，而且能把水分排到外层，否则，汗湿的衣服更容易引起体表热量传导和流失。穿着衣物的多少取决于运动强度和运动时间，水平较高的运动员参加马拉松比赛，穿着不容易失温，穿背心、短裤即可，水平较低的运动员在低温天气参加比赛，则可以穿速干、排汗的紧身长袖和长裤。另外，因为失温是综合性疲劳的结果，所以在比赛中合理分配体能（不盲目加速）、赛前和赛中及时补给能量非常关键。

450 下雨会对比赛产生什么影响？

温度、湿度、阳光、下雨都会对比赛产生影响。但有些时候，天气因素对于马拉松比赛来说不见得是消极影响，如阴天、顺风、小雨反而可以有效地帮助参赛选手增加散热，减少水分蒸发，避免太阳直射而导致体温过度上升，从而帮助参赛选手取得好成绩。在温度较为适宜的情况下，雨量可能成为一个可大可小的影响因素。如果是中雨，那么有可能导致选手在开跑不久后身体上下湿透，让选手跑起来不舒服。如果是小雨，影响则不大。

451 下雨天比赛需要准备什么?

（1）穿长裤长袖和雨披去出发集结检录处。早晨温度较低，多穿点可防雨且保暖，存包时再脱下长裤长袖。

（2）对于绝大多数跑者而言，没有必要太早到集结检录处，等待太久不会是一种好的体验。

（3）建议穿普通鞋子去集结检录处，存包时再换上比赛用鞋，让比赛用鞋在比赛前保持干爽的状态。

（4）比赛服装穿着方面：参加马拉松比赛着短裤短袖或者短裤背心，外加一次性雨披即可。也可以穿压缩衣和压缩短裤，压缩衣和压缩短裤会紧紧包裹住皮肤，可以减少被雨水打湿后的短袖短裤与体表摩擦的可能性。

（5）下雨天比赛，需要在容易产生皮肤摩擦的部位如腹股沟、大腿内侧、腋下、足踝处涂抹更多凡士林，这样可以防止打湿的短裤短袖由于增加了重量，长时间与皮肤摩擦而导致皮肤被磨破。当然，乳头部位还是要用创可贴保护起来。

（6）为了防止雨水影响视线，特别是近视人群的镜片上会沾满雨水，选手需要戴空顶帽或者普通运动帽，这样可以有效减少雨水对于视线的影响。

452 比赛中跟着谁跑更靠谱?

一场马拉松要跑出好成绩，配速很重要。比赛时官方都会安排不同速度的配速员，我们俗称"兔子"。一般跑者比赛时都会佩戴一块运动手表或依靠手机 APP 测量速度，究竟跟着谁跑更靠谱呢？

如果跟着"兔子"跑，要谨防有些比赛会出现的一些不靠谱的"流氓兔"，自己跑"爽"了，结果把别人带"崩"了，也有一些"兔子"实力不济，先把自己"跑崩"的。如果看手表跑也是要花精力的，同时，在奔跑过程中，特别是加速或减速时，心率变化会有滞后。手机 APP 则一般是每公里播报配速等相关信息，因此选手不能随时掌握信息。另外一个方式就是"捡人"跟跑，如果你是个男生，可以选一个和你配速差不多的女选手，她们大多都比男子训练更有素，配速能力值得相信。跟女生跑会有心理上的激励作用——不能比女生跑得慢呀。运气好还会碰到专业女选手。

随着马拉松办赛水平的提高，"官兔"会层层选拔并经过专门培训，配速会比较稳定，跟着"官兔"跑是比较靠谱的。

453 马拉松比赛遇到逆风为什么感到跑起来很困难?

逆风跑时阻力增大，需要更大的向前推动力。遇到侧风时，容易导致身体失去平衡，你需要花费一些力气去维持平衡。同时，在大风尤其是逆风跑步时，呼吸系统的负担会加重。大风天还可能伴有扬沙，吸入的气体中会含有尘埃、细菌等。这些情况都会引起咳嗽、消化系统疾病发作或者岔气。因此，逆风天气跑起来感觉很困难。

454 在有风天气中比赛应该如何穿着？

在有风的状况下，身体会感觉寒冷，可以通过加衣让身体变得暖和。建议可采用多层次穿搭：一层排汗衣，一层透气T恤，一层保暖衣和一套冲锋衣。防风外套有助于阻挡空气，达到绝佳的保暖效果。

455 在有风天气中比赛应该怎么做？

在有风的环境下，建议加大身体前倾的幅度，缩小步幅，提高步频，这样可改善身体平衡状态。因为在有风的情况下平衡感很容易会被打乱，如果你的重心比较低，遇到的问题相对会比较少。在比赛中可以选择跑在队伍的最后，这样可以减小风阻。同时，采用鼻子呼吸的方式，这样可以减少空气中尘埃的吸入。大风天跑步对耗氧量也有更多要求，应该根据情况调整跑步节奏，放慢跑步速度比调整呼吸方式更有用。当呼吸肌感到疲劳的时候可以微张嘴配合呼吸，让空气从唇齿之间进出，保证呼吸深度。通过以上这些方式就可以在风比较大的时候调整好跑步节奏。

456 普通选手为何很难保持匀速跑完全程？

不同于平时跑5公里或者10公里，马拉松比赛是一项时间长、强度大的极限运动，要想跑出理想成绩，甚至安全地完赛，你必须做好充分准备。参加过马拉松比赛的跑者都知道，匀速跑是马拉松比赛的最佳比赛策略，但是在比赛后半程，随着比赛进程和体能的消耗，绝大多数人会出现明显的配速下降，即越跑越慢，甚至出现抽筋、"跑崩""撞墙"等现象。完全跑出匀速水平对于业余选手来说是很难的（除非跑得很慢）。因为在马拉松比赛中，气温升高、糖原消耗、乳酸堆积、肌肉疲劳、大脑保护性抑制、出汗脱水、心率漂移等因素共同作用，会导致运动能力逐步降低，这也是为什么很多跑者无法维持稳定配速的根本原因。

457 能否用自己5公里或10公里的最佳配速来实际估算自己跑马时的配速？

不能。部分跑者，特别是初次跑马者，会想当然地认为自己跑5公里能以6：00的配速半小时跑完，全马就能够以4小时15分左右跑完，这种估算看起来非常自然，但忽略了一个十分重要的问题，那就是后程体力下降后，配速也会随之下降。对于大部分跑者而言，是不可能保持稳定配速跑完马拉松的，总会出现后程体力下降的情况。

458 如何根据自己平时 5 公里跑的配速来测算马拉松的配速？

著名跑步教练丹尼尔斯已经为跑者进行了计算，建立了 5 公里最佳成绩与半马、全马成绩之间的关系，即经典的丹尼尔斯跑步公式。通过丹尼尔斯跑步公式，我们可以很清楚地看到，马拉松配速比 5 公里配速要慢，半马与 5 公里配速之间的差距为 20～30 秒，全马与 5 公里配速之间的差距为 30～40 秒。也就是说，半马相比 5 公里成绩下降了 8% 左右，全马成绩相比 5 公里成绩相差了 11% 左右，并且成绩越差，半马或者全马配速相比 5 公里配速的差距越大，成绩越好，马拉松与配速与 5 公里配速之间的差距越小。因此，跑者可以以自己 5 公里跑的配速加上 30～40 秒，大概计算出自己的配速。

表 5 用 5 公里成绩推算马拉松成绩

5 公里成绩	5 公里配速	半马成绩	半马配速	全马成绩	全马配速
30：40	6：08	2：21：04	6：41	4：49：17	6：52
28：21	5：40	2：10：27	6：11	4：28：22	6：22
26：22	5：16	2：01：19	5：45	4：10：19	5：56
23：38	4：44	1：48：40	5：09	3：45：09	5：20
21：50	4：22	1：40：20	4：46	3：28：26	4：56
20：18	4：04	1：33：12	4：25	3：14：06	4：36
18：58	3：47	1：27：04	4：08	3：01：39	4：19

表 6 不同水平跑者马拉松配速跑与轻松跑配速差别

5 公里成绩	10 公里成绩	半马成绩	全马成绩	轻松跑配速	马拉松配速跑
≥30 分钟	≥63 分钟	≥2 小时 21 分钟	≥4 小时 49 分钟	7：27～8：14	7：03
27 分钟	57 分钟	2 小时 04 分钟	4 小时 16 分钟	6：36～7：21	6：10
24 分钟	51 分钟	1 小时 50 分钟	3 小时 49 分钟	5：56～6：38	5：29
21 分钟	43 分钟	1 小时 36 分钟	3 小时 21 分钟	5：12～5：51	4：46
18 分钟	39 分钟	1 小时 27 分钟	3 小时 01 分钟	4：30～5：05	4：06

459 为什么普通选手 30 公里后会明显掉速？

主要由以下 6 方面原因造成。

（1）跑量不足。跑量不足可能是大多数人第一个想到的原因，专业选手每个月 800 公里左右的跑量，而我们平时的跑量只有二三百公里甚至更少，体能严重不足。

（2）训练方式有问题。很多业余选手都懂得每周进行LSD训练，30公里、35公里的距离每周都会进行训练，月跑量也不小，自认为有氧耐力已经没有问题了，但在实际比赛过程中，发现后程仍然会出现明显的掉速。在一个完整的马拉松备战周期中，LSD应放在早期进行，积累有氧耐力，在训练中后期，一定要进行比赛配速跑或者乳酸跑的练习。

（3）配速不合理。制定合理的配速尤为重要。

（4）跑龄短。有些人身体好，天生速度快，一上来就跑马拉松，但发现成绩不理想，后程仍会掉速。根据观察发现，有氧能力的提高不仅要靠跑量，也靠跑龄，这是一个长期积累的过程，初跑者跑量再大，也难以达到一名老手的耐力水平。

（5）赛前准备不足。赛前准备包含状态调整、饮食、睡眠等。一般赛前7~10天可逐渐减少跑量，赛前1~2天只需轻松活动即可。

（6）天气炎热。对普通选手来讲，一般气温在10~15℃最适宜进行马拉松赛，一旦超过20℃，后半程成绩就会明显下降。

460 如何避免马拉松比赛后程降速？

30公里以后才是全程马拉松真正的开始，这之后的状态才是决定能否跑出目标成绩的关键。马拉松的后半程之所以会掉速，是因为缺少练习！掉速或者"撞墙"的本质是能力不够和缺乏经验的体现。因此，加强训练，提高能力，有准备地参赛是避免"撞墙"的根本措施。选手可以通过训练控制"撞墙"的出现时间，"撞墙"出现在42.195公里之外是完全可以的。

461 跑一场马拉松需要准备多长时间？

半程马拉松比赛最佳备赛周期为4个月，至少也需要2个月进行准备。全程马拉松比赛最佳备赛周期为6个月，至少需要3个月进行准备。

462 想要顺利完成一场比赛，半马、全马跑前3个月的跑量积累分别应该达到多少呢？

完成一场全程马拉松之前，你需要做足充分的准备，只有平时多跑步，认认真真积累跑量，打好基础，才能从根本上提升耐力，让你的身体能够承受马拉松的极限运动量。一般情况下，半马至少需要积累150~200公里的月跑量，全马至少需要200~250公里的月跑量。同时，还要进行至少2~3次的LSD训练。

463 LSD训练的目的是什么？距离多少合适？

长距离慢跑的目的是增进身体耐力，提高脂肪利用效率。一般观点认为，LSD训练的距离应在 32 公里以上。因为"撞墙"多发生在 30 公里左右，所以长距离慢跑也要让身体到达能源转换的过程，给予它们适应、磨合的时间。若想不"撞墙"，超长的 LSD 训练是一个不错的选择。平时训练超过 40 公里的距离，身体的耐力、心理的承受能力、体能分配策略等在比赛中会呈现出不一样的效果。平时训练多吃苦，跑马比赛时才能少受罪。

464 跑马时心率保持在多少最为合适？

对于初次跑马者来说，建议全程平均心率不超过最大心率的 80%，全程最高心率不超过最大心率的 85%。一般来说，最大心率 = 220 - 年龄。当然，最大心率其实存在很大的个体差异性，"220 - 年龄"只是基于人群的一般算法。最大心率随着年龄增长而不断下降，经常锻炼者的最大心率下降较慢，也就是说，经常锻炼者仍然可以维持较高的最大心率。对于资深跑者而言，可以适当放宽心率区间，且允许后半程呈现一定的"心率漂移"。一方面资深跑者由于基础较好，可以承受相对更高的心率水平。另一方面，资深跑者本身的最大心率随年龄增长而下降的幅度较小。

465 在马拉松比赛中想要冲击 PB，需要怎么做？

要想在比赛中冲击 PB，那么在训练和比赛中要做到以下 7 点。

（1）稳定的周跑量。在备战马拉松的时候，不仅要注重累计月跑量，更要注重周跑量。

（2）高质量的长距离训练。要想完成马拉松目标，需要在长距离训练中保持每一个公里的速度都很稳定，还要使身体在跑完后感觉不那么疲劳，还能很快恢复。长距离训练的最后几公里身体已经很疲劳，这能很好地模拟身体在疲劳状态下如何保持速度，这对比赛是非常有帮助的。

（3）目标配速跑。平时多进行目标配速跑，从而使自己在比赛的后半段疲劳来袭时，能够很好地保持配速。

（4）腿部力量及耐力：在马拉松训练的初期，多进行腿部的力量及耐力训练，在基础训练阶段打好基础。

（5）补给：补给是影响你完成马拉松目标的一个重要因素。很多人平时训练非常刻苦，科学有效，可是在比赛当天，却因为补给不及时而产生"撞墙"现象。

（6）强大的意志：如果你的意志力足够强大，那么就能很好地完成马拉松目标，这对想跑进 3 个半小时内的跑者而言尤其重要。

（7）适时调整目标。如果比赛当天，你的状态并不好，可能是因为训练不到位，或者其他因素，才跑了 20 公里左右就感觉十分疲累，那么就要及时调整目标，配速每公里增加 5 秒，或者调整到一个舒适的配速去跑。

466 为什么有些人在马拉松比赛中跑了5公里左右就出现了"疲劳点"？

这些选手基本上是没有经验的初马选手，主要是由于准备活动不足、起跑阶段太兴奋、节奏不稳定、赛前饮食不当等造成的。

第一，起跑阶段骨骼肌对血液循环和供氧的需求突然增加，心血管和呼吸系统却不能很快地跟上这个节奏，于是可能会出现心率剧增、胸闷、呼吸困难、呼吸肌痉挛（岔气）等现象。相应地，骨骼肌也会陷入短暂的缺血缺氧状态，无氧代谢产生的乳酸就会增加，表现为肌肉酸软无力或僵硬、发沉。另外，运动时，肌肉血流量增加而内脏血量减少，从而满足肌肉运动的需要，因为血液的重新分配和神经控制的变化，消化系统特别容易出现暂时性的不适，如腹痛、恶心等。

第二，受比赛现场气氛的影响。起跑阶段大家往往比较兴奋，蜂拥向前，比正常配速快很多。另外，许多跑者遇到录像镜头，都喜欢抢镜、手舞足蹈、蹦蹦跳跳，遇到熟人时会边跑边聊天，这都会浪费体力、打乱节奏，导致提早发生疲劳。因此，在起跑阶段一定要沉住气。

有许多速度较慢的跑者占据了起跑区靠前的位置，而水平较高的跑者只能站在队伍后方起跑，在人群中不断超越，使得速度忽快忽慢，跑动方向左右变换，这对体力的消耗是很大的。不过近年来出现了可喜的现象，国内不少大型马拉松赛事已经开始实行"分区起跑"，按照参赛者的历史成绩，水平越高、速度越快者越靠前，避免了起跑时的混乱场面。

第三，比赛当天早上吃得太迟、太多、太油腻，这会增加消化系统的负担，使得副交感神经兴奋性大幅提高，运动状态下降。

467 在5公里左右出现"假性疲劳点"怎么办？

要意识到起跑阶段的"疲劳点"不是真正的疲劳，它只是一种暂时性的紊乱。运动员可以凭着自己的意志和毅力继续坚持运动，随着身体机能的调节，副交感神经的惰性得到克服，内脏器官与运动器官之间逐渐协调，一系列不良反应就会逐渐消失。此时，生理机能达到一个新的平衡，呼吸和心率趋于稳定，乳酸水平维持较低，直到真正的疲劳点到来。出现这种"假性"的疲劳点后，可采取的主要措施有：适当降低速度（但不要陡降）；调整呼吸，尤其要注意加大呼吸深度、稳定呼吸节奏；继续坚持运动，保持动作不变形、节奏不乱，直至克服这一"疲劳点"，进入稳定工作状态。

468 如何提高脂肪的有氧代谢能力？

提高有氧代谢能力的训练方法有LSD训练、乳酸阈训练、间歇训练等。如果以加强脂肪代谢为出发点，从业余跑者的实际情况来看，大量的LSD训练是最简单、最安全、最有效的训练形式。可以用55%～60%最大心率左右的强度进行长时间的持续跑，每次运动时间可以控制在120～150分钟。乳酸阈跑（最大心率的80%左右）虽然是专业运动员提高水平的最重要手段之一，但因其有一定的强度，水平较低的业余跑者往往不能长时间坚持，对脂肪有氧代谢能力的刺激不大。建议业余跑者的乳酸阈最多安排占总跑量的25%～30%。至于强度更大的间歇训练，则更偏向于提高最大摄氧率和乳酸代谢能力，对脂肪代谢的刺激明显不如中低强度的LSD训练和乳酸阈训练。

469 为什么有的人"撞墙"的反应比别人大？

运动员出现"撞墙"的时间、反应大小，是受跑者自身竞技能力、比赛当日配速和跑步节奏等多方面影响的。运动水平越高，训练越扎实，比赛中配速控制得越好（不超出自身水平），那么"撞墙"的反应就会越小，甚至没有明显反应。很多专业运动员和业余高手几乎全程都可以匀速跑。而竞技水平差，特别是有氧能力差的跑者，不仅"撞墙"的时间会提前，反应也会更大。通常专业马拉松运动员和业余高手如果能够按平时的配速匀速跑，跑到35公里左右时会出现体力下滑的现象，但一般不会出现跑不动的情况。

470 如何避免在马拉松比赛中突然胃痛或内急？

（1）注意赛前饮食。我们对待特定的食物的反应不同，最好的办法是跟踪吃的食物和排便反应，在比赛之前的几个星期就开始调整饮食。常见的可能会引起肠胃反应的食物包括乳糖、糖替代品、小麦、麸质、大豆、咖啡因和鸡蛋等。

（2）改进跑步方式。跑者每跑一公里，肠道拥挤的状况就会加剧。最好的办法是最小化你的垂直振动，减少身体的重心波动。

（3）消除紧张情绪。大脑和肠道直接连接，因此任何压力都可以促进排便习惯的改变，比赛时的紧张情绪会导致腹泻。最好的方法就是消除焦虑，采取缓慢的深呼吸节奏。

（4）减少咖啡因摄入量。咖啡因可以提高运动能力，这也是很多能量胶含有咖啡因的原因。但是咖啡因也会促进肠道的蠕动，容易产生便意。

（5）赛前排便。在比赛开始之前2个小时及时排空，这样在比赛中可以使血液从胃肠道分配到运动系统中。

（6）考虑好预防措施。对有肠胃疾病的人来说，比赛前服用非处方止泻药物并不是一个坏主意，如果一切方法都没有用，那么药物就是最后的保障。

471 马拉松比赛时为什么会出现水疱？如何避免脚底起水疱？

高温、潮湿、摩擦是形成水疱的主要原因。水疱是由于皮肤和其他物件的表面因接触而过度摩擦，令表皮层发生分离，组织细胞破损，组织液渗入表皮与皮下组织之间而产生的创伤。长时间的摩擦会使皮肤的表层与其下的组织出现脱离现象，但此时并未产生开放性伤口，组织液在两层组织之间逐渐积累从而形成水疱。对于跑者而言，脚是运用最多的身体部位。长时间处于跑动状态，脚与袜子、鞋子接触及摩擦，因此最容易起水疱。此外，由于跑步出汗，使皮肤处于温暖湿润的状态，如果鞋子不能及时透气散热，就会加剧水疱的严重性。

马拉松比赛中经常会出现脚底或脚趾被磨出水疱的问题，要避免此问题应注意以下几个方面。

（1）鞋袜一定要舒适合脚。不要穿新鞋，穿一双平时穿过的磨合较好的鞋。
（2）如果比赛过程中沙砾进入鞋内，一定要及时清理。
（3）绑鞋带的松紧程度要适中。太紧的话，容易影响脚背血液循环，太松的话，容易使脚底打滑磨泡。
（4）跑马拉松的时候脚步落地一定要稳，尽量不要跳跳蹦蹦的。
（5）跑马拉松结束休息的时候，用热水泡一泡双脚，这对增强双脚的血液循环能够起到很大的帮助。

472 如果比赛时出现水疱该如何处理呢？

如果水疱不是很严重，不影响跑步的话就坚持跑完全程，如果难以忍受，就刺破它。首先要清洁水疱表面和周围皮肤，避免感染。赛事随程都会配备医疗小组，跑者可以向医疗小组求助，借用酒精或消毒剂消毒，小心刺破水疱，使组织液流出。这些液体多具有黏性，能够很快黏合表皮，建议多扎几个孔，将液体彻底挤干净。最后，再次清洁水疱表面和周围皮肤，在水疱上涂些润滑剂，将随身携带的胶带或创可贴等贴在水疱上，若水疱在脚趾上，则可能需要包裹整个脚趾。值得注意的是，一旦对水疱做了排液处理，跑步时要注意对水疱进行保护，以免受到二次创伤。疼痛感比较强的话，可以通过冰敷的方式缓解疼痛感。

473 马拉松比赛后会出现"黑趾甲"的主要原因是什么？

在马拉松比赛过程中，由于血液都堆积在下肢，加上不断地冲击，反复地加压，血液给脚指甲造成了很大的压力，特别是在跑下坡时，脚趾不断地冲击鞋的顶部，经过反复不断的积累，血液将涌到指甲，形成瘀血，存在于指甲的下方，透过指甲可以看到。这种情况主要是由鞋子不合脚或长期前脚掌落地等原因造成的。

474 如何避免在比赛中出现"黑趾甲"？

（1）防止"黑趾甲"最有效的方法是选择合脚的跑鞋。买跑鞋时尽量到专卖店试穿，看是否合脚，一定要比平时走路的鞋子大半码左右，为脚趾留下足够的空间。

同时，在夏季温度高的时候，要选择透气性好的跑鞋。长跑尽量选择鞋底厚、缓震和包裹性更好的跑鞋。

（2）系鞋带要松紧恰当，不要过紧或过松。绑鞋带时，要把脚背本体固定，而不是让脚在鞋子里宽松不定，但也不能绑得过紧。

（3）提前预防，如果知道自己某个脚趾比较容易出现黑趾甲，可以提前用创可贴包裹一下，相对会减少指甲和鞋子的直接摩擦，起到很好的预防和保护效果。

（4）时常修剪趾甲是个好习惯。趾甲是为了保护而生的，原始劳作下磨损很快。在当今的生活方式下，趾甲的作用已经大幅度弱化，磨损也非常少。过长的趾甲容易造成与鞋子之间的碰撞，身为跑者，不妨增加修剪趾甲的频率，有助于保护趾甲。

475 已出现"黑趾甲"应该采取什么治疗措施？

如果已出现了"黑趾甲"的状况，最好等到疼痛感消失后再进行跑步锻炼。黑趾甲下的瘀血会随着新趾甲的生长而被推出来。要想及时消除黑趾甲，必须清除趾甲内的瘀血。有人认为可以用消毒针或刀片自己解决，但是这需要技术和充分的消毒条件，最好让医生处理。对于由跑步引起的黑趾甲，跑者无需过于担心，除了影响美观，并不会产生其他不良影响。

476 男性马拉松选手会出现乳头磨破出血现象的原因是什么？

原因大致有以下几种。

（1）跑步衣服偏小偏紧。很多跑者喜欢穿偏小号的跑步衣服，大量出汗以后，衣服和皮肤经常摩擦，时间长就会造成伤害。

（2）乳头大而敏感。有些跑者即使穿了宽松的T恤，但是乳头敏感，一受刺激就立起来，一路摩擦，胸前两侧难免产生酸刺感。

（3）肥胖。肥胖的时候除了乳头容易受到磨损而出血，皮肤也容易受到摩擦而出血，如腋窝、大腿内侧等部位。

477 如何防止乳头磨破？

（1）穿宽松、偏大号的跑步衣服，穿专业紧身衣也可避免摩擦，具体因人而异，因衣而异。尽量避免穿棉质衣服跑步，建议穿速干系列的跑步衣物，排汗又干爽，对减少摩擦有一定作用。

（2）在乳头贴上创可贴，起到隔离保护乳头的效果。

（3）摩擦部位可以涂抹凡士林，效果很棒。

（4）佩带文胸。参加马拉松的女士几乎没有磨破乳头的痛苦，这也给了男士们一点灵感，贴身的运动文胸此时低调登场也不是不可以的。当然，这可能需要克服心理障碍，因此衍生了乳头贴膜等产品。不过还是建议专业跑者使用创可贴。

478 如何预防和处理比赛初期的小腿抽筋？

在比赛中有时会出现小腿抽筋现象，原因是准备活动做得不充分，比赛时肌肉从静止状态突然进入比较剧烈的运动状态，小腿肌肉不能马上适应，尤其在气温比较低的情况下穿短裤比赛，腿部肌肉突然受到寒冷刺激而引起小腿抽筋。因此，赛前热身一定要做得充分，要达到身体发热的效果，天气冷时要适当延长热身时间，还要注意小腿保暖。比赛中若出现小腿抽筋的现象应该马上减慢速度，逐渐停下来，然后进行小腿处理如按摩和揉搓抽筋部位，如不能缓解疼痛应进入救护站处理。

479 如何预防和处理比赛中踝关节扭伤？

踝关节扭伤俗称"崴脚"，是比赛中经常遇到的一种意外情况，会造成踝关节周围的肌肉、韧带等软组织撕裂，踝关节出现瘀血、肿胀、疼痛的情况。这是由于准备活动不充分、跑步技术不正确、注意力不集中、路面不平及其他原因造成的。预防踝关节扭伤的关键是做好充分的准备活动，完善技术，在比赛中提高安全意识，集中注意力，平时加强对踝关节的锻炼。比赛中一旦扭伤踝关节，应立即退出比赛，进入救护站进行治疗。

480 如何预防和处理比赛中肌肉拉伤？

比赛中如出现肌肉拉伤的情况，一般应退出比赛，进入救护站进行治疗。为了防止比赛中肌肉拉伤，在赛前要做好充分的准备活动，尤其要活动下肢。体质较弱、训练水平不高的跑者在比赛中要量力而行，速度不要过快，注意采取正确的技术动作，不要在后蹬和向前摆腿时用力过猛，在身体疲劳或肌肉酸痛的状态下应放弃参赛。

481 比赛中昏厥怎么办？

昏厥是由于脑中血液补充量减少所造成的短暂没有知觉的情况，通常几分钟后就会恢复。常见有面色苍白、四肢湿冷、出冷汗、头晕、恶心、心跳急速、脉搏细弱、呼吸表浅甚至昏迷不醒等症状，这些症状可能发生在昏厥之前或当中。处理方法是让患者脸朝上平躺，抬高脚部20~30厘米，头部稍低于下肢，维持畅通的气道和放松衣物，尤其是颈部衣物。如果患者呕吐，应让他侧卧，防止堵塞呼吸道。经过上述处理让病人清醒后应送救护站治疗。

482 马拉松比赛后程出现抽筋的主要原因是什么？有何对策？

（1）参加马拉松比赛的过程中，30公里后经常会出现抽筋的情况，主要原因如下：

①比赛前训练的系统性不够。周跑量、月跑量不足将直接影响比赛能力，月跑量

150~250 公里为跑马训练基础跑量。

②赛前备赛训练计划的设计及执行不合理。通常设计的各类训练计划应在比赛前 3 周安排 2 次以上比赛专项节奏训练，同时穿插一次 LSD 训练。

③比赛过程中的配速执行情况。比赛过程中前程配速过快，配速不稳定，到后程的时候极易出现抽筋情况。

④比赛补给的安排与执行。当温度过高，体液消失过快，体内微量元素特别是钠消失过快，补给不及时时也会容易抽筋。除了能量胶之外，应补充针对抽筋更重要的盐丸，特别是温度过高，流汗过多时，盐丸的补充一定要及时，否则也极容引起抽筋。

（2）避免马拉松比赛中出现抽筋的解决对策：

①日常保持一定的周跑量、月跑量。

②赛前备赛训练一定要有专项节奏跑训练的设计与安排。

③在比赛过程中根据自身能力与完赛目标做好配速预案，坚决按计划执行，避免开赛时过于兴奋，前程过快，后程出现抽筋情况。

④根据自己的实际情况、完赛目标、比赛天气等综合因素，合理设计比赛补给。

483 马拉松比赛中常见的抽筋部位有哪几个？应如何应对？

常见抽筋的部位主要有 3 个：小腿后肌肉群、大腿前肌肉群和大腿后肌肉群。

（1）小腿后肌肉群。可以利用路边凸沿做小腿肌肉的反向牵拉（见图 45），直至疼痛感消失为止。如果得不到缓解，一定要求助医疗志愿者帮助。消除症状后再慢慢跑起来，如果不能跑就走一会儿。

（2）大腿前肌肉群。可以手扶路边小树或栅栏做大腿前肌肉群的反向牵拉（见图 46），直至疼痛感消失为止。如果得不到缓解，一定要求助医疗志愿者帮助。消除症状后再慢慢跑起来，如果不能跑就走一会儿。

图 45　小腿肌肉的反向牵拉　　图 46　大腿前肌肉群的反向牵拉　　图 47　大腿后肌肉群的反向牵拉

（3）大腿后肌肉群。可以做大腿后肌肉群的反向牵拉（见图 47），直至疼痛感消失为止。如果得不到缓解，一定要求助医疗志愿者帮助。消除症状后再慢慢跑起来，如果不能跑就走一会儿。

路跑赛后恢复篇

484 什么是运动性疲劳？

运动性疲劳是指机体不能将其技能维持在一定水平上以及器官不能维持一定的运动强度而引起的运动能力下降的现象。这个定义包含两个层面的意思，第一，工作或运动本身是引起疲劳产生的原因；第二，疲劳是正常的生理现象，只会导致暂时的工作能力和身体能力的下降，恢复和调整后可以恢复正常。

485 路跑造成的身体疲劳有哪些？

路跑后的疲劳主要可以分为身体疲劳和精神疲劳，两者的消除都是赛后恢复的重要内容。

（1）产生身体疲劳的原因主要包括以下方面。

①能量的消耗。路跑后，体内能源物质大量消耗是疲劳的原因之一。尤其是肌肉中糖原和磷酸肌酸水平降低，会导致承受高强度运动的能力下降。

②微细结构的损伤。一场大负荷的长跑过后，肌肉长时间反复收缩后，肌肉细胞结构会因机械性的牵拉以及化学因素发生破坏，会出现炎症反应。

③神经、内分泌的变化。路跑后神经系统会出现保护性抑制，兴奋度下降。内分泌也发生变化，常呈现出高皮质醇—低睾酮的特点，使体内组织合成与修复减慢，还会使免疫力下降。

（2）精神疲劳同样不可忽略。对高水平运动员来说，越是重大的比赛，心理压力越大,产生的精神疲劳也就越大。

无论是专业选手还是业余跑者,赛前的长周期大负荷训练、高强度的比赛,都会使精神疲劳,有时候还可能出现厌跑情绪。因此,精神的恢复与身体恢复同样重要。

486 恢复的定义是什么?

恢复是指人体在运动过程中或运动结束后,各种生理机能和运动中消耗的能源物质逐渐恢复到运动前水平的变化过程。

487 超量恢复是什么?

超量恢复亦称"超量补偿",是指运动员在训练与比赛后,能量恢复过程的阶段之一。在此阶段,机体在运动时消耗的能量及各器官、系统的机能得以恢复甚至超过原先水平,待保持一段时间后,又回到原有水平。其程度和出现的早晚与运动量密切相关,运动量越大,消耗的物质越多,超量恢复的程度越明显,但出现的时间会延迟。相反,运动量越小,消耗的物质越少,超量恢复的效果亦不显著,但出现得较早。据此规律,可合理安排大运动量训练。

488 为什么要重视跑后恢复?

一位教练说过,恢复的重要性不亚于跑步训练,因为没有恢复就没有提高。良好机能的获得一半靠训练,一半靠恢复。可见,跑后的恢复和训练都是跑步锻炼中不可或缺的部分。在训练后,特别是在一次长距离训练之后,轻微撕裂的肌肉、长时间受力的关节、几近耗尽的体能,都需要恢复和放松。一次高强度的训练后若没有足够的休息,身体将会提出抗议,身体抗议的方式就是受伤。想长期坚持跑步的跑者,要学会采用科学高效的手段和方法使自己更快地从疲劳、酸痛中恢复过来,投入下一次训练,使锻炼起到作用。

489 路跑后如何恢复?

认真做好恢复不仅能帮助跑者快速有效地消除疲劳,减少各种跑后的不适感,还可以在一定程度上降低运动损伤的发生概率。长跑对人体造成的疲劳很深,跑后应该及时采取拉伸放松、补糖补水、洗澡、按摩放松、睡眠等手段"多管齐下",尽可能做好跑后恢复。

补糖补水是给身体补充能源,能让身体正常运转起来。拉伸、按摩、洗澡是对身体肌肉的放松,降低肌张力、梳理筋膜,降低延迟性肌肉疼痛。再通过睡眠让身体尽快修复。因此,充足的能量补充是路跑后快速恢复的基础保障。

490 路跑后营养补充的原则有哪些？

（1）适量补充原则。路跑后补充营养很重要，但要确保补充适量，不能超过人体所需要的极限，要避免营养补充过剩现象，否则会导致身体受损。

（2）酸碱平衡原则。因食物中的酸碱含量不同，在补充营养时要选择酸碱含量不同的食物，使食物搭配合理，以确保人体的酸碱平衡状态不被打破。

（3）差异化原则。补充营养因人而异，运动后每个人的状态不一样，选择补充的营养也呈现出差异化现象。

（4）均衡性原则。要摄取多样化的饮食，以确保营养的补充。

491 赛后恢复需要注意哪些事项？

（1）正确认识赛后竞技状态的变化规律。

比赛后，身体可能会出现一个亢奋的假象。这是因为在系统的周期训练中，比赛周一般会是身体和竞技状态的巅峰期，它不会随着比赛的结束而立即消退，而是会持续几天。因此，不要立即投入下一轮训练，而应该适当的休息。

（2）正确看待体重变化。

在赛后恢复期，赛后体重增加的原因首先应该是糖原和水分的恢复，之后才是肌肉的恢复。当肌肉的微细结构损伤修复后，肌肉中蛋白质的含量会随之增加。若出现脂肪积累，可能是运动量减少、消耗减少所导致，这种情况是赛后恢复中的正常过程，跑者不需要节食或加大训练强度和训练量。

（3）回归正常训练要循序渐进。

要保证身体已经充分恢复后，再投入下一轮的正常训练。根据超量恢复理论，只有在出现"超量恢复"时给予机体下一轮的大负荷刺激，运动能力才会不断地增长。若机体还未恢复，就进入到下一轮的消耗，只会使机体不断劣变。

492 为什么跑完后要慢走几步？

人在安静状态下，下肢的毛细血管仅开放 8%~16%，大部分毛细血管处于关闭状态。当人在跑步时，外周组织特别是下肢肌肉内的血管及毛细血管大量扩张，血流量相较安静时增加数倍之多。这时依靠肌肉有节奏的收缩和舒张以及胸腔负压的吸引作用，加之下肢静脉的瓣膜能够保证血液始终朝回心方向流动，使得血液返回心脏。当突然终止运动时，肌肉的收缩作用骤然停止，使大量血液聚积在下肢，导致循环血量明显减少，回心血量减少，使得心搏出量减少，脑供血急剧下降而造成晕厥。这就是"重力性休克"。为了避免出现这种现象，跑者需要到达终点后再慢跑一段距离作为缓冲。

493 平时跑步锻炼和跑马的休息恢复有何不同?

（1）强度负荷差异大。

平时跑步锻炼的时间大概一个小时，跑步的负荷通常在身体可承受范围内，一周锻炼3~4次，会给身体一定的恢复时间。而马拉松则不同，长时间大强度的马拉松虽说不一定会超过机体的承受能力，但会给身体带来高强度负荷，最典型的表现是出现肌肉酸痛和细胞损伤的现象，以及免疫系统受损，易感冒。因此，运动强度不同，相应的恢复措施也应该有所差异。

（2）补给：平时路跑后补水即可，跑马后最好补充运动饮料。

平时跑步锻炼，最佳的补水方式是喝白开水。跑马则不一样，对于业余跑者而言，一场全马的比赛时间需3~6小时，长时间的剧烈运动，水、盐、电解质等都会出现比较明显的丢失。科学研究证实，马拉松比赛结束后应尽早补充糖、水、盐等，有助于补充电解质，消除疲劳。而含有糖、水、盐等成分的运动饮料，是跑马后补给的首选。

（3）拉伸：平时跑完步后可直接拉伸，跑马后需缓冲一段时间再拉伸。

平时跑步锻炼结束后稍微缓和一下即可进行跑后的静态拉伸。充分的拉伸不仅能放松处于紧张运动状态的肌肉，还能让肌肉的线条更好看。

跑马拉松则不一样。跑马后肌肉处于严重疲劳状态，会出现走路腿发直等症状，此时若立即进行拉伸，可能会引发抽筋，造成不良后果。冲过终点后可以原地走动、轻轻抖腿，让肌肉和呼吸心跳逐步恢复到安静状态，15~20分钟之后再进行拉伸。

（4）休息恢复时间不同。

对于大多数跑者而言，跑步后充分拉伸，再经过一夜的睡眠休息，疲劳即可基本消除。但马拉松对身体产生的疲劳需要用更多的时间进行休息来消除。在跑完马拉松后最好进行一周甚至两周左右的休息。

494 选择放松手段时要考虑哪些因素?

跑步后应考虑各个生理系统的情况、肌纤维的损伤程度、蛋白质分解程度、是否需要通过软组织手法来调节肌张力及肌筋膜功能、能量储备情况以及心理因素来选择放松手段。选择方法时还要因人、因地而异。从方法论的角度来说，大、小周期之间不同训练负荷的交替，结合各种恢复再生手段的实施，能够在极大程度上提高机体对训练的适应能力以及运动表现水平。

495 赛后放松的方式有哪些?

平时跑步强度不大，十分钟的拉伸就能达到恢复效果。而在跑马结束半小时后，跑者需要进行更全面、多元化和细致的拉伸、放松以及休息恢复，才能达到消除肌肉紧张，恢复体能的作用。

跑马后多元化休息放松方式如下。

（1）冰敷：有缓解痉挛、消炎镇痛、消肿止血的功效，是赛后恢复的重要方式。

（2）冰浴：将双腿甚至全身浸在冰水中，是前女子马拉松世界纪录保持者拉德克里夫的常胜秘诀。

（3）按摩：有助于促进血液循环和新陈代谢，有利于肌肉的放松。

（4）足疗：通过对双脚的经穴、反射区施以手法按摩，可以达到散风降温、理气和血、降低疲劳的作用。

（5）热水浴：是一种简单易行的消除疲劳的方法。水温以40℃左右，时间以10~15分钟为宜。热水澡与冰浴配合使用效果更佳。

（6）穿压缩装备：有研究显示，运动后穿压缩装备能增加血液流动，从而帮助快速减少疲劳。如果没有压缩装备，也可平躺着抬高腿。两者原理类似，都是让血液快速流回心脏。

（7）泡沫轴放松：滚泡沫轴能够使机体快速恢复的原因是其能够促进血液流动、放松肌肉、减少疼痛感。每天使用泡沫轴能够有效放松身体，缓解疲劳。

（8）交叉训练：是一种积极主动的恢复方式，能够促进血液流动，防止肌肉和关节僵硬，如骑行、游泳和力量训练等，还能激活跑步时用不到的肌肉。全美5公里路跑纪录保持者本·特鲁每次大赛后都会采用骑行的训练方式，其间一步路也不跑。

（9）营养补充：长时间跑步运动会消耗体内大量的糖原、水、矿物质、脂肪和蛋白质等。因此，通过摄入足够的营养物质来补充能量、调节生理功能，是缓解运动性疲劳的重要措施。最好选择营养均衡、富含糖和优质蛋白质的饭菜，多吃主食，如米饭、馒头、面条、面包等。

（10）睡眠充足：睡眠时，中枢神经系统尤其是大脑皮质的抑制过程占优势，能量物质的合成过程也占优势，有机体的许多组织器官的活动水平如肌肉紧张度、心率和血压、呼吸、体温等降低，甚至处于不活动状态，对能量的需求减少，使得组织器官特别是脑组织得以休息和恢复，避免因过度活动而功能枯竭。大脑在夜间睡眠的时候会分泌生长激素，这种激素有助于受损肌肉纤维的修复。研究表明，70%的身体修复都是在睡眠中产生的。当睡眠时间减少时，身体的修复效果必将受到影响。

496 静态牵伸对消除疲劳有什么影响？

静态牵伸类似于其他的恢复再生手段，只要安排合理，就可以成为改善肌肉长度、降低肌肉张力、促进副交感神经系统反应以及改善循环的方法。静态牵伸能够帮助跑者在高强度训练之间，尤其是在乘坐交通工具后和参加比赛期间促进身体恢复的好方法。但静态牵伸的操作要求较高，若想掌握精湛的牵伸技术需要进行专门的学习。

497 按摩和肌筋膜放松如何影响人体恢复？

按摩和肌筋膜放松对于运动后恢复以及伤病预防来说很重要。按摩能够提高血流量以及淋巴引流，在将血管外的液体运输至淋巴管并进而到达循环系统的同时，可将富含氧气的血液运输至被按摩部位。这两种方法都会影响肌肉以及肌筋膜的张力，肌肉的张力或低或高，都会对身体产生影响，进而影响运动表现。低肌肉张力是肌肉放松的体现，它能够抑制肌肉的兴奋性，降低其本体感觉。肌肉张力过高则会造成肌紧张，会影响体内代谢废物的排除并进而加重疲劳。张力过低或过高都会引发关节或肌肉的相关问题。

498 什么是积极恢复？有哪些措施？

积极恢复是指用转换活动内容的方法进行恢复，如运动后的整理活动、放松与按摩、心理放松等方法。

积极性恢复措施之所以能起到恢复作用，是由于转换新活动时，大脑皮质中枢的兴奋能诱导周围的抑制过程加强，使原已疲劳的中枢抑制加深，能量物质的合成进行更快，并能促进乳酸的消除。常用的积极性恢复措施有慢跑、按摩、静态牵拉、冰浴、冷热浴、交叉训练等。

499 什么是消极恢复？

消极恢复是指一般的静止休息、睡眠等方法。

睡眠时，中枢神经系统尤其是大脑皮质的抑制过程占优势，能量物质的合成过程也占优势，体内的一些代谢产物或被利用，或被排除，疲劳得到清除，肌肉的恢复和增长也在睡眠中发生。

消极恢复是和积极恢复相对而言的，不是指情绪上的消极，而是方式上的单一，以"静"为主，缺乏灵活性。

500 赛后的交叉训练对消除疲劳有哪些好处？

在恢复阶段增加一些交叉训练（除了跑步以外的运动）属于一种积极的恢复措施，不仅可以减少重复跑步的心理厌倦，缓解单调奔跑产生的生理疲劳，还可以刺激平时缺乏锻炼的部位，有利于全身力量发展的平衡与协调，减少伤病风险。

游泳和骑行等都是不错的交叉训练、有氧耐力训练方式。健身房的力量训练有时候也能作为交叉训练的内容，对于本身力量较差的跑者而言，效果更好。

501 跑完马拉松后，身体会有哪些短时间的不良反应？

在马拉松比赛中，身体的肌肉、韧带甚至身体每个部分都面临着生理学方面的严峻挑战，它对人体的影响也是多方面的。

（1）肌肉损伤。一项科学研究调查发现，马拉松赛后小腿肌肉会产生明显的局部炎症，会明显地影响肌肉的爆发力和耐力，并产生严重的肌肉延迟性酸痛。这项研究清楚地揭示了马拉松会导致肌肉变得虚弱，这就表明跑者在赛后需要足够的时间来进行恢复。

（2）细胞损伤。细胞损伤的标志物被称为肌酸激酶（Creatine Kinase，CK），通过对CK的测量，可以精确地测定马拉松赛后的细胞损伤程度。损伤程度越严重，血液中的CK浓度就会越高，肌红蛋白（另一项代表肌肉损伤的标志物）也是如此。有研究表明，在马拉松赛后的一周里，血液中的肌酸激酶的含量是持续升高的。另一项研究则表明，肌红蛋白在马拉松赛后3~4天会一直保持较高水平。细胞损伤已经发生，要让受损细胞完全恢复，只能休息。

（3）免疫系统。马拉松比赛后人体的免疫系统也会受损，这就为病原体侵入人体提供可乘之机，如同为病原体打开窗户，这被称为"开窗理论"。

502 为什么赛后要即刻补糖补水补盐？

相关研究表明，在长时间跑步中，肌糖原的排空和血糖浓度下降被认为是引起疲劳的重要因素之一，因此赛后及时补糖有助于疲劳的快速恢复。另外，长时间跑步后，水分和电解质丢失较多，根据缺什么补什么的原则，补糖、补水、补充电解质应当是跑后恢复的重点。大量运动营养学研究证实，运动结束后尽早补糖补水补盐有助于纠正水盐平衡的紊乱，补充能量，消除疲劳，其效果远远优于运动后过一段时间再补充。

虽然部分跑者在比赛中已经注意不断补水补糖，但在跑步过程中，为了减轻胃肠负担，一般不会大吃大喝，而采用少量多次的方式进行补给，也就是说，比赛中的补给是不足以补充身体消耗的，赛后身体仍然处于脱水和能量亏空状态，所以还需要赛后更充分的补给。

一般来说，赛后尿液从黄色变成澄清透亮的颜色，才说明你已经从脱水状态转变到水合过程。如果尿液一直是黄色，你就需要不断补水。

503 马拉松赛后如何补糖？

马拉松赛后补糖应以高血糖指数的食物为主。长时间运动后，血糖浓度可能下降，此时必须靠进食来提高血糖浓度和补充糖原消耗。另外，运动后即刻补糖1~2克，肌糖原的合成速率增加300%，运动后两小时补糖肌糖原合成速度150%，运动后4个小时补糖，肌糖原合成速率恢复到正常值。因此，运动后补糖除了即刻原则外，还要选择快速升高血糖的糖类，即高血糖指数食物。食物的血糖指数越高，食用后体内的血糖浓度上升越快，肌糖原恢复效果越佳。常见的高血糖指数食物以精制主食类为主，如大米、面条、馒头等。

504 跑完步后为什么要做整理活动?

剧烈运动后骤然停止，会影响静脉血回流，使血压降低，大量血液集中在腿部，引起大脑的不良反应。因此，运动后应做整理运动，包括慢跑、各种关节活动操以及各肌群的伸展练习，它被称为积极的休息方式。

剧烈运动后进行慢跑，可使心血管系统、呼吸系统仍保持在较高水平，有利于肌肉中的代谢产物——乳酸的排除。跑步后做关节操和伸展练习可以使紧张的肌肉得到放松，改善肌肉血液循环，减轻肌肉酸痛和僵硬程度，消除局部疲劳，对预防运动损伤也有良好作用。

505 拉伸运动很重要吗?

（1）拉伸可以避免受伤。在跑步后进行10分钟的拉伸可以减少受伤的概率，可以减少发生延迟性肌肉酸痛的概率，也可以避免在锻炼后两天内弯曲膝关节困难的窘境。

（2）拉伸可以促进肌肉恢复。拉伸运动对于改善肌肉长度、降低肌肉张力、促进副交感神经系统反应以及改善循环有良好的作用。

506 拉伸前要注意哪些事项?

（1）不要在肌肉冷硬时进行拉伸。提升体表温度可以使肌肉黏滞性下降，从而使肌肉变得更容易拉伸。

（2）拉伸幅度不要太大。拉伸幅度太大会使肌肉受伤，产生相反的拉伸效果。

（3）拉伸时建议采取静态拉伸的方法。在做拉伸运动时，尽量不要抖动身体，这样易导致关节韧带受损，建议采用静态拉伸的方法。

（4）拉伸时合理调整呼吸方式。缓慢的深呼吸节奏会通过身体副交感神经休息和恢复反应机制来帮助拉伸。

507 单个拉伸动作宜保持多长时间?

研究表明，每个拉伸动作保持30秒最为理想。若超过这个时间，效果没有太大的改善。运动科学家表示20～30秒为最佳时间，而一些瑜伽教练却让学员一个姿势保持3分钟。这不仅取决于进行了什么运动之后做拉伸，还取决于需要拉伸的肌肉群。例如，没有必要花1分钟时间去拉伸僵硬的颈部肌肉，但需在进行长时间的自行车骑行之后进行大面积深层次的臀部肌肉拉伸，间歇2分钟后还可再做一次深度拉伸。

508 为什么跑到后程会腿脚疼痛？

刚开始跑步时，肌肉收缩有力，在关节能承受的冲击范围内，后程肌肉出现疲劳，原本由肌肉承受的负荷逐渐转移到关节上，使得关节承受的冲击加大，开始疼痛。这种疼痛并不像急性损伤那样痛到使人被迫停下脚步，它只是隐隐作痛，跑者仍可忍痛坚持直至跑步结束。当然，随着忍痛跑步的距离增长，这种痛感也会逐渐加重，变成一种非常明显的疼痛。这时就会影响到跑姿（可能会变得一瘸一拐），并让跑者被迫放弃，由跑步变成走，或停下来。疼痛其实是一种重要的自我保护机制，告诉我们身体某个部位出现问题或者处在薄弱状态，应休息保养。跑步后程的疼痛表示身体力量不够，需要加强力量锻炼。此时若及时加强力量训练，就会给予机体正反馈，疼痛就会被抑制，从而在极大程度上缓解膝痛。此时若没有加强力量训练，机体则会认为产生疼痛的原因没有被有效克服，就会继续通过持续疼痛来提示需要加强力量训练。跑步中后程出现的疼痛，多数可通过及时加强力量训练来缓解。

509 按摩是如何消除疲劳的？

按摩是消除疲劳的常用手段，不但能促进大脑皮层兴奋与抑制的转换，使神经调节供能恢复正常，还能促进血液循环，加强局部血液供应，消除疲劳。通常意义上的按摩是指人工按摩，人工按摩分为全身按摩和局部按摩，全身按摩应在训练后2.5~3小时进行。局部按摩可在训练过程中或训练结束后进行，可以同伴之间相互进行，可视为整理活动的一部分，时间在10~15分钟，主要用于消除肌肉僵硬和局部疲劳。除了人工按摩外，还有专门的振动按摩、气压按摩、水按摩等。

510 泡沫滚筒和拉伸都能放松肌肉，两者的区别是什么？

泡沫滚筒可以消除肌肉打结点，有效放松包绕在肌肉外面的结缔组织——筋膜。有时疲劳不是肌肉紧张，而是筋膜紧张，筋膜紧张一方面妨碍肌肉收缩舒张，另一方面会影响肌肉血液循环和代谢。因此，资深跑者除了基本的拉伸外，还会用泡沫滚筒来放松肌肉，拉伸结合泡沫滚筒来进行放松，是促进肌肉恢复的最佳组合之一。

511 赛后是否可以立即洗澡？

洗澡是消除疲劳的重要方式之一，但跑后不要立即洗澡。因为跑步结束后的一段时间内，肌肉仍保持较高的血流量。如果立即去洗澡，当热水冲向身体时，就会进一步增加皮肤和浅层大肌肉群的血流量，这样会导致身体其他部位血流量不足，尤其是大脑和心脏供血不足，容易引起晕厥。

512 赛后洗澡要注意哪些问题？

在跑步结束后的 45~60 分钟，人体体温逐步恢复正常，此时洗澡相对科学和安全。一般来说，冬季水温不要超过 42 ℃，夏季水温保持 37 ℃ 最佳。

淋浴时间一般为 10~15 分钟，最长不超过 20 分钟。若洗澡时间过长，易导致血液流向全身，回心血量不足，引发晕厥。另外，长时间在相对较热和密闭的环境中也易导致缺氧和眩晕。

513 洗完澡后用放松工具做按摩放松的方法是什么？

跑马后肌肉疲劳程度较深，此时仅靠牵拉达不到深层次的放松，结合滚揉按摩技术，在消除肌肉痛点、降低肌肉张力方面作用更好，将肌肉牵拉与肌肉放松有机结合，可以充分发挥各自优势，最大程度放松肌肉。

对于跑者来说，有两个最常用的放松工具，一是泡沫滚筒，二是网球。泡沫滚筒放松更为全面，而网球更为实用轻便。以泡沫滚筒为例，如图 48 所示。

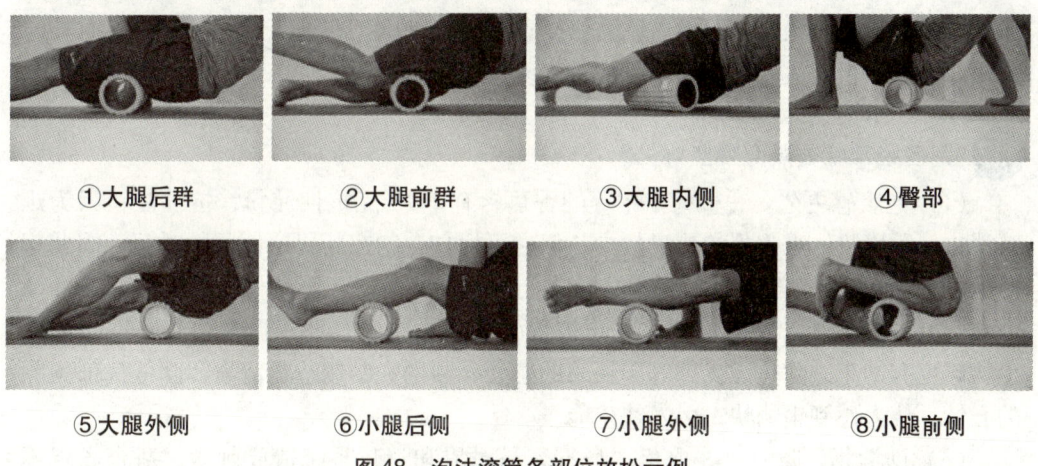

①大腿后群　　②大腿前群　　③大腿内侧　　④臀部

⑤大腿外侧　　⑥小腿后侧　　⑦小腿外侧　　⑧小腿前侧

图 48　泡沫滚筒各部位放松示例

514 冷热交替浴的方法是否可以长期采用？

冷热交替浴在全年都可以进行，它可使更多血液从皮肤流向内脏，并有助于排除肌肉中的代谢废物。方法是进行 30~60 秒交替的热敷与冷敷，重复 2~3 组即可。这种方法非常有效，但需要一定的时间去适应。

515 压缩装备是如何消除疲劳的?

很多跑者会在跑步中使用压缩袜（腿套）延缓疲劳（如图 49 所示）。其实压缩袜除了可以在跑步过程中使用，跑完结束后同样可以使用。研究表明，使用产生梯度压力的压缩袜可以达到促进血液回流、消除疲劳的目的，运动后 24 小时穿着压缩袜的受试者，主观肌肉酸痛感也有所减轻。因此，跑完步后可以换一双干净的压缩袜，加速消除疲劳。

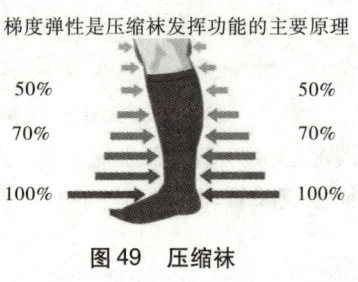

图 49　压缩袜

516 有人说长距离慢跑（LSD）后要喝蛋白粉，这是为什么?

蛋白粉能给人体提供丰富的蛋白质，而蛋白质分解出的一些氨基酸可以帮助机体合成肌肉蛋白质，帮助肌肉重建。除此之外，充足的蛋白质还可以确保机体在高强度训练后及时地进行自我修复。在 LSD 训练中，部分肌肉和结缔组织会因为训练被破坏，身体会不断消耗原有的蛋白质去修复这些受损细胞。在训练后 1 小时内及时补充蛋白质，可以帮助运动员加速恢复的进程。

517 跑者经常吃香蕉有哪些好处?

（1）饱腹感更久。一根大小中等的香蕉含有 2~3 克抗性淀粉，抗性淀粉因为难被消化，所以身体吸收到的热量较少，但它可增加食物在肠胃道停留的时间，因此相对饱足感比较持久。

（2）改善心情，让人愉快。香蕉被称为快乐水果，有助于振奋情绪，香蕉内的生物碱也有助于去除焦虑忧郁等不快乐的感受，帮助大脑制造血清素，降低忧郁烦躁的心情，使人感到更愉快，引发快乐能量。

（3）助消化，防便秘。香蕉本身不容易对胃和消化系统造成刺激，适合肠胃不好的人食用。香蕉含有丰富的膳食纤维，促进肠胃蠕动，帮助预防便秘。

（4）减缓眼睛疲劳。香蕉果肉中含有丰富的胡萝卜素。这种元素可减缓眼睛疲劳，调节眼睛干涩，并有助于缓解眼睛的不适症状，保护视力，对于运动员身体健康的维持具有重要作用。

518 比赛后几天要不要进行所谓的"排酸跑"?

无论运动时间长短、运动强度大小以及运动后是否做放松运动，运动时体内堆积的乳酸都会在运动结束后的半小时内被清除。因此，跑马后的浑身酸痛不是由于乳酸堆积引起的，而是由于跑一场马拉松的运动量超过了平时的正常运动量，机体不适应而导致肌肉细微损伤，肌肉在修复过程中引发了炎症反应，才导致肌肉酸痛。这样的细微损伤主要发生在微观层面，肉眼根本看不见。

尤其是初次马拉松后，肌肉的细微结构已经受伤，机体会启动修复机制，此时只需休息，继续跑步容易刺激肌肉，导致修复延迟，甚至加重损伤。

519 一些跑者跑完马拉松后会引发感冒，这是什么原因呢？赛后怎样预防感冒？

在实验室研究中，过量运动后人体免疫功能急剧下降的现象会持续6~9小时，这段时间内病毒容易入侵，导致感冒的可能性增加。因此，在比赛结束后要注意预防感冒。

（1）跑马后浑身被汗水湿透，在条件允许的情况下应当及时更换衣服。
（2）若没有提前准备衣服，至少要用毛巾将身体擦干。
（3）避免赛后吹风。跑马时身体大量产热，在比赛结束后，身体产热量会迅速降低，此时吹风会带走身体的大量热量，易受凉，导致机体抵抗力进一步被削弱。

520 赛后喝果汁可以替代吃水果吗？

果汁不等于水果。喝果汁频率越高的人，会有较高的动脉血压，还会有糖尿病和体重增加等危害。与喝果汁相比，吃有完整纤维质的水果更好。若跑者正在减脂中，可以避免吃甜水果，改成吃番茄、黄瓜、萝卜、生菜等蔬菜。

521 马拉松赛后如何饮食？

马拉松赛后一段时间内，身体仍然处于应激状态。应激（Stress）是一个医学术语，指由出乎意料的紧张情况所引起的一种特殊的情绪状态。其主要状态特征表现为精神紧张、交感神经过度兴奋、血液中肾上腺素流量过大、呼吸短促、血压上升、氧耗量增加、肌肉紧缩等。

马拉松比赛本质上对于身体是一种强烈应激。在应激作用之下，消化系统的血流会明显减少，血液主要流向大脑、肌肉等与应激有关的器官，即此时消化功能减弱，若短时间内大量进食，易引发胃胀、腹泻、嗳气等消化不良表现。

跑马会对身体造成很大消耗，跑者在赛后及时补充能量是非常有必要的，但补充消耗不等于胡吃海塞。在消化功能比较弱的情况下，需要循序渐进、少量多次地进食，尤其要注意吃清淡、容易消化的食物，尽量避免暴饮暴食。

522 跑步后该怎样补充每日营养？

（1）多吃谷类、豆类、核仁等植物种子或由其制成的食品。这些食品包含了蛋白质、必要的脂肪，以及一些生物活性化合物。
（2）每天吃不同颜色的水果和蔬菜，水果和蔬菜能提供身体所需要的维生素、矿物质等。水果和一些蔬菜要连皮一起吃，因为果实表皮含有许多淀粉和多种纤维，这些混合物有助于肠细胞的健康生长,能够改善胃口,保持健康的体重。

(3) 每天喝牛奶、吃奶制品,这些食物可以补钙,增强骨骼健康,还能为肌肉提供足够的蛋白质,增强其恢复能力。其中,乳清蛋白质还能有效增强免疫系统。

(4) 食用一些寒冷水域的海产品。海鱼能补充日常饮食中摄入偏低的锌、铜、铬等微量元素,并且海鱼中含有能有效减轻运动带来的酸痛的物质。

(5) 食用自由放养的禽类和蛋类,它们可以满足跑步者必要的蛋白质和矿物质的摄入,还能维持血红细胞健康,保持稳定的免疫力。

523 运动中吃什么有利于缓解肌肉问题?

肌肉酸痛主要是由肌肉蛋白受损引起的,是跑步训练中不可避免的一个副作用,但是我们可以采取一些措施来将降低这种肌肉酸痛感。最简单的方法就是保证充分的准备活动和放松活动。

鲜为人知的是可以通过改变饮食来减少训练后的肌肉酸痛。运动前、中、后的平衡营养补充可以降低运动过程中肌肉蛋白的消耗,加快运动后肌肉蛋白质的恢复和补充。

运动前的食物应含有蛋白质,如牛奶和白煮蛋等。运动前摄入蛋白质可以使身体从食物中获取氨基酸,以减少运动过程中身体对分解肌肉蛋白提供能量的依赖,加速运动后肌肉蛋白合成。

运动过程中补充含碳水化合物和蛋白质的食物能进一步降低运动对肌肉组织造成的损害,加快运动后蛋白质合成。饮用碳水化合物含量在6%~8%的运动饮料,可减缓糖原消耗,推迟分解肌肉蛋白以获取能量的过程。

运动结束后应立即补充低脂肪高蛋白的食物,并适当地补充盐水和糖等电解质与液体,加快身体机能的恢复。

524 马拉松赛后如何安排恢复?

马拉松赛后恢复可分为四个重要阶段。

(1) 马拉松结束时。

完赛后要即刻降温并注重保暖。完赛后应放松慢跑或者步行,若突然停跑或者躺下,会出现昏晕、大腿痉挛、恶心等症状。完赛后不能立即拉伸,此时肌肉非常疲劳,立即进行拉伸会造成肌肉痉挛和受伤。赛后应大量饮用液态饮料,尤其是含有丰富电解质的饮料,尝试每1~2小时喝100~200毫升水,并吃一些高蛋白的食物。

(2) 马拉松赛后的第一天。

情绪低落是比赛后非常普遍的现象。当完成比赛时,与别的参赛者进行交流,此时会觉得情绪高昂,但是过后的疲劳和疼痛会让你痛苦不堪。

赛后的第一天应找一个平坦软路通过缓慢跑来促进血液循环,以帮助恢复和康复。

(3) 马拉松赛后的一周。

在接下来的一周里，跑者可能会感觉疲劳，保证充足的睡眠会有助于恢复。应该进食含50%~60%复合碳水化合物的均衡膳食来补充身体的能量，补充足够的蛋白质来重建组织损伤。

(4) 马拉松赛后的一个月。

若你不是经常跑马拉松，在跑马后的一个月内可能会有较长时间的疲劳。当你进行高强度或长距离的训练时容易疲劳，但当疲劳消退的时候，你会发现你有所进步。

若你是一个有良好训练的有经验的马拉松跑者，你的疲劳时间不会持续太长时间，会很快恢复到正常的身体状态。

525 运动训练恢复的常用有效方式有哪些？

(1) 低强度的整理活动。低强度的整理活动是快速消除体内代谢的废物、减轻疲劳程度、加快体能恢复的重要方法之一。如徒手操、静力拉伸、游泳、功率自行车、散步等。

(2) 营养学恢复手段。通过合理的膳食来补充人体所需的营养素。包括糖、脂肪、蛋白质类、水、微量元素以及抗氧化食物等的补充。

(3) 物理学恢复手段。采用热、电等物理学方法来促进身体机能的恢复。常见的有按摩、理疗、盐水浴（浓度为1%~2%，水温28~37℃）、自我筋膜放松等。

(4) 医学恢复手段。包括针灸、中草药补剂等。

(5) 心理学恢复手段。解除心理上的疲劳可以进行自我暗示，也可使用心理咨询法、音乐恢复法等。

(6) 高科技恢复方法。

①超低温冷疗。超低温冷疗是从冷疗发展而来，也是目前非常受运动员追捧的恢复方式，是目前最高端的恢复方式之一。超低温冷疗要达到非常低的温度，如在零下110℃的环境中接受2~3分钟的全身急冻，超低温冷疗可以有效缓解疼痛，消除水肿和疲劳。

②空气压力循环治疗仪。空气压力循环治疗仪通常是把一组可充气的袖套套在腿上，通过给袖套间断打气加压和放气减压，发挥挤压按摩肌肉并且促进血液循环和回流的作用。这是目前运动员广泛使用的一种恢复方式。

③筋膜放松枪。筋膜放松枪近两年迅速在健身和体能训练圈流行，不管是在专业运动员还是普通大众中，筋膜放松枪都深受青睐。它主要是通过高频振动的方式达到放松肌肉、缓解肌肉痉挛、增加血流量的作用。筋膜放松枪品牌很多，而且越来越便宜，有条件的跑者不妨买来一用。

路跑运动常见伤病的预防与护理篇

526 擦伤算伤吗?

擦伤主要是由于机体表面与粗糙的物体相互摩擦引起的皮肤层伤害。主要症状为表皮脱落,有小血点和组织液渗出。在进行长距离的路跑时,轻微不适就会影响训练效果和跑步成绩。伤口无感染则易干燥结痂,一旦受到感染就会局部化脓,并产生分泌物。因此,要重视擦伤。

527 擦伤应如何处理?

对于伤口较脏的擦伤可以用自来水冲洗伤口,清除异物及坏死组织,然后消毒杀菌,包扎伤口。也可用纱布覆盖创面,用冷镇痛气雾剂喷洒2~3秒,重复两次,间隔15秒,利于止痛防肿,再用生理盐水冲洗伤口,周围用浓度75%酒精消毒,用绷带包扎固定。训练或比赛后再认真仔细地处理。

关节部擦伤一般需要包扎治疗,但注意不要涂紫药水,因为紫药水收敛作用较强,易使伤口结痂大而硬,关节活动时易使血痂断裂、剥落,不利于伤口愈合。面部擦伤不宜涂红药水,而应涂抹0.1/100新洁尔灭溶液。擦伤的伤口如果较深、较小、较脏时,应到医院注射破伤风抗毒血清,预防破伤风。

528 应如何避免擦伤?

(1)在长距离跑步开始前(一般短距离跑步不易出现擦伤),在身体皮肤脆弱的地方涂上一层薄薄的润滑霜或者凡士林。

（2）跑步服装可以选择用合成材料制成的衣物或紧身氨纶运动装，合成材料制成的衣物有利于除湿防潮，而紧身氨纶运动装有助于减少大腿内侧的擦伤。适当、正确的补水对于预防擦伤也很重要，因此要确保在跑步过程中（尤其是长距离）及时合理补水。训练跑道的选择同样十分重要，初级跑者尽可能选择田径场之类的塑胶跑道，资深跑者可以选择路况较好的道路进行路跑和越野跑。

529 应如何避免扭伤？

一定要做好热身活动。可以先减缓配速，待身体各部位关节活动开后，再逐渐加快配速，循序渐进、有效地保护自己不受到伤害。在训练后要注意拉伸。要适当做一些力量训练，增强踝关节周围肌肉的力量，以及踝关节的稳定性和协调性，为长期训练打下坚实的基础。训练过程中有需要者可以适当地使用韧带贴、足底矫正器等辅助工具。

530 关节扭伤可以坚持跑完吗？

关节扭伤是指韧带受暴力作用引起过度牵伸所致不同程度的韧带纤维或其附着处断裂或拉伤。当遇到这种情况时，应及时停止运动，并进行紧急处理措施。

踝关节扭伤是路跑过程中最高发的运动损伤，约占所有运动损伤的40%，最常见的是踝关节内翻引起的损伤。踝关节扭伤多发生在因某种原因使身体失去重心并向一侧倾斜或跳起落地时踝关节过度内翻，或场地不平，陷入坑内等情况下致伤。踝关节的外侧会肿胀、疼痛。如果不对脚踝实施额外保护，伤情很容易反复。严重的踝关节损伤往往包括韧带断裂，踝部骨折或脱位。

531 什么是国际公认的软组织损伤急救原则？

国际公认的软组织损伤急救原则"RICE"。崴脚急救"RICE"原则：即休息（rest）、冷敷（ice）、加压包扎（compression）、抬高患肢（elevation）。

休息（rest）：在受伤后进行充分的休息能够保护肌肉跟腱和其他组织，防止伤势恶化。休息不仅指受伤后立即停止活动，也指在恢复期内禁止从事激烈的活动。运动员则更应停止训练，任何微小的运动损伤如果不进行休息和治疗都可能导致大规模恶化。

冷敷（ice）：用冰袋或冷毛巾冰敷患部。冰敷可在短时间内镇痛，并使血管收缩、减缓患部血液流通而达到消肿作用。冰敷时切勿将冰块直接放置在皮肤表面，应装入袋中。单次冰敷时长不得超过20分钟，冰敷时间过长可能会损伤皮肤或导致冻伤。最佳冰敷方法是每敷15分钟后将冰袋拿开，让皮肤充分回吸后再进行下次冰敷。

加压包扎（compression）：加压包扎通常在受伤后进行，持续 24～48 小时。加压包扎可减少肿胀，并通过对四肢施压增大组织压力进而减少内出血。同时，加压包扎可以减缓伤口发炎并减少组织液渗出。通常使用弹性绷带做包扎压迫，绷带缠绕过紧或有跳动感时应解开绷带重新包扎。压迫可与冰敷同时进行。

　　抬高患肢（elevation）：可借助重力作用将受伤部位抬高，帮助积聚在受伤部位的组织液回流，进而减少肿胀和疼痛。在受伤后的第一个 48 小时内便应将受伤部位抬高，通常患部放置位应高于心脏，持续时间越长越佳。

　　赛中扭脚后一到两天内利用 RICE 原则进行处理，扭伤的脚即可缓慢恢复。如果 48 小时后疼痛或肿胀依旧存在，须进医院就诊。

532　膝盖韧带扭伤的主要症状有哪些？

　　受伤时会有疼痛感（通常由某一次冲击造成），过后会产生另一种类型的疼痛，取决于扭伤的严重程度。疼痛的位置还取决于韧带受损的部位。局部肿胀属于正常现象，会感觉关节极不稳定。跑者在进行跑步训练时，一定要注意安全。在路跑时注意力要集中，不仅要注意来往车辆和行人，还要注意路况和路障。

533　如何处理膝关节扭伤？

　　在确定症状时，首先注意动态休息。避免进行膝关节负重的活动，继续训练上半身与核心。在前 2 天里，每 4～6 小时进行 15 分钟冰敷以减轻肿胀。将膝关节抬高至心脏以上位置也有助于消肿。配合服用非类固醇类抗炎药，可以帮助缓解疼痛与炎症。当疼痛消退、活动不再受限时，可以做一些移动和平衡练习来提高关节稳定性与腿部力量。从一个好的基础强化措施开始，如上坡行走、骑行或冰池跑步。待疼痛感完全消失后，可以做多向弓步和蹲起。如果期间有痛感，应立即停止。

　　为了预防膝盖扭伤，应尽量避免在人群过多和路况不熟悉的街道上活动，尽量在高校或公园的田径场、健身道中进行跑步训练。注意加强对下肢力量、柔韧性和灵敏性的训练，使身体在遇到紧急情况时，可通过应激反应进行自我保护。

534　肌肉拉伤的症状有哪些？

　　很多人为了节约时间，不愿意在热身活动上消耗太多时间，一味地追求成绩，加快速度，最后导致肌肉拉伤。肌肉拉伤是指肌肉主动强烈收缩或被动过度拉长所造成的肌肉细微损伤、肌肉部分撕裂或完全断裂。此外，造成肌肉拉伤的原因有很多，例如，训练水平不够，肌肉弹性、力量差；身体疲劳，动作准确性，协调性因肌肉力量下降而降低；错误的技术动作；场地或器材质量不良，气温过低；等等。主要的症状是拉伤部位剧痛，用手触摸会发现肌肉紧张形成索条状硬块，触痛明显，局部肿胀或皮下出血。

535 及时处理拉伤的方法有哪些？

当拉伤的症状出现时，应立即停止运动。肌肉轻度拉伤后，首先应冷敷加压包扎，30 分钟后除掉冷敷，使用海绵或棉花加压包扎，减少伤肢活动，抬高伤肢。出血停止后可解除固定，开始理疗，进行适当的按摩和轻微活动，注意此时应在伤部的周围按摩。72 小时以后视情况可以开始恢复适量活动。怀疑出现肌肉、肌腱完全断裂者，应在局部加压包扎，固定后赴医院确诊。

536 预防拉伤的方法有哪些？

（1）做好充足的热身活动，使身体各部位的肌肉充分预热，以便应对接下来的训练。切记不可在没有热身或热身不充分的情况下进行高强度训练。

（2）合理科学地安排训练计划，不要过于追求速度训练，速度和爆发力训练的比重不宜过大。

（3）对于长时间跑的训练，要额外加强腿部肌肉练习和下肢关节灵活性的练习。

537 什么是臀肌拉伤？

在日常生活中做跑、跳、弓步动作、走路和下楼梯，甚至是坐着的时候都感觉到疼痛时，就有可能是臀肌拉伤。臀部尖锐的疼痛或牵拉感，程度取决于张力的等级。轻微情况下，痛感会在运动后有所增加，但还不至于无法继续运动。而严重的情况则会让你立刻一瘸一拐地"因受伤而下场"。臀肌拉伤最常发生于肌肉被拉伸时收紧的时候（如跑步时突然加速或跳）。因此，田径跑者是臀肌拉伤的主要患者。

538 臀部拉伤后应如何处理？

当臀部拉伤时，立即停止运动，进行休息。避免跑、跳、弓步和上下台阶运动。如果需要训练，则只能进行上半身训练。在受伤前期，可进行冷敷处理，每 3~4 个小时冰敷 15 分钟。如有肿胀现象，可服用非类固醇类抗炎药缓解肿胀与炎症。在疼痛减轻时可进行简单的拉伸运动加强臀部肌肉，如臀部拉伸、臀桥等。

锻炼核心力量，加强大腿和臀部肌群力量要加入日常的训练计划中去，如进行蹲起、弓步和平板支撑等练习，更好地避免臀部拉伤。

539 股四头肌拉伤的位置在哪里呢？

尽管任何动作都可能造成股四头肌拉伤，但短跑、跳跃和踢腿等动作通常是罪魁祸首。股四头肌肌群位于大腿前侧，股直肌是最常见的拉伤部位，因为股直肌从臀部贯穿到膝盖，跨越两个关节，也就面临着臀部和膝盖的双重压力。而在股直肌上最常见的拉伤位置就是在肌肉过渡为肌腱的那个点上，位于膝盖上方两个手指的位置。若在伸直腿时会感到疼痛，则可能有肿胀和瘀伤。

540 常见的股四头肌拉伤的处理办法有哪些？

（1）停止下肢运动，并进行冰敷。受伤前期每3~4个小时冰敷15分钟，缓解疼痛和肿胀。

（2）加压包扎，抬高伤肢。用绷带进行包扎，将腿抬高可以缓解肿胀和炎症的发生。

（3）可进行中药浸泡或外敷，以消炎止痛和促进周围组织功能恢复。注意加强活血化瘀和补气补血的药物调理，以改善血液循环和功能状态。

在日常训练中，在进行专项运动前做好热身活动。注意加强股四头肌肌群的训练与拉伸，避免损伤。

541 如何处理肌肉拉伤？

在观看短跑比赛时，有时会看到选手在发令枪响后几秒钟内就痛苦倒地，这很可能是由于运动员肌肉拉伤，对于拉伤要早期发现，早期修复，以免因早期未得到合理治疗而造成晚期的严重功能障碍。出现症状后，要马上停止运动，让受伤的关节得到放松，有助于恢复。可以采用冰块或者其他冷敷帮助减缓疼痛和肿胀，因为降低温度可以减少血液循环。每次冷敷15~20分钟，每天3~4次。用绷带或其他办法压迫受伤局部可以减少出血、瘀血。绷带缠的紧度要适中，能感觉到有压力但不会使末端发麻或缺血，并将患处抬高，抬高患肢的主要目的是减少肿胀，促进血液回流。

542 肌肉痉挛是由什么引起的？

肌肉痉挛就是人们常说的抽筋，是由于肌肉不自主地强直收缩所致。运动中最易发生痉挛的肌肉为小腿腓肠肌，其次是足底的屈拇肌和屈趾肌。挛缩现象也可能是肌肉严重病变后身体采取的一种自我保护措施。这就对跑者在训练和比赛的各阶段提出了要求。

在寒冷环境中运动时准备活动做得不充分，肌肉受到寒冷刺激后，会导致兴奋性增高而使肌肉发生强直性收缩。长时间或高温季节进行路跑时由于大量排汗而丢失大量电解质，使肌肉兴奋性增高，可能会发生肌肉痉挛。路跑训练或比赛中肌肉过快地连续收缩，放松时间太短，以至于收缩与放松不能协调地交替而引起肌肉痉挛。路跑结束后，身体疲劳会影响肌肉的正常生理功能，特别是在局部肌肉疲劳的情况下做一些突然紧张用力的动作，会使肌肉中大量代谢产物（乳酸）对肌肉的收缩物质起作用而易引起肌肉痉挛。

543 及时按摩可以减缓肌肉痉挛吗？

可以进行一些牵拉动作来减缓肌肉痉挛。以相反的方向持续牵拉痉挛的肌肉，并维持一段时间，一般可使之缓解。最能够祛除小腿肚痉挛病因的是注意小腿的保暖，运动前充分热身。当发生痉挛时，朝其作用力相反的方向扳脚趾并坚持1~2分钟以上，症状将得到缓解。此外，还可配合局部按摩，采用重力按压的方式，点按"承山""涌泉"等穴位。

544 如何预防肌肉痉挛？

肌肉痉挛主要发生在训练中或训练后。在训练前要安排科学合理的训练量和训练强度。运动前必须认真做好准备活动，对容易抽筋的部位应做适当按摩。冬季运动时要注意保暖，夏季进行长时间运动时要注意补充电解质，疲劳时不易进行激烈运动。要加强身体素质训练，提高机能的耐寒能力和耐久力，循序渐进地提高运动成绩。

在日常膳食中注意经常选食含钙量高的食品，如牛奶、豆浆、骨头汤、鱼、虾皮、小米粥等，使用能补钙和减轻骨质疏松的药品。同时饮食宜清淡，避免食用高糖、高脂食品，减少胆固醇摄入。注意坚持适量锻炼，避免腿肌长期处于"静息"状态，增加腿肌血流量，及时清除肌肉代谢废物。改正不良的生活习惯。嗜烟者要戒烟。烟叶中的尼古丁毒物能使肢体末梢小血管发生持久的痉挛性收缩，酿成肌肉神经组织供血不足。动脉硬化致管腔变窄，小腿供血不足也是造成腿部肌肉痉挛的元凶。

545 腘绳肌痉挛的症状有哪些？

腘绳肌痉挛主要是由于跑步姿势的不正确导致的。后脚跟向后踢着跑会使腘绳肌更容易发生挛缩现象。腘绳肌痉挛可分为原发及继发两种，以后者更多见。原发者无膝部其他损伤，即由于某种原因引起腘绳肌痉挛，表现为膝后侧，甚至大腿后面疼痛，膝呈屈曲位，伸直受限，突然用力使之被动伸直则疼痛加重。腘绳肌紧张收缩呈绳索状，伴压痛。多持续几十秒或几分钟而可自行缓解。痉挛缓解后或仍留有腘部肌肉酸痛，也有重复发作者。继发者多为膝部损伤，引起疼痛，造成腘绳肌痉挛，属于一种保护性限制，膝盖伸直维持不动则症状可以缓解。

546 腘绳肌痉挛了怎么办？

腘绳肌痉挛是对膝关节内外疼痛的一种不自觉的保护性机制。痉挛属于肌肉难以控制的不自主的收缩，持续时间多为短暂，不治疗有时也能自行缓解。

在日常训练中，跑者一定要注意驱寒保暖，不让局部肌肉受寒。要加强体育锻炼，锻炼时要充分做好准备活动，让身体都活动开，待下肢的血液循环顺畅，再参加各种激烈运动或比赛，就能避免腿抽筋。日常注意补充维生素和钙质，含乳酸和氨基酸的奶制品、瘦肉等食品，能促进钙盐溶解，帮助吸收。

547 什么是足底腱膜炎？

足底腱膜由一条筋膜纤维组成，主要任务是保护足弓。足底的肌腱或者筋膜由于反复运动，长期处于疲劳状态下而出现疼痛现象。压痛点常在足底后1/3处，晨起时疼痛感觉明显，行走过度时疼痛感加剧，甚至站立休息时也有疼痛感。重者会导致筋膜断裂。此外，大多数患者在脚后跟骨骼筋膜连接处都会形成一个凸起物，这是由于足底筋膜发炎和脚底压力过大所致。

548 当发生足底腱膜炎时应如何处理？

在确诊为足底腱膜炎时，跑者要立即停止训练计划，注意休息。选择稳定性强、鞋跟略厚的运动鞋。当症状缓解后，可以学习一些缓解足底腱膜的简单处理措施，例如，使用网球在脚底进行滚动按摩来减缓疼痛；在疼痛区域肿胀发热时，及时采用冰敷处理；在疼痛部位冰凉僵硬时，采用热敷处理；在疼痛感消失之前不要赤脚行走。采用一些有针对性的拉伸运动，如靠墙半蹲、坐位体前屈、向上提踵等。

情况严重的患者应立即就医，遵从医嘱。重症患者还可以采取在脚部绑夹板的方法，保持跟腱和足底筋膜适度紧张状态。

549 如何降低足底腱膜炎的发生率？

在训练时，咨询资深跑者有关运动的预防措施，合理安排训练计划，遵循循序渐进原则，选择合适的运动装备。在训练中，选择弹性较好的场地，避免在过硬的场地上进行长时间训练。尽可能避免长时间过分集中进行跑、跳、后蹬、支撑等练习。训练结束后做充足的放松运动，进行肌肉的拉伸运动，如向上提踵等。在运动训练后休息时，可以适当把脚略抬至高于心脏水平位置10厘米处，以此预防足底腱膜炎。

550 籽骨会发生炎症吗？

籽骨位于第一脚趾根部，因为骨骼外形像两粒芝麻而得名。由于训练量大、跑步时过度依靠第一脚趾、脚掌过度外旋、跑鞋前脚掌处鞋底过薄等原因导致发炎，可能会引起第一脚趾剧烈疼痛，尤其是第一脚趾触地时疼痛感会更加剧烈。

551 籽骨疼痛应如何处理？

在疼痛难忍的情况下应停止运动，进入休整期。对患处进行冷敷，每周1~4次，或向理疗师咨询。适当地进行保养练习，如滚球按摩脚掌、脚底深度放松、脚趾屈肌拉伸练习、外翻屈肌拉伸练习等。跑者平时要注意改进跑鞋，加厚鞋底的前脚掌区。要采取正确的跑姿，跑步时尽量避免大脚趾用力。每次运动后，进行一定的保养练习。

552 大脚趾疼痛的原因是什么？

第一脚趾疼痛的起因是踇外翻，造成这种情况有先天因素和后天因素。此处主要分析后天因素。在跑步过程中，踇趾过于僵硬会影响双脚的灵活性，还会产生疼痛感。踇趾外翻（即第一脚趾错位）一样会引起疼痛，这种伤病在女性运动员身上更为常见。马拉松女王宝拉·拉德克里夫就深受其影响，她在2008年还接受过第一脚趾修正手术。据说手术之前她的症状已经非常严重，甚至无法下地行走。踇外翻会引起许多并发症，如骨盆倾斜、脊柱倾斜等，而且会严重影响行走的质量。

553 如何预防和处理踇外翻？

在疼痛症状较轻时，可以采用冷敷的紧急处理。平时跑步运动时注意脚部受力方式，选择正确的跑步姿势，尽量减少大脚趾受力的动作。女性要少穿高跟鞋或尖头鞋。重症者要及时就医，遵循医嘱进行矫正手术。

554 什么是莫顿神经瘤？

脚上遍布着神经和血管，每一个脚趾都受到神经支配，跖骨在其间起连接作用。在受到外界刺激（如运动鞋过瘦、神经周围的组织受损、跑姿不正确等）的情况下，支配脚趾的神经会肿胀，形成神经瘤。这种症状多见于第三和第四脚趾之间。由于这种肿瘤是由科学家莫顿发现的，故得此名。莫顿神经瘤可能引起极强烈的疼痛感，跑步时如果神经瘤受到挤压，更会疼痛难忍，甚至会引起灼烧感，严重者会脚趾麻木。莫顿神经瘤经常被误诊为寻常的趾骨痛或者因疲劳导致的肌肉撕裂。

555 患莫顿神经瘤应怎么办？

在疼痛发生时应停止运动，休息2~4周，选择稍大的运动鞋。换一种方法系鞋带，留出最下面的两个孔，这样可以缓解小脚趾所受的压力，并冰敷患处，也可以佩戴具有减少小脚趾压力功效的矫正器帮助尽快恢复。在日常跑步时，要注意鞋带不要系得过紧，以防加深对脚趾的挤压。训练中注意将走、跑、跳等运动内容结合起来。若疼痛仍然存在，应及时就医，在医生的意见下可服用一些缓解疼痛的消炎药，或者注射松针剂。

556 什么是跖骨痛？

每个脚底有5块跖骨，连接着足弓与脚趾关节。前脚掌区（即脚趾后方）出现炎症和疼痛时，我们称其为跖骨痛。疼痛感起源于脚内部，进而蔓延到脚掌和脚背，每一根跖骨都可能受到牵连。患者主要表现在前脚掌有锐痛、酸痛或烧灼痛，站立、行走、跑步尤其是踮脚时疼痛加剧，走路时感觉鞋子里有小石子似的。

557 处理和预防趾骨痛的方法有哪些？

为了避免脚受到进一步的损伤，请立即停止高强度的训练。在患处用冰袋冰敷，每次 20 分钟，每天 3～4 次。选择带有缓冲作用的鞋子，避免穿高跟鞋或太紧的鞋子，考虑使用跖骨垫、缓冲鞋垫或足弓垫，缓冲震动和减少跖骨负荷。平时注意保持健康的体重，减少运动时足部所承受的压力。

症状严重者应服用非处方药缓解疼痛和炎症反应。

558 什么是跟垫痛？

在脚后跟处有一个由脂肪组织及弹力纤维组成的厚垫，我们称之为跟垫。主要作用是降低地面对脚掌带来的冲击力。如果脚掌长期承受过大压力，或者突然遭到重击，跟垫就会受到很大刺激，进而引起炎症。跟垫痛常发生在老年人身上，跟垫弹力下降，跟骨在无缓冲的情况下承担体重，严重时形成钙质沉积，引起足跟痛。

559 如何预防与治疗跟垫痛？

老年人一定要选择适合自身的训练强度和训练量，适当减少运动量和运动强度，注意休息。循序渐进，逐渐增加训练量和训练强度。在训练中选择合适的运动鞋，并在脚后跟处垫鞋垫，固定脚后跟，佩戴具有减轻脚后跟压力功效的矫正器。尽早请教专业跑者，选择正确的跑姿，改变以往脚掌着力的方式。在疼痛难忍的情况下遵循医嘱适当服用减轻疼痛的消炎药。

560 什么是踝管综合征？

踝管综合征是由胫骨神经或其终末支（足底内侧或外侧神经）在小腿或踝关节处卡压引起的。常见症状为脚后跟和踝部（脚内侧凸起的骨头）之间的区域疼痛，有时还会蔓延至脚掌。此病多发于青壮年、从事强体力的劳动者或长跑运动员，多为踝管内肌腱发生无菌性炎症或其他原因导致胫后神经周围纤维组织增生，导致踝管内压力增加。踝管综合征是临床常见的神经卡压综合征之一。

561 患了踝管综合征如何治疗？

在治疗踝管综合征的方法中，主要方法是减少施加在踝关节神经上的压力。在训练中合理安排训练量和比赛，注意休息，避免高强度的训练和比赛。也可以通过垫高鞋跟改善症状，减少施加在神经上的张力。在训练前后注意加入拉伸训练，训练后可进行推拿和针灸，以取得良好的预防效果。同时，防止踝关节过度外旋，加强脚踝和双脚的稳定性，扁平足患者应使用定制支具，严重者可采用短期制动，使用加压弹力袜减轻静脉回流。

情况严重者或出现长期治疗无效的情况应及时前往医院就医。

562 什么是疲劳性骨折？

疲劳性骨折，又称应力性骨折，通常由于长时间、重复性的外力引起，也可能是因为骨质疏松、骨质变脆而在正常用力下发生。应力性骨折多发生于承重骨（主要指下肢和足部）。平日里训练量较大的跑步运动员很有可能遇到这种情况，最容易遭受应力性骨折的部位是第二跖骨。并不是所有骨折都会引起剧烈疼痛，疲劳性骨折在初始阶段不易察觉，运动员有时甚至浑然不知，坚持训练，然而随着伤情加重，疼痛感也越来越明显，严重者甚至无法正常行走。在疲劳性骨折初期，患处虽然不会有持久的疼痛感，但是在触碰到骨折部位时会引起一阵短暂的不适，有时患处还会鼓起一个小肿块。这种不完全骨折如果得不到及时治疗，待伤情加重后，可能需要一整年的时间来休整。

563 如何应对疲劳性骨折？

当疲劳性骨折发生时，为了减少肿胀，缓解疼痛，可在患处冰敷，必要时可服用止痛药来缓解疼痛。在骨折愈合前，需要减轻患肢承重的负荷，使用步行靴、支具或拐杖，严重时可用夹板或石膏来制动。

在进行运动时，要掌握一定的预防措施。在开始任何一项新的运动项目时，要缓慢逐步地进行。避免运动过于剧烈。在平时的训练中，安排合理的训练量，避免突然改变运动强度或负荷，交叉进行"高冲击"和"低冲击"运动，避免身体的某个部位反复受力。选择适合该项运动的器械和鞋子。平时日常生活中注意营养的补充，增加钙质和维生素 D 的摄入。

564 什么是胫骨疲劳性骨折？

因为跑步时姿势单一，肌肉反复收缩过度，使应力长期持续地加在胫骨上，胫骨要承载全身的重量，长期应力积累，造成受力处的骨骼发生骨膜下的骨折。骨折处可能在胫骨末端（直至脚部踝骨），也可能在胫骨狭长部位，经 X 光片检查可以清晰地看到裂缝。触碰患处时会有疼痛感。胫骨骨折会影响运动员正常奔跑和行走，甚至影响到其他部位。

565 如何处理与预防胫骨的疲劳性骨折？

在伤病初期可以采用手法复位、固定、制动等方法治疗，后期进行康复功能锻炼和进行石膏固定。一定要注意避免劳累、行走和再次受伤，定期复查，防止骨折错位加重。

疲劳性骨折发生发展是一种由量变到质变的累积性损伤过程，避免骨骼疲劳损伤是预防疲劳性骨折的关键。在平时训练时要根据自身情况制订科学的训练计划，及时根据自身状态进行计划调整，掌握好运动量，避免超负荷运动而导致骨骼损伤。避免单一的重复动作，若因项目特殊要求，可对小腿实施弹性包扎，运动量较大者，每天要摄入充足的营养，补充体力消耗的热量和水分，并且应适当增加钙和维生素 D 的摄入。即使只是短期性地补充钙和维生素 D，也能够显著降低运动员的应力性骨折发生率。

566 什么是股骨疲劳性骨折？

股骨颈位于狭长的股骨和股骨头（呈半球形）之间，跑步运动员中有 15% 的疲劳性骨折都发生在这个区域。主要症状为腹股沟刺痛难忍，在跑步过程中大腿根部也会有疼痛感，许多顶尖运动员都深受其害。

567 股骨疲劳性骨折怎么办？

无移位型骨折可采取外固定治疗的方法，以石膏制动或膝关节功能支具制动 4~8 周，循序渐进地进行指导功能锻炼。移位性骨折可采取手术方法内固定治疗，随机选择动力髁钢板固定系统、锁定钢板固定系统、交锁髓内钉系统固定，术后循序渐进地进行指导功能锻炼。

疲劳性骨折的发生与否，在理论上是可控的。这需要跑者采用科学的训练方法，合理安排训练项目。先简单再复杂，先浅层再深层。训练后注意采用恢复性措施（放松按摩），以促进机体功能的恢复。尽可能选择土路、塑胶跑道等非硬化路面，以减少股骨疲劳性骨折的发生。注意合理补充营养，保证钙、锌等维生素的摄入，每天保证蔬菜和水果的供应，适当增加脂肪含量，以确保能量足够。

568 什么是骶骨疲劳性骨折？

骶骨（位于脊椎底部的骨骼）是一块非常重要的骨头，它支撑着人体，骶骨在跑步过程中会吸收一部分压力，在高负荷运转的情况下就会发生疲劳性骨折（尽管这种情况并不常见）。骨折多发生于髋骨（骶髂）关节处，意外跌倒也可能导致骶骨骨折。骶骨骨折可单独发生，亦可与骨盆损伤同时出现。前者较少见，而后者在骨盆骨折中占 30%~40%。这是一种非常严重的伤病，恢复期极为漫长。疼痛感会从骨盆底部蔓延到背部底部，直至臀部。

569 什么是脚趾伸肌腱炎？

脚趾伸肌负责帮助脚趾上抬，与脚踝和脚面的肌肉相连。此部位发炎会引起脚面疼痛，左脚底 3 趾和 4 趾走不平的路会很痛，手压会有错位摩擦的感觉，进而影响到脚趾。在跑步过程中，疼痛感尤其强烈，休息时会有所缓解。

570 患了脚趾伸肌腱炎，应如何护理和预防？

在疼痛发生时，平时需要避免长时间站立和行走，自己可以多按摩、热敷，疼痛期间一定要休息，结合中医理疗、外敷中药等措施进行治疗。

平时最基本的预防措施是要控制体重，因为人体的重量都是压在足部的，如果体重过重就会造成足部的负担相对过重，从而使足底疼痛加重。注意双脚着地方式，骨盆和膝关节保持稳定。在训练中，要注意选择合适的鞋子，鞋底要软，但是鞋底不要太薄，防止走路的时候碰到痛点肌腱。在训练后，尽量每天晚上用热水泡脚，缓解足部疲劳和疼痛。

571 什么是骨膜炎？

骨膜炎是由于骨膜及骨膜血管扩张、充血、水肿或骨膜下出血、血肿机化、骨膜增生及炎症性改变造成的应力性骨膜损伤或化脓性细菌侵袭造成的感染性骨膜损伤，是跑步运动员的常见病之一，多发于经验不足的初学者。常见的原因是胫骨的骨膜发生炎症，胫骨上的肌肉接受过多的牵引力。当屈曲足趾和踝关节时，小腿胫骨会发生疼痛。骨膜炎的症状主要是关节肿胀，其次是疼痛、功能障碍、肌萎缩。

572 骨膜炎的处理办法有哪些？

骨膜炎要特别注意三个环节：及时明确诊断、及时有效的综合治疗、及时的功能锻炼和做好日常保健。有些患者在没有正确诊断下，盲目地治疗，丧失了最佳治疗时机。经确诊后及时进行正规有效的治疗是关键的，骨膜炎早期给予抗生素治疗，可以取得满意的疗效。在骨膜炎治疗过程中，主张治疗与功能锻炼同时进行，避免愈后并发症。

573 骨膜炎的预防措施有哪些？

（1）在骨膜炎疾病发作时切忌在小腿下段内侧痛点用重手法摩擦，以免刺激骨膜引起反应性增厚，延长治愈时间。在进行各项体育锻炼时要遵守循序渐进的原则，不能急于求成。

（2）在运动前做好准备活动，以增强小腿的适应力，不要突然加大运动量，更不要在毫无准备的情况下直接进行强度训练。尽量避免在太硬或凹凸不平的地段上锻炼。注意掌握训练的动作要领，注意跑跳时要放松、落地时要缓冲。运动训练后做小腿自我按摩和泡热水浴，以便放松肌肉，消除疲劳。

574 什么是跟腱损伤？

人体足跟与小腿之间有一条粗壮结实、绷很紧的肌腱。这条人体中最粗大的肌腱由小腿三头肌（比目鱼肌、腓肠肌内、外头）肌腱在足跟上方约15厘米处融合形成，它连接小腿后方的肌肉群到跟骨，在体表形成明显的条状突起。其主要功能是屈小腿和足跖屈，它是支持人类行走、奔跑、攀登、直立等活动不可缺少的组织。从受损过程来看，跟腱伤起初常为腱围炎，即跟腱表皮的膜出现炎症。进一步发展后，跟腱本身就会出现炎症，即跟腱炎。再发展到一定程度，就可能演变成跟腱变性，此时的跟腱会变脆，容易撕裂甚至断裂。

575 如何预防跟腱受伤？

在日常训练中要提高基础和专项的体能，要结合自身的特点，选择适于自己的运动项目和运动技术。运动前一定要做好充分的准备活动。高强度的运动后要有足够的恢复时间，避免过度疲劳，注意身体各部分肌肉的协调发展。

576 什么是跟腱炎？

跟腱是由连接小腿后方肌群与跟骨的带状肌腱纤维组成的，张力通过肌肉收缩传递到跟腱。由于跟腱的横断面较肌肉组织小得多，约为1∶60，故而跟腱组织负担的单位张力远高于肌肉。跟腱炎一般指跟腱劳损后形成的无菌性炎症。

577 导致跟腱炎的原因有哪些？

长时间的跑步运动、锻炼过度都会引起跟腱炎，扁平足的跑者要特别注意。在行走时，扁平足会导致跟腱承受额外的压力，因此，扁平的足弓会增加发生跟腱炎的风险。

当跟腱附近受了外伤或有感染时更要注意。跟腱没有真正意义上的腱鞘，而是由腱周组织（脂肪性间隙组织以分隔肌腱和腱鞘）包围着，跟腱炎早期疼痛主要是由于腱周组织的损伤所致，当患者起床或连续步行时，肌腱在腱周组织内活动增大，故疼痛加重，训练时疼痛也会加重，用手指按压跟腱有压痛感。

578 小腿腱炎与跟腱炎有区别吗？

和跟腱炎相比，知道小腿腱炎的人可能并不多。这是一种发生在跟腱和小腿肌肉连接处的炎症，整个小腿都可能会因此感到疼痛。主要形成原因是跑步姿势不正确或突然改变跑步姿态，尤其是用脚掌中部或前脚掌着力、训练时过于追求速度和里程或长时间在台阶或坡地上训练、踝关节灵活性欠佳等。

579 如何治疗与预防跟腱炎？

当症状发生时，要采取积极的措施：选择合适的运动鞋，避免在坚硬路面长时间运动，适当减少运动量。运动前要热身，运动后做适当的放松活动。训练后注意休息，避免负重，要经常牵拉和加强小腿肌肉训练，在日常运动中逐渐增加登山、爬楼梯等项目。如果需要，可逐渐增加速度和距离。

可以使用支撑垫来抬高脚踝，以减少对跟腱的拉伸。还可在夜间睡眠时使用夹板，以保持跟腱固定。如果病情严重，建议穿步行靴或使用拐杖，以便于跟腱修复。如治疗没有效果，可选用消炎止痛的药物外敷，必要时可以采用手术方法来切除跟腱周围的炎症组织。

580 什么是胫骨结节骨骺炎（又名欧式病）？

一般认为胫骨结节骨骺炎是胫骨结节骨骺在髌腱的牵拉下发生急性或反复慢性损伤的结果。这种疾病多见于青少年中，年轻的跑步运动员尤其是短跑选手也难逃厄运。膝盖结节处在承受过大压力后形成微损伤，久而久之，膝盖可能会变得越来越尖或是形成凸起物，严重者还会造成软骨和骨骼分离。主要症状为胫骨结节局部肿胀、压痛，甚至红、热、肿、痛，在主动伸膝、被动屈膝或蹲起时加重，这是髌腱牵拉骨骺所致。

581 胫骨结节骨骺炎需要治疗吗？

胫骨结节骨骺炎有自限性，即自行痊愈，无须药物治疗，患者仅需注意休息，限制膝关节活动，避免跑、跳、蹦、长久步行等。发作急剧可用石膏外固定。用糖皮质激素类药物进行局部封闭治疗，虽然可迅速止痛，但也可能导致组织变性坏死，髌腱自发性断裂，不主张使用。

为此，在日常训练时，要做好充足的预防措施。注意科学训练，把控合理的训练强度和训练量。训练中要注意缓冲的动作，减少膝盖结节部位所受的外力。训练后可用热水泡脚，热敷膝盖，促进血液循环。

582 什么是鹅足肌腱炎？

鹅足肌腱位于缝匠肌、股薄肌及半腱肌的联合腱止点与胫骨内侧副韧带之间，由于三个肌腱有致密的纤维膜相连，形同鹅足而得名。在跑步过程中，鹅足肌腱负责保持膝盖稳定，特别是在转弯处和上下坡时作用更为明显。鹅足肌腱发炎会导致膝盖内侧髌骨下方区刺痛，局部有肿块，在触摸患处时疼痛感会更加强烈。有时位于肌腱下方的足滑囊也会有炎症，进而发展为滑囊炎。

583 患了鹅足肌腱炎怎么办？

在确诊患有鹅足肌腱炎时，可以采用软组织冰敷或局部冰块加压按摩。直接冰敷时间以每次2~5分钟为宜，每天3组，每组4次，每组间隔每2~3小时。急性期冰敷次数可增加，但皮肤感觉有麻木不适时应缩短时间。局部冰块加压按摩以1分钟多次为宜，每天4~5组，每组4次，每组间隔2~3小时。同时停止运动，注意休息。由腱囊炎引起的膝内侧疼痛需要适当减少运动量，尤其是爬山、跑楼梯或其他大强度的运动，以降低腱囊炎的敏感性，减轻疼痛。

慢性康复期治疗，首先可以使用物理治疗中的超声波来增加局部循环、减缓发炎、促进组织修补。其次，根据鹅足腱滑囊炎产生的机理，进行针对性的肌肉稳定性和柔韧性的训练。

跑者应重视跑姿，避免膝盖部位的不当使用或过度的大腿内收动作，姿势不当的跑步导致不适当的膝盖扭曲动作，反复积累以后会患上鹅足肌腱炎。要科学安排训练计划，不正确或不适当的训练、突然增大跑量或过多上坡跑都会造成鹅足肌腱炎。大腿腿型粗厚、扁平足或脚趾外翻的跑者更易患鹅足滑囊炎，要特别注意这个问题。

584 什么是骶髂关节炎？

骶髂关节炎是产生腰痛的原因之一，占腰痛来源的5%~10%。骶髂关节炎在腰痛中的发病率相对较低，临床症状与常见的腰椎小关节综合征和椎间盘源性腰痛很相似，因此它常常被人们所忽略。骶髂关节，顾名思义是连接骶骨和髂骨之间的关节，该关节活动度较小，但其承受了全部上半身的重量，因此比较容易产生退行性变。主要症状为臀部中间的背部底部感到疼痛。骶髂关节由其他组织包裹，并不需要频繁运动，不过其所做的细微活动对体内力量的传输起到了非常重要的作用。值得注意的是，现实生活中，骶髂关节炎常常被误诊为臀部疼痛。

585 患了骶髂关节炎应该怎么办？

骶髂关节炎的起始治疗可以从冷敷开始，每次冷敷15~20分钟，以减轻局部炎症，此时应注意减少运动。根据疼痛的程度，冷敷疗法可以持续2天至2周，当疼痛减轻，局部炎症消退后，可逐步增加运动，并配合局部热敷，但应注意在急性疼痛发作期或疼痛非常剧烈时不要热敷。针对骶髂关节炎没有特异性药物，在疼痛影响生活时可以口服止痛药物。

骶髂关节注射具有治疗意义，在注射液中加入少量激素可消除关节内炎症。关节内注射可以帮助患者早日开始活动和进行腰腿肌肉锻炼。因此，骶髂关节注射术是该病的首选治疗方式。另外，如果患者想获得相对长期的疗效，在诊断明确的情况下，可以选择骶髂关节射频术。

586 如何预防骶髂关节炎？

（1）经常进行户外跑步运动。在阳光下多做运动，多出汗，可帮助排除体内多余的酸性物质。

（2）保持良好的心情。不要有过大的心理压力，压力过重会导致酸性物质的沉积，影响代谢的正常进行。适当地调节心情和自身压力可以保持弱碱性体质，从而预防关节炎的发生。

（3）控制自身饮食结构。多吃富含植物有机活性碱的食品，少吃肉类，多吃蔬菜。避免酸性物质摄入过量，加剧酸性体质。饮食的酸碱平衡对于关节炎的治疗及并发症的防治是非常重要的一个环节。人体关节软骨在20岁过后将不再生长，因此也要注意补充关节软骨成分。

587 什么是胫腓骨骨膜炎？

由于马拉松场地大多是在水泥沥青路面上进行的，容易导致腓肠肌僵硬和跟腱过紧，肌肉承受了更多的力量，是初参加运动训练的人，尤其是青少年较常见的运动损伤。胫腓骨骨膜炎是指肌肉附着点和胫腓骨骨间膜的炎症。症状为胫骨内侧疼痛和敏感，通常胫骨的中段有压痛感，在奔跑开始时疼痛最严重，由于肌肉放松，在奔跑过程中疼痛感可能会消失。

588 如何处理胫腓骨骨膜炎？

早期症状较轻的患者，无需特殊治疗。用弹力绷带裹扎小腿，减少下肢运动，休息时抬高患肢，大多数患者都可痊愈。

经常疼痛或运动后疼痛较重的患者，应立即休息并用弹力绷带裹扎小腿，抬高患肢，可配合中药外敷、按摩、针灸、碘离子透入等手段进行治疗，还可配合膏药外用，例如，骨膜舒痛膏具有消肿、散淤、解疼、镇痛的作用，不仅能够快速消除骨膜炎患者的肿胀疼痛等症状，而且能防止关节肿胀发作，促进骨膜组织修复，改善骨膜充血水肿状态，减轻骨膜血管的通透性，并能够消除无菌性炎症，调理疏通微循环，防止骨膜过度增生和软骨破坏。治愈后重新参加训练时，运动负荷要遵循循序渐进原则，逐渐增加，以免再发。

589 胫腓骨骨膜炎的预防措施有哪些？

（1）跑者要知道胫腓骨骨膜炎是一种常见病，稍加治疗即可恢复，从而克服心理上的恐惧。

（2）减少在弹性差、较硬地面上训练。

（3）加强在缓冲动作上的自我保护和做好训练后的放松活动，增加运动后的营养，多饮开水。

（4）逐渐增加运动负荷，将休息纳入训练计划中，跑步后坚持做冰疗。

（5）穴位按摩也是一个不错的选择。用温水浸浴配合按摩治疗，疼痛剧烈者在休息时要抬高患肢缓解症状。取坐位姿势，由下至上、由轻至重两腿交替进行，每天20分钟。选取承山、昆仑、足三里、阳陵泉、太溪等穴位，重点在小腿部承山、阳陵泉、足三里穴进行揉捏、按压、点穴。

590 什么是胫骨骨膜炎？

当跑步时小腿正前方有些疼痛，这种现象就是胫骨骨膜炎。胫骨骨膜炎的主要症状为小腿胫骨表面，尤其是小腿胫骨的下半部疼痛，这种疼痛有时可蔓延到膝关节。患病后一旦用手接触胫骨，会立即出现疼痛感。跑步刚开始时，这种疼痛表现得最明显，但会在跑步过程中慢慢消失。产生这个症状的病因有：小腿肌肉柔韧性差、跑步时过分前倾、脚落地时过分内旋、过度在硬地上跑步（如水泥、沥青路面）、穿不合适或过度磨损的鞋、训练强度增加太快、小腿肌肉对训练强度不适应等。

591 胫骨骨膜炎的治疗方法有哪些？

当胫骨剧烈疼痛时要停止跑步，若疼痛不明显，可降低运动量和强度，避免在硬地和不平坦的地面上训练。用红花油或抗炎胶体自我按摩痛处，并使用非类固醇类的消炎药，持续使用5~7天。

在康复期间，可进行游泳、慢骑自行车等运动，尽可能避免腿部负重练习。拉伸小腿腓肠肌和比目鱼肌，每次保持30秒，然后放松，每天重复2~3次。

592 胫骨骨膜炎应如何进行预防？

日常训练中注意保护胫骨，尝试在柔软地面上进行热身活动或跑步训练，避免下坡跑。减少身体重心对胫骨的冲击。加强小腿和脚的力量。穿着合适的鞋，或者使用足矫正器。避免过分增加步幅，这样会增大胫骨所受的压力。

593 什么是膝关节退行性关节炎？

老年性退化是引起膝关节退行性关节炎的主要原因。退行性关节炎多发于负重较大的膝关节，主要表现为膝关节开始活动时疼痛明显，稍活动后疼痛减轻，然而负重和膝关节活动过多时，疼痛又会加重，这是骨关节病的特点。中老年后，一切组织器官都会发生退行性变化，骨和关节组织也不例外，退行性变化多发于承重的关节和多活动的关节。过度的负重或过度使用某些关节，均可促进退行性变化的形成和加速已存在的膝关节退行性关节炎的发展。早期可见关节僵硬，如膝关节长时间处于某一体位时，自觉活动不利，初始行动困难，后逐渐出现关节不稳，关节屈伸活动范围少及步行能力下降的症状，尤以上下台阶、下蹲、跑的能力下降更加明显。有些膝关节病晚期病人会出现一些下肢畸形，以膝内翻最常见，即俗称"罗圈腿"。

594 膝关节退行性关节炎是怎么引起的？

引发膝关节退行性病变的因素主要有关节的负重与多动。负重过多，可造成关节承载压力偏大，引起长期非正常刺激，随着时间的推移而发生关节变形。关节多动，增加磨损频率,而老年患者自身修复功能减弱,因此出现关节变形。

关节软骨营养障碍:营养障碍主要使软骨修复缓慢,无法维持正常的新陈代谢,最终使软骨不断发生纤维变性,引起退变甚至导致畸形。

反复发生的关节损伤:损伤必然使局部纤维细胞大量增殖,形成疤痕组织,加上老年患者运动减少,时间一长则不断硬化,最终出现关节退变。

595 怎么防治老年膝关节退行性关节炎变?

早期膝关节退行性骨关节炎患者,以保守治疗为主,适量减少运动量,口服止痛药,理疗。但一定要特别注意绝对不可进行热敷,热敷不但对病情没有好处,还会加重膝关节疼痛和增加积液。中晚期膝关节退行性关节炎患者以关节置换为主要治疗手段。

跑者应注意减轻体重,尽量不穿高跟鞋,避免关节受到反复的冲击力或扭力。避免超负荷的活动和劳动,尽量减少膝关节的负担,减少做频繁登高、蹲起和上下楼梯等运动。如果有半月板、膝关节游离体等病变时要及时治疗。关节内骨折或脱位要及时复位,对症处理。当发现膝关节周围有畸形要及时矫形,适当服用维生素 A、维生素 C、维生素 E、维生素 B 和钙剂等,这对膝关节骨性关节炎有一定的预防作用。

596 什么是膝关节创伤性滑膜炎?

膝关节滑膜炎是一种无菌型炎症,是由于膝关节扭伤和多种关节内损伤而引起的。急性创伤性滑膜炎会出现迅速肿胀及疼痛的症状,肿胀一般在伤后即时或之后 1~2 小时内发生,症状逐渐加重,由于膝关节肌肉呈保护性痉挛而导致活动受限。膝关节周围皮温升高,局部发红,全身可能会有低热。触诊时皮肤或肿胀处有紧张感,局部有压痛,浮髌试验阳性。

慢性创伤性滑膜炎的主要临床表现为关节反复肿胀、酸痛、活动受限,疼痛不剧烈,膝关节多无发红或发热。体检可见关节肿胀、饱满,浮髌试验阳性,膝关节触诊如有肥厚的滑膜,有摩擦音、轻压痛。

关节滑膜是包绕在关节周围的一层膜性组织,它不仅是一层保护关节的组织,而且会产生关节液,为关节的活动提供"润滑液"。滑膜细胞分泌液体,可以润滑和滋养关节,机体运动时,膝关节所产生的热能全赖于滑膜液体及其血液循环才得以散发。当关节受外在性和内在性因素影响时,滑膜发生反应,引起充血或水肿,并且渗出液体,便会出现"关节积水",表现为关节肿胀、疼痛、功能受障等。也可以说,关节腔只要有积液,就有滑膜炎症。

597 创伤性滑膜炎的常见病因有哪些?

创伤性骨膜炎多因急性创伤和慢性损伤所致。急性外伤包括关节扭伤、半月板损伤、侧副初带或交叉韧带损伤，关节内积液或有时积血。中、老年人多发滑膜炎，主要是因为软骨退变与骨质增生产生的机械性生物化学性刺激，继发滑膜水肿、渗出和积液等。有时也因单纯膝关节滑膜损伤或长期慢性关节劳损所致，会使膝关节逐渐肿胀和有功能障碍，进而形成慢性膝关节滑膜炎。

598 创伤性滑膜炎的预防措施有哪些？

适当的体育锻炼是预防骨质增生的好方法之一。尤其是关节的运动，可增加关节腔内的压力，有利于关节液向软骨渗透，从而减轻或预防关节软骨的增生和退行性改变。长期、过度、剧烈的运动是诱发滑膜退变的基本原因之一，尤其对于持重关节（如膝关节、髋关节），过度的运动会使关节面受力加大，磨损加剧。长期剧烈运动还会使骨骼及周围软组织过度地受力及牵拉，造成局部软组织的损伤和骨骼上受力不均，从而导致骨质增生。

及时治疗关节的原发损伤。关节损伤包括软组织损伤和骨损伤。关节的骨质增生经常与关节内骨折有直接关系。要避免膝关节过度活动及劳损，尤其是双下肢剧烈运动者（如舞蹈演员、运动员、搬运工等）更应注意劳逸结合，防止因过度用力造成组织损伤。否则，随着年龄的增长，很容易出现骨质增生现象。当膝关节出现骨折时，要及时去医院诊治，尽可能使骨折端达到解剖复位的要求。如果复位不满意，应及时采取手术治疗。

体重过重是诱发脊柱和关节骨质增生的重要原因之一。体重过重会加速关节软骨的磨损，使关节软骨面上的压力不均匀，造成炎症。过于肥胖者要适当控制饮食，注意调整饮食结构，减少热量摄入，将体重控制在适当的范围之内，减轻关节上的压力和磨损程度。老年人可以适当补充钙质、维生素D等与骨代谢关节密切药物，同时从事适度的体育锻炼，以减慢骨组织的衰老和退行性改变进程。

599 患了创伤性滑膜炎应如何进行治疗？

急性创伤性滑膜炎如关节积液明显，应及时抽出积血，以免继发血肿或激化粘连。治疗不当，该疾病会转为慢性，继发滑膜增生肥厚，关节软骨破坏等。其他处理包括冰敷、加压包扎、抬高患肢等，可用石膏或支具外固定膝关节于伸直位2周，此阶段可对股四头肌等做收缩锻炼以防止肌肉萎缩。

对于慢性创伤性滑膜炎，症状明显时应限制活动，症状减轻后再逐渐增加活动量。积液明显时可对关节腔穿刺抽液，以免关节内形成黏连，导致功能障碍。另外，可通过理疗、超声波等方式治疗。若使用局部类固醇激素注射则为每周1次，每个位置最多不超过3次。

600 什么是胫骨夹板？

胫骨夹板是跑步者最常见的问题。胫骨夹板的主要症状是小腿下部疼痛，部位在脚踝和膝盖之间。可能会在跑步期间偶尔发现小腿有一种奇怪的疼痛。如果不去理会，可能会痛苦几周。这种情况被称为胫骨内侧压力综合征，人们通常称之为"胫骨夹板"。当胫骨内缘周围的肌肉（胫骨是小腿最长的骨骼，负责承受体重）被过度施加压力和发炎时，会发生新的夹板。压力大的肌肉拉扯胫骨，导致疼痛和不适。这种症状主要发生在没有经验的跑者身上，伤员疼痛处周围骨密度较低。治疗后，低骨密度消失。低骨密度是由于高冲击活性引起的连续应变。这与活动期间胫骨轻微弯曲共同导致胫骨夹板有关。

601 如何治疗胫骨夹板？

当出现这种症状时，需要让身体充分休息。疼痛的小腿需要休息5~6周或更长时间。有些人甚至需要两个月才能完全康复。不要尝试在发生胫骨夹板现象时活动，应顺从身体的感觉，让疼痛消退。可以经常使用毛巾包好几块冰块，轻轻拍打胫骨以减少炎症。可以每天多次重复，每次持续大约10分钟。当症状减轻时，可以进行低强度运动，如游泳或瑜伽。这些可以帮助胫骨夹板更快地愈合，因为它不会对小腿和关节施加很大的压力。交叉训练是另一个让腿部肌肉放松的好方法。

602 如何预防外胫骨夹板？

不要害怕胫骨夹板阻止你跑步，跑步已被证明是保持腿部肌肉和骨骼健康的最佳方法之一。跑者需要在日常训练中注意跑步装备，选择能够提供适当缓冲和支撑的跑鞋，也可以使用韧带贴来限制你小腿的张力。在训练开始时一定要慢，不要让胫骨夹板发生的速度太快。每周增加10%的里程数。调整步伐，逐渐加快速度和力度。在日常的训练中一定要注意加强腿部力量练习，强壮的腿部肌肉可以帮助抵抗伤害。要保持训练前后热身的好习惯。

603 什么是前胫骨腱末端病？

前胫骨肌肉位于小腿前侧，这块肌肉的腱膜很容易受损甚至发炎，进而演变成腱炎或腱鞘炎。主要症状为脚面和小腿前侧疼痛。这种疾病常见于初学者或者跑步技术有缺陷的跑者中。

604 什么是后胫骨腱末端病？

后胫骨肌肉是在跑步过程中最容易受损的肌肉之一，但是目前并没有引起人们的重视。后胫骨肌肉的作用是帮助脚掌翻转，并且防止脚掌过度内旋。使用不当的话，后胫骨肌肉非常容易发炎，进而引起脚内部疼痛（踝骨以下区域）。疼痛感有时会蔓延至双脚内侧，甚至向上发展，影响到腿部肌肉。

605 什么是跟腱末端病？

跟腱末端病是跑步运动员中最常见的疾病。跟腱是人体中最坚固有力的肌肉之一，在跑步运动中尤为重要。如果运动员技术得当的话，跟腱就像一根皮筋一样富有弹力，但是如果使用过度的话就会导致跟腱磨损。跟腱末端病初期，患者只在清晨或者训练开始时感到疼痛，或者感到跟腱僵硬，运动时会听到身体发出"啪啪"的响声。随着伤情加重，在整个训练过程中，甚至休息时也会感到疼痛。跟腱末端病还会引起跟腱周围的滑囊发炎，如果治疗不及时的话，还会导致黏连，严重影响正常运动。

606 对于末端病的处理办法和预防措施有哪些？

目前对末端病的治疗以对症治疗为主。应注意休息，调整运动量，选择进行适当的冷疗、物理治疗等康复疗法。在药物治疗方面，可适当应用抗炎药。还可以佩戴相应的矫正器来进行治疗。

预防措施：①选择合适的跑鞋，鞋带不要系得太紧，保证脚面不要受到过度挤压。②选择正确的跑步姿势，注意双脚触地方式。③避免过度拉伸跟腱，特别注意脚掌受力方式。④在训练前做好充足的热身准备，循序渐进地增加训练量。

607 什么是滑囊炎？

滑囊是一种囊性结构，由滑膜组成，里面有一些滑液。在骨与皮肤、肌肉与肌腱，肌腱与肌腱之间等处，凡摩擦频繁或压力较大之处都有滑囊存在，起缓冲代偿作用。当局部遭受急性外伤或慢性劳损使滑囊的滑膜充血、水肿、渗出，使囊壁增厚、滑液增多，在局部形成包块，则称为滑囊炎。

滑囊炎由损伤引起，部分是直接暴力损伤，有些是关节屈、伸、外展、外旋等动作过度，经反复、长期、持续的摩擦和压迫，使滑囊劳损导致炎症，滑囊可由磨损而增厚。另外，感染病灶所带的致病菌可引起化脓性滑囊炎，痛风合并肘关节部位的鹰嘴和膝关节部位的髌前滑囊炎。滑囊炎还可能与肿瘤有关。

最常见的滑囊炎有两种，一种是急性滑囊炎，另一种是慢性滑囊炎。急性滑囊炎的特征是疼痛、局限性压痛和活动受限。例如，浅部滑囊发炎时，局部常红肿，化学性或细菌性滑囊炎均有剧烈疼痛，发作可持续数日到数周，且多次复发。慢性滑囊炎是在急性滑囊炎多次发作或反复受创伤之后发展而成的。由于滑膜增生，滑囊壁变厚，滑囊最终发生粘连。因疼痛、肿胀和触痛，会导致肌肉萎缩和活动受限。

608 滑囊炎的处理办法有哪些？

滑囊炎要根据不同的病因来进行治疗。对于急性滑囊炎如化脓性滑囊炎，要进行消炎、切开引流。慢性滑囊炎往往需要手术治疗，切除病变的滑囊。浅部的滑囊炎一般容易诊断，而深部的滑囊炎如果压迫了周围的结构，就需要手术切除肿大的滑囊，解除对血管神经的压迫。

609 使用脚后跟跑步的危害有哪些？

有些跑者跑步时是用脚后跟着力的。跟骨位于脚后跟底部，呈滑囊状，主要作用是吸收外界冲击力，促进组织滑动，当滑囊出现发炎症状时，就是常说的滑囊炎，主要是由于跑步时脚后跟着力导致的。由炎症引起的疼痛感即便是在休息时也会如影相随。

610 什么是跟骨滑囊炎？

跟骨滑囊炎主要位于跟腱与跟骨后上角之间，站立行走、运动量大是造成跟下滑囊炎的直接原因。而所穿鞋子后帮过硬、过紧，以及活动量过多等都是造成跟后滑囊炎的直接原因。主要的症状有早期在足跟的后上方只见到一个小的轻度，变硬有压痛的红斑，患者常在此处贴上胶布以减轻鞋的压迫。当发炎的滑囊增大时，在跟腱上就出现一个疼痛的红色肿块，根据患者所穿鞋型，有时肿胀扩展到跟腱的两侧。

611 如何处理与预防跟骨滑囊炎？

明确伤情后，可以在患处进行冰敷，以 10 分钟冰敷、10 分钟休息的方式交替。使用外用膏药进行治疗，用泡沫橡胶垫或毡垫抬高足跟，减轻滑囊周围的压迫。在跑步时注意纠正错误的跑姿，咨询资深跑者，进行正确的跑姿练习。同时配合使用鞋矫正器，控制异常的足跟活动。在训练后要注意卫生，养成运动后用温水泡脚、按摩脚底的习惯，这样可以有效预防下跟骨滑囊炎。症状严重时口服非类固醇抗生药，减轻疼痛症状。

612 什么是股骨粗隆部滑囊炎（又名股骨大转子疼痛综合征）？

这也是长跑运动员易发伤病。由大转子局部软组织无菌性炎症所致的大转子区域感觉疼痛或有明显压痛为重要表现，病因是大转子附近的组织在长期反复的过度牵拉下造成慢性损伤及继发性无菌性炎症，也有人认为该病是局部滑囊急性炎症，是一种慢性劳损性疾病。常见的临床表现为大转子区域疼痛，突然发作，有时较为严重，夜间会疼醒。疼痛呈放射性，向前可放射至腹服沟区，向后可到骶髂部，检查时大转子顶端后方有局限性压痛，患肢活动、脊柱前屈、腱侧侧屈加重疼痛。

613 如何预防和治疗股骨粗隆部滑囊炎？

在急性发作期应适当卧床休息，局部热敷或理疗可改善血液循环，减轻症状，促使炎症消退。疼痛严重时可对症处理，给予必要的止痛药物，较为有效的方法是局部应用类固醇激素复合低浓度局部麻醉剂进行区域注射，注射后可明显缓解临床症状，每周注射 1 次，可使疗效巩固。在注药治疗过程中，应注意休息止动。

在平时训练中要注意增强骨盆和下肢稳定性，在做动作时避免过度内旋或过度外旋的出现。

614 什么是"跑步膝"？

跑圈里常说"跑步百利唯伤膝"。"跑步膝"是广大跑者中较为常见的运动损伤，它又被称为髌骨关节疼痛综合征或髌骨软骨软化症，其原因是膝关节反复地屈伸，使髌骨不断摩擦股骨下端，导致髌骨的软骨面发生磨损，当髌骨的软骨面磨损到一定程度时，髌骨不能再光滑地上下左右移动，膝关节就会疼痛。核磁共振检查可以检测出髌骨的磨损程度。主要症状表现为集中在髌骨区域的疼痛和肿胀，尤其在下楼梯、下坡跑时更明显，伤病严重的还会导致膝关节肿胀。

615 患了"跑步膝"应怎么办？

首先要控制疼痛，改善肌肉及关节的结构形态，减轻局部炎症，使运动员在无痛、关节活动不受限的状态下重返训练场。

疼痛症状较轻者可参加适量的运动训练，但应重视训练前适度的伸展练习和热身活动，增加训练间隙的休息时间，训练后及时予以局部冰敷，有助于减轻炎性水肿程度。病情较重者应暂停下肢运动训练，或改变运动方式。理疗、局部封闭治疗效果良好，但恢复训练后易复发。应用矫形鞋垫和膝关节护具等对改善关节的结构形态有一定作用。

616 如何预防"跑步膝"？

在训练之前选择一双大小合适、体验舒适且包裹性好的跑鞋，这样可以减缓跑步时带来的冲击力，给予双脚足够稳定的支撑。开始时最好选择在舒适平整的标准塑胶跑道上训练，当形成稳定的跑步习惯后，再加大距离和难度，过渡到山地与越野跑。在训练之前要进行充分的准备活动，拉伸相关肌群（腓肠肌和小腿后群肌），让全身预热起来，跑步后要进行 10 分钟体能恢复训练，加强身体各关节的协调和肌肉力量。

在有经验的教练的指导下，掌握正确的跑步姿势：身体前倾，为前进提供助力，更省力；膝盖前屈，方便调动大腿肌肉，分摊压力，并起到缓冲作用，同时加大髌骨关节接触面积，有利于平均分配压力，降低摩擦；用中前脚掌着地，这样会对膝关节产生缓冲作用，让冲击力迅速分散到全脚掌。脚落地时要尽量摆正，不要外翻。

617 什么是髂胫束摩擦综合征？

髂胫束摩擦综合征经常出现在自行车、长跑和竞走运动员身上，主要原因为髂胫束与股骨外上踝的过度摩擦，导致韧带或滑囊炎症的发生。主要症状是膝关节外侧疼痛，并且痛感时轻时重，大腿完全弯曲或者完全伸直时痛感最强。其发生的机理是：当膝关节伸直或屈曲时，髂胫束就会于股骨外上保外侧滑过，当屈曲20°至30°时，对髂胫束的摩擦最大。摩擦过度就会发生炎症，髂胫束的滑动受到阻碍，造成活动时疼痛。由于髂胫束摩擦综合征的康复需要较长时间，因此了解其发生的机理和掌握适当的预防与康复方法十分重要。

618 如何预防髂胫束摩擦综合征的发生？

明确诊断后即要合理地安排休息，直至症状减轻或消失。初期冷敷膝盖，以缓解炎症，后期利用活血化瘀、消肿通络的中药外敷。疼痛较重者可以服用抗炎药物。恢复期予以拉伸髂胫束、四头肌、腿后腱和臀部肌肉的训练，穿合适的鞋子，避免在起伏不平的地面和坡路上行走。经过前述治疗，3~6周后症状多有改善。

大部分伤病都是因为跑步姿势不正确导致的。首先要改善跑步姿势。其次要降低跑量，主动拉伸放松，按摩髂胫束和髋关节外展肌群（主要为阔筋膜、臀中肌，也就是大腿外侧和臀部外侧）。最后要学习主动牵伸髂胫束的方法，加强关节外展肌群、髂胫束以及周围肌群的力量和柔韧性。

619 导致腰痛的原因有哪些？

许多马拉松跑者都深受腰部疼痛的困扰，这是临床常见的症状，以腰部一侧或两侧疼痛为主，常可放射到腿部，常伴有外感或内伤症状。疼痛感可能伴随整个奔跑过程。因为腰椎周围分布着大量支配下肢的神经，对跑步过程中的姿态和支撑人体跑步的躯干起着至关重要的作用。在任何情况下都不要轻视腰部疼痛。在跑步后一定要进行10分钟左右的拉伸，这可以很快地让腰部得到恢复。

620 应如何预防与处理腰痛？

症状较轻时，可以通过规律的低强度有氧锻炼来提高腰背肌的力量、耐力和柔韧性以治疗腰痛。学习针对腰痛的相关练习，在教练员或医生的指导下进行加强腰背部肌肉的锻炼，有助于维持及增强腰椎的稳定性，从而延缓腰椎劳损的进程，可以有效地预防急慢性腰部损伤和腰痛的发生。纠正不好的生活习惯，如跷二郎腿、单肩背包、久坐等。

症状严重时，抗炎药对软组织积累性劳损或扭伤等有减少充血、水肿的作用，可缩短疗程。另外，局部封闭疗效可靠又迅速。

621 如何积极预防运动性腰痛？

训练前，充分的热身是必不可少的。让各个关节、肌肉、韧带都得到充分的伸展，这样身体才能正常良好地工作。在跑步的时候腰部承受的力量是非常大的，因此，长时间的跑步很可能导致腰部肌肉出现损伤，堆积乳酸，这时候拉伸就可以很好地帮助排除身体内的乳酸。在跑步计划中也应该加入肌肉力量训练，这样才可以很好地避免腰部疼痛的症状。跑步是一项中高强度的运动，跑者要补充适当的营养来修复肌肉。多吃一些高蛋白质的食物不仅可以很好地修复受损的肌肉，还能让肌肉变得更加强壮，能够承受更大的压力。另外，要注意休息，每隔一天跑一次是最好的锻炼方法。因为身体不是机器，如果每天都跑步，身体的损伤就没有时间去进行修复。尤其是中老年人，充足的休息和适量的运动才能让身体越来越健康，同时也可以很好地避免运动损伤。

622 什么是坐骨神经痛？

坐骨神经痛是沿坐骨神经通路及其分布区内的疼痛综合征，坐骨神经由腰四至骶三神经根组成，是全身最长最粗的神经，经臀部分布于整个下肢。这种伤病会引起坐骨神经周围区域疼痛，有时还会波及两侧和后方，甚至蔓延到脚趾和臀部。通常情况下，双腿不会同时受到牵连，只有坐骨神经受损一侧的那条腿会感到疼痛。坐骨神经痛通常是由于位于背部底部最后一节腰椎和低骨高负荷运转引起的，进而影响到深层肌肉，特别是梨形肌（因为坐骨神经刚好经过梨形肌底部）。这种病痛在跑步运动员中并不罕见，除了在跑步过程中伴有刺痛感以外，还可能导致下肢肌肉麻木。

623 坐骨神经痛应怎么办？

（1）针对坐骨神经痛，首先应对因治疗，并注意对症治疗。所有的坐骨神经痛均应卧床休息，并且要选择硬板床，并应用维生素B族药物止痛治疗。

（2）在生活中要注意饮食起居，要劳逸结合，生活规律化，使用硬板床休息，可坚持做床上体操。适当参加各种体育活动，加强腰腿部功能锻炼，戒烟限酒，增强体质。防止风寒湿邪侵袭。风寒湿邪能够使气血受阻，经络不通，既是引起坐骨神经痛的重要因素，又是导致坐骨神经痛病情加重的主要原因。

（3）防止细菌及病毒感染。原发性坐骨神经病即坐骨神经炎，是神经间质的炎症，多因牙齿、副鼻窦、扁桃体等感染后，病原体（细菌或病毒）产生的毒素经血液侵袭坐骨神经而引起的。细菌或病毒感染既会致发该病，又会加重该病。

624 什么是肋间神经痛？

肋间神经由胸脊髓向两侧发出，经肋间到胸前壁，支配相应胸椎旁背部和胸壁肌肉的分支及沿肋间走行的感觉分支。因此，肋间神经痛是从胸背部沿肋间向斜向前下至胸腹前壁中线带状区疼痛。通常情况下，疼痛感只出现在肋骨区域，而且多位于胸腔前侧，很少出现在后例。肋间疼痛会严重影响呼吸的顺畅，运动员有时甚至会因擦痛难忍而被迫中止跑步。有些运动员感到左胸腔疼痛时，常常误以为自己心脏有问题，其实不然，因为心肌梗症状主要发生在胸腔中部，胸骨以下位置，有时也会波及喉咙、下颚和双臂（尤其是左臂）。

625 肋间神经痛的处理办法有哪些？

主要有药物、理疗、针灸、推拿等处理办法。可以应用促进神经修复的药物，如维生素 B1、B6、B12 等抑制神经放电的药物，以及卡马西平等。同时还可以在损伤的神经附近注射消炎、止痛、营养神经的药物，止痛药物局部应用非甾体类抗炎止痛药。

此外还有一些理疗方法，如脉冲射频调节神经、推拿等，目前在临床上治疗胸椎损伤或退型性变引起的肋间神经痛疗效较好，这类患者往往有胸椎关节的位置异常，通过胸椎复位手法纠正后，疼痛就能得到明显的缓解。

在生活中的预防措施主要有：①经常开窗通气，保持室内空气新鲜。②多参加体育运动，增强自身的抵抗力，注意劳逸结合，不要过于劳累。③平时注意保暖，身体出汗时不要立即脱衣，以免受风着凉。④劳动时注意提高防护意识，搬抬重物时姿势要正确，提防肋骨软骨、韧带的损伤。

626 什么是梨状肌综合征？

跑步运动员是梨状肌综合征的高危人群。运动时重复单一的向前动作会削弱臀部的内收肌和外展肌，即双腿并拢和打开的肌肉。在弱化的臀部肌群里，所有无力的肌肉都会在梨状肌上造成额外的压力，于是产生了疼痛。跑步的另一个风险是过度内旋（落地时脚向内转），使膝盖受力旋转，而梨状肌会帮忙阻止这种膝盖的旋转，导致其过度使用和紧张。

627 梨状肌综合征的治疗办法有哪些？

治疗方法主要有：①停止"感到中度到重度疼痛"的活动，利用上半身力量训练保持运动状态。让疼痛成为指引，如果感到疼痛就立即停止训练。②服用非类固醇类抗炎药，帮助缓解肿胀与炎症。③拉伸臀部回旋肌。可采用坐姿梨状肌拉伸和平躺梨状肌拉伸等动作来拉伸臀部回旋肌。④平时可以佩戴有预防效果的矫正器。带有运动控制功能的鞋子和非处方足弓支撑来矫正脚的过度内旋。⑤进行大量的核心训练和针对臀部的训练来预防梨状肌综合征。

628 什么是胫骨痛？

胫骨痛会破坏跑者来之不易的训练成果，是最令人沮丧的运动损伤之一，因为它会使最基本的跑步都变得难以实现。但"胫骨痛"这个词所代表的，不仅是一种简单的小腿毛病。胫骨的骨性疼痛被称为内侧胫骨应力综合征，可以涵盖多种胫骨病痛——从对胫骨刺激造成的应力损伤，到应力性骨折这种真正的骨裂。疼痛在运动之中和（尤其是）之后发生，且当胫骨被碰到或按压时会有明显痛感。

629 胫骨痛的处理办法有哪些？

在胫骨疼痛较轻时，可以采用滚泡沫轴或按摩的方式缓解疼痛。在训练后积极进行放松练习，帮助身体尽快恢复，同时可以穿带有足弓支撑和运动控制功能的跑鞋，矫正脚部的生物力学问题，从而减少肌肉承受的压力。当疼痛加剧时，应及时就医，避免病情进一步恶化，并尽快投入康复训练中。

在平时的跑步训练中，缩短跑步步幅，注意落地缓冲。这样可以促进步频，增加落地的稳定性。经常性锻炼臀部与核心，会让身体更加健康，避免伤病的发生。日常要注意增加钙和维生素 D 的摄入，多饮用牛奶和酸奶等，保证身体有足够的能量。这样可以有效预防胫骨痛。

630 造成训练中颈痛的原因有哪些？

跑步运动是一项全身性的负重练习，对强度、力量、协调性和心血管功能都有一定的要求。奔跑过程中大部分来自地面的冲击力都被人体下肢和背部吸收了，只有极少部分可以传输到颈部，但这并不足以完全消除颈部受损的风险。随着跑步强度和距离增加，不少跑者都会经历颈痛。这种感觉让人既痛苦又烦恼。许多跑者都受到颈痛的困扰，虽然疼痛并不强烈，但终究会影响状态。造成颈部疼痛的原因是跑步的时候不能很好地保持脊柱的良好姿态。

631 如何应对训练中的颈痛？

当疼痛发生时，应适当减慢速度，同时活动一下颈部以及身体各部位，调整跑步姿势，适当地放松肩膀，转动颈部肌肉，再继续进入跑步训练的状态。

为了达到预防的目的，在训练中应加强身体全面的力量素质锻炼，尤其是稳定肩关节的肩袖肌群，使肩关节在向各个方向运动时都能保持稳定状态，力量素质的加强是减少肩颈部肌肉损伤最重要的手段。加强肩颈部柔韧性的锻炼，尤其是肩关节内外旋和后伸的活动幅度，时刻注意保持身体抬高、挺胸抬头收腹的跑步姿态，保持脊柱的受力直线以及躯干和后蹬腿的直线关系。同时，最好请专业的跑步教练帮你纠正和改善跑步技术。

632 什么是岔气？

岔气又称为"急性胸肋痛"，常在长跑中出现。岔气的时候胸腔底部会产生痉挛，让人感到十分难受。时至今日，还没有人能够全面解答这种胸腔痉挛的成因。中医认为，岔气属于内伤范畴，是指气血凝滞，脏腑、经络受伤，气血不通。而西医认为，岔气是呼吸肌痉挛或肋间肌损伤造成的疼痛。岔气多表现为胸部闷胀、作痛，痛无定处，疼痛面积较大，尤其是在深呼吸、咳嗽或做转体运动时，因牵制胸部而使疼痛加剧，有时还会引发呼吸困难、急促、烦躁不安、精神萎靡不振、情绪低落的现象。

633 训练中岔气应如何处理？

当岔气现象发生时，首先应立即减速，改为慢跑或慢走。这是最快、最有效的缓解岔气症状的方式，一般五六百米后症状就能减退或消失。对于有经验的跑者，推荐一个不减速即可解岔气的方法：如果左肋下疼，那么右脚着地时稍用力使身体腾空向前，左脚则轻触地面。反之，左脚发力使身体腾空向前，右脚轻触地面。最重要的是，脚下发力时速度非但不会下降，反而会有少量的提升，帮助跑者斗志昂扬持续前进。

其次，用手掌稍用力按压腹痛部位，略弯腰继续跑步或走路。也可以深呼吸后憋气，用力叩打胸腔两侧或肋下疼痛处，然后慢慢深呼吸，重复几次即可缓解痉挛。深呼吸时吸气深且慢，呼气用力，注意不要过大张口，应该缩着嘴唇。这样可以吸进大量空气，满足运动时对氧的需求，使呼吸肌放松下来，同时调整呼吸节奏，将呼吸节奏与跑步频率配合起来，做到两步或三步一呼一吸。

634 如何正确预防岔气？

在日常跑步或走路的过程中，要有意识地进行呼吸练习，掌握呼吸的节奏。在剧烈活动之前，要做好准备活动，使呼吸肌逐渐适应较快频率的收缩，不致引起痉挛。冬天锻炼时尽量用鼻子呼吸，若用口呼吸时，要半张口，让冷空气从牙缝中进入口腔，防止冷空气过分刺激身体。

635 什么是运动性中腹痛？

马拉松比赛中的腹痛是一种很常见的运动性应激疾病，被称为"运动性腹痛"。运动性腹痛是指在运动过程中或运动结束时产生的腹部疼痛，多发生于右上腹部，也有的出现在左上腹部或下腹部。疼痛程度受运动负荷影响，特点是安静状态时不疼，运动时或运动后疼痛。除疼痛外，一般不伴随其他不适症状，常见于长跑、篮球等剧烈性运动项目中，尤其是在初学者身上发生概率较高。据统计，腹痛在长跑运动中出现的频率较高，甚至占参赛人数的60%以上，对运动员的成绩造成严重影响。

636 产生运动性腹痛的原因有哪些？

产生运动性腹痛的原因主要包括：①饭后立即运动、运动前吃得过饱、喝得过多（尤其是饮用过多冷饮）、空腹锻炼等都可能引起胃痉挛，其疼痛部位在上腹部。如果在运动前吃了难以消化的食物（如豆类、牛肉等）也可能引起肠痉挛，其疼痛部位多在脐部周围。宿便刺激也是诱发胃肠痉挛的因素，其疼痛部位多在左下腹。②夏季进行剧烈运动时，机体排汗丢失盐分，导致电解质紊乱，加上疲劳，可能会引起腹直肌痉挛。这种腹痛多发生在运动后期，疼痛部位比较浅。③训练水平差。进行剧烈运动时心脏功能跟不上运动强度增加的需要，不能将心腔内血液全部排出，造成静脉回流障碍，以致肝脾肿胀，加之赛前准备活动不足、赛中呼吸节奏紊乱而致腹痛。④腹腔脏器慢性疾病（如胃溃、慢性阑尾炎）在运动时病变部位受到牵拉、振动等运动刺激时也可能会产生疼痛，疼痛部位与病变部位一致。

637 训练中腹痛应如何处理？

腹痛程度较轻者需要降低速度，加深呼吸，用手按压疼痛部位（或弯着腰慢跑一段距离），调整呼吸节律，腹部疼痛即可减轻或消失。也可通过用手指点揉内关足三里、大肠俞等穴位来缓解腹痛。若为腹直肌痉挛，则可进行局部按摩，做背伸动作拉伸腹肌。如疼痛仍不能减轻，甚至反而加重者，应停止运动，及时就医。

638 如何预防运动性腹痛？

在参加体育运动前，患有腹内或腹外疾病的运动员应及时进行必要的治疗，这样可以避免在运动时出现胃肠道各种症状。反之，在运动时出现各种胃肠道综合征的运动员或一般人群，首先应该经过详细的检查，包括一般的物理检查、生化检查、X光检查等，以排除可能引起胃肠道症状的各种疾病。患有十二指肠溃疡的运动员，尤其是有出血倾向者更应停止激烈运动和比赛，集中进行治疗。临床经验说明，对这些运动员采用边治边练的方法往往是不适当的，既拖延治疗时间，又耽误了训练，得不偿失。

在训练方法上需要遵守训练的循序渐进原则、个别对待原则。在炎热天气下进行训练或比赛时应注意液体的补充和预防中暑，要合理调配好饮料的成分，并安排好赛前和赛后的饮食制度。坚持科学训练原则，循序渐进地增加运动负荷，提高心肺功能，提高身体素质与训练水平。另外，在长时间跑步时，注意调节好呼吸，提高运动过程中速度的控制能力。合理安排运动前的进食种类、进食时间与进食量，是预防运动性腹痛的根本。

639　赛中头晕的表现有哪些？

部分刚参加马拉松的选手在跑步时或跑步后会出现头晕的现象，表现出四肢发软、恶心呕吐，甚至晕倒等症状。这在运动医学上叫作运动性头晕，是体育运动中常见的一种病理生理现象。

640　训练中头晕应如何处理？

运动中头晕的原因有许多，不论是何种原因都要立即停止运动，马上休息。结合问题具体分析，运动强度过大造成头晕时，需要重新制订训练计划，安排合理的训练量；因长时间运动引起血糖过低或低血糖的人群，应在训练中注意补充糖分，可饮用糖水或吃点东西；天气过热也会因中暑导致头晕，这需要在训练时注意选择训练环境，并在训练中注意补水。

641　训练中预防头晕的措施有哪些？

预防运动中出现头晕现象的措施主要包括：①注意科学训练原则。循序渐进地增加运动负荷，提高心肺功能、身体素质与训练水平。②注意呼吸节奏。在力量训练中，呼吸的深度能影响力量发挥和调节身体压力，会调整呼吸节奏的人能够有效地将力量提升30%。切忌在训练中养成闭气的坏习惯，这样不仅会造成头晕，甚至会因为缺氧而晕厥。③注意训练环境。避免在炎热的环境下进行训练，同时也要避免在空调环境下运动，这会导致身体无法正常排汗，从而导致体内的温度调节系统紊乱，也会发生头晕现象。

在运动前适当摄入运动所需的能量，保证运动中有足够的供给。最好是在运动前两小时摄入血糖指数低且脂肪含量低的食物。如果是力量训练，那么要注意蛋白质和碳水化合物的补充。

642　训练中胸部疼痛应该怎么办？

胸部疼痛症状在经验不够丰富的跑者中最为常见。一般跑者在长跑时出现胸痛，大都是由于呼吸不得法引起的。长跑时，身体的新陈代谢加强，需氧量增加，为了吸进更多氧气，不但需要加快呼吸，而且需要加深呼吸。有些人跑时不注意加深呼吸，只是加快呼吸频率，这就使呼吸的收缩过于频繁、过度紧张，以至于引起呼吸肌的痉挛，刺激了呼吸肌里的感受器，进而产生疼痛。人体最主要的呼吸肌是肋间肌和膈肌。当肋间肌痉挛时，胸部两侧会发痛。当膈肌痉挛时，疼痛发生在两肋下。

643　在跑步中如何处理胸痛？

出现胸痛时要及时调整呼吸，用力向外呼气，这样既可以吸进大量的空气，满足长跑时的需要，又可以使呼吸肌得到放松，进而消除疼痛。注意加深呼吸，做到呼吸慢而深。若症状未得到缓解，应马上停止正在进行的训练，好好休息。如果休息和停止训练后疼痛还没有得到一定的缓解则应及时就诊。

为了避免运动中出现胸痛的现象，在跑步训练时一定要遵循循序渐进原则，给予自己足够的休息和恢复时间，改善自己的心肺功能。注意呼吸节奏，学习并掌握正确的呼吸频率，把呼吸节奏和跑的动作节奏配合起来，做到两步一呼，两步一吸（或三步一呼、三步一吸），找到适合自己的呼吸频率。天冷时长跑，不要张大口呼吸，而要用鼻子呼吸，或口鼻并用（口微开，轻咬牙），这样空气会从鼻子和齿缝里进去，就可以使冷空气加温变暖，从而有效地避免运动中出现的胸痛。

644 运动可以减少结肠癌的发生率吗？

在运动与癌症关系的研究中，以结肠癌研究居多，多数研究结果均提示二者呈现负相关。迄今为止，大约2/3的调查研究认为，运动能非常显著性地"保护"机体免患结肠癌。多数关于运动与结肠癌关系的研究都取得了较为一致的结果，说明二者的相关性确实存在。有研究表明，不管是男性还是女性，不管是业余运动还是职业运动，那些惯于久坐的个体结肠癌发病率是习惯运动的个体结肠癌发病率的2倍。运动可以刺激前列腺素的生成，使肠动力增加，所以经常性规律的体育运动可以减少食物残渣经过大肠的时间，缩短肠上皮组织暴露在致癌废弃物中的时间，从而降低患结肠癌的风险。

645 运动可以预防乳腺癌吗？

由于很多生殖方面的原因，运动和乳腺癌之间的关系十分复杂。在十几岁和二十几岁前期增加体育锻炼可以减少中年乳腺癌发病的可能性。美国进行的一系列研究结果显示，与不参加运动的女性相比，平时经常参加运动的女性患乳腺癌的概率明显较低。挪威也进行过这样的样本调查，研究结果显示，通过大量的业余时间运动能够减少乳腺癌的患病率，在工作中高强度活动的女性的患病率也比较低。因此，在业余时间或平时工作时进行身体活动锻炼可以减少乳腺癌的患病危险性。

通过早期经常性体育锻炼可以减少未来乳腺癌的发病率这一结论已经得到公认，其机制可能是经常的运动可以抑制垂体促性腺激素的释放，减少因为月经周期影响而引起乳腺癌的发病因素。此外，运动可以减少机体脂肪，使体内循环的雌二醇含量减少，从而减少诱发乳腺癌的发病因素。

646 运动对前列腺癌的影响有哪些？

大约50%的调查研究结果认为，经常性运动能够降低前列腺癌的发病率。美国Cooper（库珀）研究所对12 975名年龄在20～80岁区间的男性进行了20年跟踪调查研究，得到包括前列腺癌在内的一系列身体紊乱的发展情况。调整年龄、身体质量指数（BMI）和吸烟习惯等因素后，结果显示，运动和心肺功能水平与前列腺癌发生率之间呈负相关。可见运动可以有效地降低前列腺癌发病率，其原因主要是经常性的运动能减少体内游离睾酮水平，而它是公认的前列腺癌危险因素之一。

647 运动性晕厥的原因有哪些？

在长跑、马拉松比赛或训练时，由于运动时间较长，运动员体力消耗过大，有时会发生低血糖甚至晕厥的情况。也有因运动量一时过大、比赛经验不足、身体状态不佳及患病初期就参加比赛造成的过度紧张性晕厥。还有部分运动员在马拉松训练或比赛后会出现全身发软、两腿无力的现象，重者会突然晕倒，失去知觉，发生"重力性休克"。另外，由于天气不佳，运动员体温调节能力差及赛中饮水不足等都可能会造成运动性晕厥的发生。有人将运动中各类不同原因的晕厥分为热晕厥、冷晕厥、饮水过多和过少性晕厥、低碳酸血症晕厥、中暑晕厥及心脑血管疾病等引起的晕厥。

648 什么是低血糖性晕厥？有何表现？

在长跑、马拉松比赛或训练时，由于运动时间较长，运动员体内的血糖会逐渐消耗和减少，有时会导致低血糖。运动性低血糖一般发生在运动比赛过程中或比赛结束后。运动性低血糖症的出现主要是由于长时间激烈运动时，体内血中葡萄糖大量消耗和减少，大脑皮质调节糖代谢的机能紊乱以及胰岛素的增加所引起的。赛前饥饿、情绪过分紧张或机体机能状况不佳时参加比赛也容易引起低血糖症。主要表现为：轻者出现无力、饥饿、出冷汗、烦躁不安等状况。重者出现神志模糊、语言不清、精神错乱及昏迷等现象。患者脉搏快而弱，呼吸短促，瞳孔扩大。

649 如何预防低血糖性晕厥？

运动性低血糖症的预防，首先要限制没有运动基础或身体状况不佳的人参加长跑或马拉松运动，禁止空腹时参加训练或比赛。参加马拉松比赛的运动员在比赛前几天就应该进食高糖食物，使体内有充足的糖原贮备，同时应该培养运动员在比赛途中合理饮用含糖饮料的习惯。一旦发生运动性低血糖症，可饮用浓糖水并食用甜食，一般可在短时间内恢复。如果症状严重，可静脉注射50%葡萄糖溶液，提高血糖浓度，症状即可消除。运动员因过度紧张而发生过度紧张性晕厥的现象在马拉松比赛中屡见不鲜，它是由于运动员训练水平低下、运动量一时过大、比赛经验不足、身体状态不佳或患病初愈就参加比赛造成的。运动员过度紧张经常发生在马拉松比赛途中或比赛终点，其征象为脸色苍白、脉搏快而弱、血压降低、头晕、头痛，重者可能会出现呼吸困难、恶心、呕吐、右季肋区及心前区疼痛，甚至昏厥等现象。运动员在比赛中要注意合理分配体力，在赛前要做好充分的准备活动。一旦发现运动员过度紧张，可使其平卧休息、保暖、喝糖水。个别严重者可针刺人中穴及人工呼吸，静脉注射25%～50%葡萄糖溶液。

650 什么是重力性休克？

部分运动员在马拉松训练或比赛后会出现全身发软、两腿无力的现象，重者会突然晕倒、失去知觉，运动医学上将此种现象称为"重力性休克"，这是由于脑部突然缺血而发生的暂时性知觉丧失现象。运动员赛后突然停止不动等情况容易引起"重力性休克"。这是由于人在快速跑动后突然站立不动时，下肢毛细血管和静脉失去肌肉收缩对它们的挤压作用，加上地球对人的引力（重力），致使大量血液积聚在下肢舒张的血管中，不能迅速返回心脏，造成回心血量和心脏输出量的减少，脑部突然缺血，氧气供应不足，产生重力性休克。其征象是昏倒前全身软弱无力、头昏、耳鸣、眼发黑、脸色苍白，昏倒后手足发凉、脉搏慢而弱、血压下降、呼吸缓慢、瞳孔缩小。

651 如何预防重力性休克？其急救措施是什么？

重力性休克的预防，首先要有较长时间的训练，打好基础，增强跑步运动的能力。在正式比赛前要充分做好准备活动，使身体各器官系统及早适应比赛强度。训练或比赛结束后，不要突然停止不动，而是要做几次深呼吸，再慢跑一段时间。应避免在病后初愈或体力不佳时参加马拉松比赛。

一旦发生重力性休克，要立即采取急救措施。轻者可由人扶着慢走一段时间，不舒适的感觉很快就会消失。较严重的晕厥则要让患者平卧，头略放低，抬高患者下肢做轻微抖动，注意保暖，如不苏醒，可用手指掐点人中、合谷、百会、涌泉、后溪等穴位，不要给患者饮用任何饮料或服药，待苏醒后再给患者喝热茶，并盖好衣服休息。

652 感冒了还能跑步吗？

训练的连续性是提高运动表现最重要的因素，但感冒是不可避免的。感冒的时候虽然有些不舒服，但不至于无法活动。部分跑者不想中断健身计划，或认为运动可以提升免疫力、加速感冒康复，于是会在明明应该好好休息的生病阶段，萌生运动的念头。判断是否应该继续训练最简单的方法就是根据不舒服的部位和严重程度来衡量。

如果不舒服的部位在颈部以上，如喉咙疼痛，训练并不会影响身体恢复速度，也不会明显加重病情。只要控制训练强度，保证较低水平心率，防止核心温度过高即可。

如果不舒服的部位在颈部以下，如胸闷，这预示着身体需要休息。在发烧或者其他病毒性感冒的症状下坚持训练，不仅会拖延疾病恢复时间，甚至会出现危险。

如果体温超过 37.5 ℃，表示身体正在对抗病毒入侵，需要休息恢复。此时最重要的是顺从身体的感觉，休息几天，这完全不会对之前获得的训练成果有影响。如果咳嗽、身体疲倦、胸闷气短、感觉寒冷、呕吐、胃部不适、肌肉酸痛、腹泻或者发烧，此时应该停止锻炼。

653 感冒后恢复训炼时，应注意什么？

第一，要注意体温。如果仍处在发烧状态，最好不要出门跑步，稍高于正常水平的体温是身体处于与病毒战斗状态的标志，需要等待体温恢复正常水平。第二，注意肠胃的感觉。腹泻或者呕吐是病毒性感冒常常附带的症状，这两种情况都会导致一定程度的脱水，在这时候流汗会进一步加重脱水，可能会出现非常危险的情况。第三，要遵循 24 小时原则。在病毒感染过程中，在某一时间段可能会有好转，如果这种好转没能持续超过 24 小时或者更长时间，那么需要在确定身体彻底好转后再恢复训炼。第四，减少里程和降低强度。在感冒恢复之后，不能迅速恢复到原来水平强度和距离的训练，在与病毒战斗的过程中，身体的耐力和能量产生水平都有所下降，最好遵从身体的感觉。第五，调整计划。根据严重程度的不同，可能需要一段时间恢复身体，不要想着在感冒康复后第一周就能参加比赛或者进行高强度间歇训练，因为强行恢复训炼会导致身体吃不消。

654 运动量过大导致感冒的症状以及处理办法有哪些？

在训练中，跑者经常会出现在某一时段激情满满、紧张的日程安排和高强度的持续训练，加上睡眠不足，使得身体无法从疲劳和损伤中恢复，随着疲劳和损伤的累积，不出一个月，在某次训练过后，就会感觉身体有所不适，这就是运动量过大导致的免疫力下降。需要检视自己最近的身体状态：①是否长时间睡眠不足；②高强度训练中，心率是否失控；③晨起心率是否过高；④是否每天会感觉疲惫，尤其是双腿；⑤心情是否总感觉到抑郁；⑥对工作和家庭中发生的事情是否开始缺乏耐心；⑦对待自己的孩子是否喜怒无常；⑧在比赛中的表现与训练付出是否严重不符。如果满足以上其中三条，就应该是训练过度造成免疫力下降，最后会导致感冒或者病毒感染。

这时必须从训练过度中走出来，跑者对运动最大的误解在于认为训练不过是将任务完成。事实却刚好相反，训练是由需要完成的操练任务和接下来的休息恢复共同构成的。严重的训练过度甚至会造成身体彻底的罢工。

655 出现运动量过大导致的感冒时，应如何进行调整训练？

心率控制在 130 以下的慢跑和快走是感冒期间比较适宜的运动形式，即便是最轻度的感冒，也不应进行耐力训练，否则会加重病情。可以选择在室内做瑜伽或者有氧健身操，这对放松压力、缓解紧张情绪有帮助，可以加速恢复，同时减少生病的痛苦。切忌去健身房进行器械练习或者举重练习。

656 跑步中补充电解质、水分是否可以预防抽筋?

很多人一直认为是脱水和电解质丢失而导致抽筋。事实上,抽筋是肌肉过度疲劳时的反应,脱水和电解质丢失只是诱因,而不是直接原因。是否抽筋与脱水、电解质丢失的关系不大。也就是说,即使一路上不断补水补盐,也无法完全避免抽筋现象的发生。是否抽筋取决于肌肉能力和体能,最主要的原因是肌肉收缩失调,即腿部肌肉承受负荷的能力失调。体能是决定是否抽筋的根本原因,当经过系统训练后,肌肉承受能力得到提高了,体能得到改善了,抽筋现象自然就少了。

当抽筋现象发生后,很多跑者会求助于赛道边的医护人员,采取喷云南白药喷雾等方法缓解。其实这种喷雾剂的主要作用在于喷上去时的凉感,即冰敷的效果,有些喷雾会含有一定的镇痛成分,但是这样的处理只是暂时的。其实大多数抽筋现象是比较温和的,只要放慢速度,就可以缓解。但是也有抽筋严重到连走路都困难的情况,可以采用拉伸来对抗抽筋。需要注意的是,切忌剧烈的拉伸,应采用轻柔的按摩、拉伸,使肌肉放松,令它恢复正常。抽筋症状消除后,一般不建议继续运动。

657 什么是半月板撕裂?

半月板是膝关节内的半月形软骨,切面呈三角形。每个膝关节都有内、外两个半月板。内侧半月板两端间距较大,呈"C"型,边缘与关节囊及内侧副韧带的深层相连。外侧的半月板呈"O"形,中后1/3处有腘肌腱将半月板和关节囊隔开,形成一个间隙,外侧的半月板与外侧的副韧带是分开的。半月板为纤维软骨组织,充填于股骨髁与胫骨髁之间,有吸收震荡、缓冲压力、增强膝关节稳定、防止膝关节损伤,延缓膝关节老化的作用。

当小腿固定、大腿旋转式"扭转"运动时,出现大小腿不协调运动状态时,可能出现急性半月板撕裂。这种动作对半月板有压迫、旋转和剪切应力,如果过大可导致半月板撕裂。半月板撕裂在10岁以下儿童中较罕见。临床体征为:膝关节损伤史,通常伴有打软腿、关节交锁及弹响,检查时会发现关节间隙有压痛,膝关节屈伸活动受限,或者伴有过伸痛。半月板损伤一般通过查体结合 MRI 确诊,MRI 影像学上可以明确半月板损伤的位置、分型及损伤的轻重程度。

658 如何治疗半月板撕裂?

半月板的损伤分三个级别,从Ⅰ级到Ⅲ级逐步加重,Ⅰ级为轻度半月板损伤,Ⅱ和Ⅲ级为中、重度半月板损伤。对于轻度半月板损伤,中医和西医综合治疗可以消除炎症,疗效非常好。对于中、重度半月板损伤,毋庸置疑,最佳处理方法是西医的手术,Ⅲ度损伤应选择手术治疗,Ⅱ度损伤在保守治疗失败后也应选择手术治疗。

非手术治疗:对半月板Ⅱ度以下的损伤或半月板边缘性损伤,通常采用保守治疗，能够取得较好的效果。

保守治疗：可采用中西医结合的方式进行。对于急性期的处理采用急性软组织损伤早期处理的原则，同时使用中药外敷进行消肿对症处理。如果疼痛症状严重，可口服非甾体类药物与解痉挛药物以缓解症状。如果肿胀严重，早期可采取支具固定2~3周。

缓解期：可以采用传统的手法松动、针灸，配合其他物理因子治疗手段，综合治疗，以消除肿胀、疼痛等临床症状。

最后阶段：可以通过膝关节功能的康复训练，进一步恢复关节功能与肌肉力量，进而促进其神经肌肉控制力、本体感觉功能等改善，直至功能恢复正常。因此，对于轻中度的半月板损伤，中西医结合的对症治疗具有非常好的优势，可以有效缓解疼痛、肿胀等症状，达到临床治愈的目的。

手术治疗：对于Ⅲ度以上的半月板损伤，首先考虑手术治疗。需要强调的是，对于合并有软骨损伤的半月板问题，术前应慎重考虑，往往此类病例术后恢复得不会很好。

半月板的缝合：适用于半月板红区和红白区的损伤。对儿童半月板损伤一般不缝合，因为发育尚未完全，早期缝合会影响以后的发育。青年人愈合能力强，半月板缝合条件好，专业运动员以及运动需求较高的人群尽量采用缝合的方式，这样可以有效降低以后骨关节病的发病率。

半月板切除：对于Ⅲ度以上的严重半月板损伤，通常采用半月板切除术。切除后近期治疗效果较为理想，后期易出现关节退行性改变及负重不稳定等症状。

659 什么是前交叉韧带损伤？

膝关节前交叉韧带（ACL）损伤是一种非常常见的运动损伤。前交叉韧带，又称前十字韧带，位于膝关节内，起自股骨外侧髁的内侧面，斜向前下方，止于胫骨髁间隆起的前部和内、外侧半月板的前角，连接股骨与胫骨。主要作用是限制胫骨向前过度移位，与膝关节内其他结构共同作用，来维持膝关节的稳定性，使人体能够完成各种复杂和高难度的下肢动作。膝关节的稳定，主要靠四条韧带共同维持，即两条侧副韧带（内侧和外侧）和两条交叉韧带（前交叉和后交叉）。

常见于运动过程中的是起跳落地时膝关节扭伤，患者会感到关节出现错动感，膝关节肿胀、疼痛、伸屈活动受限，影响关节活动和行走。急性期如果没有及时治疗，患者会转入慢性损伤。

660 前交叉韧带损伤时应该怎么办？

急性期，如果关节肿胀明显，疼痛感强烈，需要立即进行冰敷，并且尽快到医院诊断治疗，膝关节 MRI 检查可以明确诊断是否有前交叉韧带（ACL）损伤。有膝盖外伤史的跑者，更需要及时检查确诊。

对于 ACL 损伤的治疗分为保守治疗和手术治疗。前交叉韧带一旦断了，是不会自己恢复的。撕裂可能是部分性的，也可能是完全性的。选择保守还是手术治疗，因人而异。

保守治疗：适用于对体育运动要求很少的单纯前交叉韧带损伤的老年患者、身体情况无法耐受手术的患者，以及已经适应了膝关节前交叉韧带缺损状态而不愿进行手术的患者。保守治疗的目的是恢复大部分日常活动，如上下楼、走路、轻微体育活动等，而无法满足更进一步剧烈运动的要求。

手术治疗：应用关节镜微创治疗，医生根据患者的损伤情况和患者膝关节的情况决定修复的方式。ACL 损伤的手术是 ACL 重建，可应用自体肌腱或人工肌腱。如果对运动要求较高的患者可以应用自体肌腱，对运动要求不高的患者可以用人工肌腱。

661 如何预防前交叉韧带损伤？

（1）在跑步前充分热身，尤其是针对大腿肌肉（股四头肌和腘绳肌）的牵拉。

（2）身体疲劳时暂缓运动，好好休息。

（3）平日增加一些肌肉力量的训练，包括核心肌力、大腿及小腿部的肌力，如俯卧撑、平板支撑、臀桥等都能够有效地训练核心肌力、大腿及小腿部的肌力。开始练习时最好请专业人士指导，确认动作的准确性，练习过程中如有疼痛，应立即停下来调整，千万不要忽略身体的疼痛信号，因为疼痛是身体发出的警告，提醒身体遇到了伤害，尤其要重视膝关节周围的疼痛，避免造成无法继续跑步的局面。

662 为什么夏季是冠心病的高发期呢？

冠状动脉供应人体心脏自身血液，如果发生严重粥样硬化或痉挛，使冠状动脉狭窄或闭塞，会导致心肌缺血、缺氧，医学上称之为冠心病。由于夏季气温高，湿度大，含氧量低，血液集于体表，而人体新陈代谢加快，氧气需求量增加，所以心脏大脑血液供应减少，加之大量排汗，水分流失多，血液黏度上升，血液循环受阻，就容易诱发冠心病。冠心病也逐渐呈现年轻化趋势。

冠心病的主要检测方法是平板运动试验。通过运动或其他方法给心脏施以负荷，增加心肌耗氧量，诱发心肌缺血，辅助临床对心肌缺血做出诊断。这种通过运动增加心脏负荷而诱发心肌缺血，从而出现缺血性心电图改变的试验方法，叫心电图运动负荷试验，目前采用最多的是运动平板试验。其优点是在运动中便可观察心电图的变化，运动量可按预计目标逐步增加。

663 在夏季，冠心病患者如何进行运动？

运动要适量，避开高峰期。"高峰期"是指上午6—9时，该时段为冠心病的高发期，因为经过一夜的睡眠，既没喝水，又没活动，血液在血管里变得浓稠，血流速度比较缓慢，容易加重血栓的形成。在炎热的夏季，冠心病患者最好将运动时间安排在下午或晚上，不但可以帮助增加冠状动脉的血流量，还可以稳定血压。

664 什么是低血钠症？

马拉松跑者必须知道，如果大量饮水，会造成血液中的钠离子被快速稀释，肾脏来不及调整，就会导致低血钠症，即俗称的"水中毒"。当机体所摄入水总量大大超过了排出水总量，以致水分在体内潴留时，就会引起血浆渗透压下降和循环血量增多，其症状取决于饮水的速度和程度，可分为急性水中毒和慢性水中毒两类。程度较轻者，停止水分摄入，排除体内多余水分后，即可恢复。严重者可导致神经系统永久性损伤或死亡。

665 低血钠症的治疗方法有哪些？

当急重症水过多和水中毒发生时，治疗要以保护心、脑功能为目标，以脱水和（或）纠正低渗为目的。首选利尿药，以依尼酸（依他尼酸）和呋塞米等为首选。对于有效循环血容量不足的患者，要注意补充有效血容量。危急病例可采取血液超滤治疗。明确为抗利尿激素分泌过多者，除病因治疗外，可选用碳酸锂、利尿药治疗。保护心脏、减轻心负荷可用硝普钠钠、硝酸甘油等血管扩张剂。低渗血症（特别是已出现精神神经症状）者应迅速纠正细胞内低渗状态，除限水、利尿外，应使用3%~5%氯化钠液，严密观察心肺功能等病情变化，调节剂量及调速，一般以分次补给为宜，可并用利尿药，以减少血容量。注意纠正钾代谢失常及酸中毒。

666 什么是中暑？

中暑是最严重和复杂的热应激疾病，是由于体温过高造成下丘脑热调节机能障碍而造成的。通常表现为出汗停止，皮肤干燥而发烫、体温升高至41.5℃以上、虚脱、意识丧失，甚至会导致死亡。中暑根据轻重程度分为三级：先兆中暑、轻度中暑、重度中暑。

先兆中暑是指高温高湿环境下出现多汗、口渴、乏力、头晕、眼花、耳鸣、头痛、恶心、胸闷、心悸、注意力不集中、体温正常或略高的情况。

轻度中暑是指先兆中暑加重，出现面色潮红或苍白、烦躁不安或表情淡漠、恶心呕吐、全身疲乏、心悸、大汗、皮肤湿冷、脉搏细速、血压偏低、动作不协调等症状，体温升高至38.5℃左右。

重度中暑按递增的严重程度可分为热痉挛、热衰竭、热射病，也可能出现混合型。

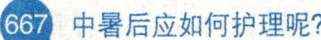

667 中暑后应如何护理呢？

先兆中暑：可移到阴凉地，将衣领打开，吹吹风扇，用毛巾擦拭身体，再喝点淡盐水或淡茶水，一般很快能缓解。若还不太舒服，可用清凉油擦拭太阳穴，喝藿香正气水或含服人丹。

轻度中暑：可以用冰块擦拭患者身体的大血管处或用温水擦身，必要时可到医院用药物补充液体，帮助散热。

重度中暑：应将患者平放在阴凉处，注意环境位置的安全，然后拨打120。在等待救护车的过程中，应将患者衣扣打开，头尽量后仰打侧，用冰块或西瓜皮擦拭患者的身体。若患者出现抽搐症状，可按压其人中穴。患者若有胸闷等症状，可按压内关穴。要保持患者气管的通畅，呕吐时要把分泌物倒出。

668 在炎热天气下如何预防中暑？

在炎热天气下训练要特别注意以下几点：①在室外活动时要及时补充水分，尤其在高温和大量出汗时要补充电解质，可以喝运动饮料或补充盐丸。不要一味大量喝白开水，防止低钠"水中毒"。②跑步着装要穿速干面料的衣裤，有利于汗液排出蒸发，带走热量。棉质衣服不利于汗液排出，容易引起热量堆积。跑步时可戴遮阳帽，减少阳光直射，减少外部热量的侵入，同时也防止下雨时热量流失。③在阳光下或高温中比赛，通过补给站时可用海绵或直接将水淋在头上和四肢上，利用蒸发和传导方式为身体降温。

跑者要尽量避免在中午或高温炎热的天气中跑步，否则易诱发中暑。可选择早上或晚上，天气较凉爽时锻炼。日常训练可逐渐加强耐热锻炼，提高机体的耐热力，以此应对高温比赛。跑步时一定要自我监督身体的反应，如感到不适，应立即减速或休息。

669 什么是热射病？

简而言之，热射病就是重度中暑。热射病是中暑中最严重的一种情况。热射病表现多样，包括头晕、恶心、极高的体温（口腔体温大于39.5 ℃）、皮肤红热且干燥无汗、怕冷等。人体体温持续40 ℃以上时，会丧失体温调节功能，导致蛋白变性、功能失活，甚至细胞坏死。应该迅速让身体降温，如洗冷水澡或者用冰袋冷敷，同时做好送医的准备。热射病与普通中暑的区别主要体现在意识是否丧失或正在丧失，热射病患者会伴有意识丧失、抽搐等症状。如果不及时治疗热射病，患者的神经系统、呼吸系统、肝肾系统都会相继损伤，多器官衰竭通常是热射病致死的原因。热射病患者死亡率高，幸存者也可能留下永久性脑损伤。因此，遇到热射病患者一定要立即送医救治。

670 什么是热痉挛？

热痉挛是一种由于脱水和无机盐的丢失以及体液水平和电解质浓度不平衡而产生的一种肌肉痉挛，多发生于跑步后，表现为肌肉痉挛、出汗多和疲劳，但体温正常。在运动中和运动后饮用足够的水以及从食物中摄入足够的盐，就能有效地预防热痉挛。

671 什么是热衰竭？

热衰竭常出现在对热尚未适应的人开始进行剧烈运动时。主要是由于循环系统的调节机能障碍和大量出汗导致细胞外液，尤其是血浆量减少造成的。血液潴留在扩张的体表血管中，使中心血量及心输出量显著下降，表现为虚弱、脉搏加快、直立时血压低、头痛和头晕等，出汗可能稍减少，体温会有升高（通常低于 39.5 ℃）。其中，病情轻且短暂者称为热昏厥。出现热衰竭时应停止运动，并到阴凉处休息，补充水分，必要时需要输液。

672 什么是热休克？

运动时主要的产热器官是肌肉，剧烈运动时热生成量是安静休息时的 15～20 倍。尤其在高温高湿环境下运动，当持续热生成的速率超过热散失的速率时，就会发生严重的体温过高现象，甚至热休克。热休克是一种医疗急症，是最严重的热病类型，往往会对身体器官组织造成损害，引起特有的临床及病理学改变，产生多器官系统的功能紊乱，包括发作性心律失常、横纹肌溶解、肾功能障碍、肝坏死、代谢性酸中毒、弥散性血管内凝血、成人呼吸窘迫综合征、小脑综合征和心脏损伤（如心肌抑顿和心肌梗死）、免疫系统抑制，甚至死亡。热休克器官的损坏程度和死亡率与体内核心温度从开始上升到降至正常所持续的时间成正比。因此，对热休克的快速诊断和有效治疗是非常必要的。

673 在高温环境下运动的热应激生理反应有哪些？

马拉松跑者在运动时由于代谢产热和环境产热两种因素的共同作用，使机体处于热应激状态，从而引发机体一系列生理反应。

（1）心血管反应。在炎热环境中运动，体热的增加使得体表血管扩张，皮肤血流量大大增加，有 15%～25% 的心输出量血液将流过体表，较多热量从身体内部传到体表，增强了辐射、传导和对流等的散热能力，可使末梢组织传导值增加 5～6 倍。跑者心率显著增加，最大心输出量和最大摄氧量均下降。心输出量的减少主要是由于每搏输出量大大降低。而每搏输出量的减少可能与以下因素有关：运动时血液重新分配，体表血流量增加使心脏的循环血量减少；出汗增多，血液浓缩，血黏滞性增加，回心血量减少；心率显著增加，心充盈时间缩短；心脏温度升高，使心收缩力减弱，心率的代偿性增加不足以弥补每搏输出量的减少，因而在炎热环境运动时最大心输出量下降。

（2）发汗增加。在高温环境中运动时，出汗成为体热平衡的主要途径。跑者在运动开始后几秒钟内就会出汗，30分钟左右达到热平衡。排汗增加以加快体热的散发。由于大量出汗丢失一定量的钠、钾、钙、铁、镁、锌和其他微量元素，使运动能力下降。在炎热天气中剧烈运动时，失汗量可高达3升/时或12升/天。在马拉松比赛中，运动员的出汗率为30～35毫升/分，失水量超过5升，约占体重的7%。

（3）尿量变化。运动中肾血流量和肾小球的滤过率减少，剧烈运动时大量出汗和呼吸道水分丢失使得尿量少或无尿。跑者可以通过尿液颜色来了解自己是否脱水，运动后尿液颜色从黄色重新变为透明清亮，表示补水充分。相反，如果运动后很长时间甚至运动后第二天，尿液仍然呈现较深颜色，表示身体仍然处于脱水状态。

（4）内分泌激素的应激反应。热环境中，垂体释放抗利尿激素以增加肾小管对水的重吸收，因而尿液浓缩，尿量减少。另外，肾上腺皮质释放醛固酮增多，可以促进肾小管和汗腺对钠离子的再吸收，降低汗液中的钠离子浓度，从而有利于保持水和电解质平衡。

（5）耐力下降。高体温是在热环境下耐力的主要限制因素。不管是有训练者还是无训练者，在高温环境下运动都会使耐力下降。但有氧能力水平高的人在高热环境下运动的耐力较无训练者好。有训练者在体温39 ℃时出现疲劳，而无训练者在体温38 ℃时出现疲劳。

人体生活或工作的最适宜温度相当于室温18～24 ℃，而在剧烈运动中，环境温度会给比赛成绩带来很大的影响。一般认为，短跑、跳跃及投掷等要求短时间内发挥爆发力的项目，其适宜温度是27～28 ℃。马拉松等耐力运动的适宜温度则低些，马拉松最好成绩是在气温15 ℃以下时出现的。高温下进行耐力运动时，体温调节机制是限制竞技能力的重要因素。

674 什么是脱水？

脱水是夏季跑步最容易碰到的情况。在炎热环境中剧烈运动几小时，由于大量出汗后血容量显著减少而致脱水。脱水会导致排汗率、血浆量、心输出量、最大摄氧量、工作能力、肌肉力量和肝糖原含量等下降。

当脱水量占体重2%左右时，属于轻度脱水，以细胞外液丢失为主，血容量受影响，心脏负担加重，会影响运动能力。此时将会导致口渴感、尿少及尿钾丢失增加。

当失水量达到体重的4%左右时，为中度脱水，细胞内外液丢失量大致相等，会出现脱水综合征，表现为严重的口渴感、心率加快、体温升高、疲劳及血压下降等症状。这在马拉松、足球和网球运动中极为常见。

当失水量为体重的 6%～10% 时，即为重度脱水，细胞内液丢失的比例增加，并表现为呼吸频率增加、血容量减少、恶心、食欲丧失、厌食、容易激怒、肌肉抽搐、精神活动减弱甚至发生幻觉、昏迷的现象，对健康有严重的威胁。

随着脱水增加和血浆容量的降低，体温及心率会明显升高，心输出量下降。出汗每丢失 1 升水，运动时心率提高 8 次，而心输出量降低 1 升/分。脱水对运动能力的影响与运动员的"适应"程度有关。因此，在日常训练的时候应每一个小时补充一瓶运动饮料或者半瓶水，特别是长距离训练，还要注意在训练完之后第一时间补充水分。

675 在夏季训练时如何进行合理的补液？

在运动前后通过监测体重大致了解失水量，从而根据失水量来进行补液。每减少 1 千克体重表示脱水 450 毫升，或在运动前 20 分钟喝 400～600 毫升的温水。在运动中少量多次地补液，每隔 15～30 分钟补液 100～300 毫升，每小时的总补液量以不大于 800 毫升为宜。运动后的补液也应以少量多次为原则，并适当补盐。

在热环境中运动时适宜补液的指导方案如下。

（1）小于 1 小时的运动，在运动前 0～15 分钟补充含 6%～10% 糖的饮料，运动中补充的液体相当于 1/2 出汗量的水分（水温在 5～15.5 ℃）。1～3 小时的运动，建议运动前饮水 300～500 毫升，运动中补充 800～1600 毫升，含 6%～10% 糖和 12～20 毫克钠盐的饮料。大于 3 小时的运动，运动前饮水 300～500 毫升，运动中每小时适量补充含 6%～10% 糖和 12～20 毫克钠盐的饮料 500～1000 毫升。

（2）恢复期中应适量摄取含糖 5%～10% 和钠盐 30～40 毫克的饮料以获得复合水。为使糖原合成率达到最大的恢复，在运动后 2 小时内，每小时的摄糖量最少应为 50 毫克。

676 什么是日光性皮炎？

日光性皮炎又称晒斑或日光性红斑，在中长跑和马拉松运动员中并不少见。运动员长时间裸露在日光下运动，经常会引发此症，尤其在夏季或春末夏初最易发生。其潜在危害是导致皮肤出汗功能减弱、机体散热功能障碍，使运动员容易发生热射病。主要症状是局部皮肤红肿，有灼热及针刺感，严重者会发生水疱、结膜充血、眼睑肿胀，甚至不能睁眼，并伴有全身不适、发热、恶心、心动过速等症状。

677 日光性皮炎的主要症状是什么？

根据日光性皮炎皮肤反应轻重分为一度晒伤和二度晒伤。一度晒伤表现为局部皮肤经日晒后出现弥漫性红斑（边界清楚），24～36 小时达高峰。二度晒伤表现为局部皮肤红肿，继而出现水疱甚至大疱，疱壁紧张，疱液为淡黄色，自觉症状有灼痛或刺痒感。水疱破裂后呈糜烂面，不久干燥结痂，遗留色素沉着或色素减退，日晒后第二天病情达到高峰。

678 患了日光性皮炎应如何治疗？

一般对日光敏感性较强的人，应尽量避免日光曝晒，在户外要戴帽、手套等，还可以外用防晒霜。一般情况下避免日晒1~3天，皮肤症状均可消退。皮肤出现红、肿、起疱症状时，可冷敷或外用洗剂，主要治疗目的为消炎、止痛、抗感染。可选择适当的消炎止痛剂外擦，如大疱、渗出液多时，可用生理盐水进行湿敷，每次15~20分钟，一日2~3次，注意不要弄破水疱，以防止感染，大部分水疱不必处理。如果全身症状较严重，应在医生指导下口服适当的抗组织胺类药物。

679 什么是汗斑？

汗斑又称花斑癣，是由花斑癣菌寄生在皮肤角质层内而引起的一种皮肤病。患有汗斑是由于接触带菌者或穿其衣而被传染。夏季是该病的发病季节，皮肤潮湿者易得此症。汗斑好发于胸部、肩部、背部、腋部、上臂和颈部，有些人会在头皮、四肢或脸部出现汗斑症状，其周缘清楚。有时斑疹的表面会附着细小糠皮状鳞屑。斑的颜色可呈红色、黄褐色、黑褐色、紫褐色，以及淡白色，发病初期为黄褐色，经日光照射后可变为淡白色。此病发病缓慢，在发展过程中，斑状会逐渐增大，互相融合呈大片不规则的斑疹。患了此病，大部分人无特殊感觉，个别人有轻痒感。此病在中长跑及马拉松运动员中时有发生。

680 对于汗斑，应如何进行处理和预防？

要预防此病，应注意不和带菌者直接接触，保持皮肤干燥，勤洗澡，勤换衣，讲究卫生。一旦患了此病，可用5%~10%冰醋酸溶液或20%~40%硫代硫酸钠溶液搽于患处，也可外涂1%克唑霜。

681 什么是运动性冻伤？

运动性冻伤是由于寒冷而引起的一种组织损伤，常发生在手、脚、耳郭、鼻尖等处，多见于滑雪、滑冰、冰球、登山等项目。此外，冬季在户外进行其他项目运动，若不注意预防，也可能会发生冻伤。冻伤的主要原因是气温过低（常在0℃以下），此外，潮湿、风大、鞋袜过紧、身体衰弱、局部静止不动等因素都可能使冻伤发生。受冻后，皮肤小动脉和小静脉收缩，发生痉挛，皮肤呈苍白色，继而毛细血管扩张，血液淤滞，皮肤转为暗红色。暖和时，由于小动脉比小静脉解痉早，常有液体渗出，引起局部水肿或水疱。若受冻时间较长，局部组织缺氧和细胞受冻严重，则可能出现坏死的情况。

682　运动性冻伤的主要表现有哪些？

运动性冻伤按轻重程度分为下列三度。

（1）第一度冻伤（红斑级）：皮肤出现暗红色斑块，局部肿胀、发痒、烧痛，或有麻木感。可能有表皮脱落，但愈合不留疤痕。

（2）第二度冻伤（水疱级）：除皮肤红肿外，还出现大小不等的水疱，含有黄白色浆液，疱破后可能糜烂或溃疡，疼痛感较重，愈合较慢，愈合留有白色素沉着或疤痕。

（3）第三度冻伤（坏死级）：局部皮肤或肢体坏死，皮肤呈黑褐色，局部感觉完全消失。此时应立即就医。

683　运动性冻伤的处理办法有哪些？

冻伤发生后要及早处理，用酒精棉球轻轻揉擦局部，使皮肤稍微发红即可。未溃破时可涂抹冻疮膏，注意患部保暖。冻伤处应保持清洁，洗时要用温水，不要用热水泡或火烤，也不可用雪擦和冷水浸泡，不要因痒搔破，否则不宜愈合。

进行局部消毒后，用针刺破水疱，然后进行包扎。若已溃破，可涂抹紫药水或消炎软膏，再进行包扎。

684　冻伤的危害有哪些？

冻伤多发生在皮肤表层上，多出现在暴露部位，如手指、手背、面部、耳郭、足趾、足缘、足跟等处，表现为局部发红或发紫、肿胀、发痒或刺痛，严重者会出现水疱，破裂后糜烂、溃疡，甚至感染。愈后存留色素沉着或萎缩性瘢痕，痒感明显，遇热后加剧，溃烂后疼痛。

冻伤如果得不到及时有效的治疗，就会反复发作，可引发顽固性皮炎湿疹类的皮肤病，中医上称之为"顽癣"，很难治愈。当冻伤遇热时，会加剧痒感程度，特别是在夜里，瘙痒难忍，很难入睡，严重影响患者的正常生活、工作和学习。严重的冻伤会在手部等外露皮肤处出现色素沉着或萎缩性瘢痕，影响外在形象，造成心理阴影，产生心理负担。

治疗冻伤的药物很多都含有激素或有毒的成分，长期使用会对人体产生很大的副作用，可产生色素沉着、毛细血管扩张、口周皮炎、多毛症、皮肤萎缩等症状，严重影响身体健康。

685　如何防止冻伤？

冻伤主要发生在冬季或早春户外。运动前应注意保暖身体暴露的部位，佩戴围巾、手套、帽子等保暖衣物，洗手洗脸后及时涂抹润肤霜。做好准备活动，让身体充分热起来。运动出汗后,应及时更换衣物,防止潮湿,保持干燥。运动后坚持用热水泡脚,加速血液循环,有助于恢复。在日常生活中多用冷水洗手洗脸,增强抗寒、耐寒能力。

686 什么是运动性猝死?

运动性猝死是在运动中或运动后一段时间内发生的非创伤性死亡。现在大部分学者倾向于将运动性猝死的时间限定在发病(出现症状后)6小时内。尽管运动性猝死的发病率很低,但因其无征兆、起病急、来势凶猛、进展迅速和难以救治等特点,导致其后果极为严重。

马拉松是以有氧耐力为主的长距离耐力性运动项目,是对人体极限极具挑战性的运动项目之一。业余选手全程完赛时间大多在3~6小时,半程完赛时间在2~3小时。这是对体能和耐力的挑战。马拉松猝死有3个时间节点,包括半程极点、冲刺阶段和比赛结束后。极点是人体感到最难受的时期,肌肉无力,心跳和呼吸加快。冲刺时,多发生在最后5公里,选手希望创造好成绩,竭尽全力加速,忽视了心脏功能可能出现的问题。在冲过终点后,因为没有缓冲,大量静脉血淤积在静脉中,容易造成心脏骤停。

687 跑马拉松到底是增强心脏功能还是增加猝死风险?

运动是一把双刃剑。长跑有利于心脏健康,但过量跑步和没有基础的跑马对心脏是有损害的。研究结果表明,长期运动可以诱导心肌保护机制的发生,包括心肌热休克蛋白活性以及表达增加、心肌抗氧化应激能力提高、心肌线粒体有氧氧化能力提高和其他一些能够诱导心肌保护机制生物活性分子的改变等。这些都是运动增强心脏功能的确凿证据。

同时,男女运动性猝死比例约为7.2∶1,猝死在女性身上的发生率明显低于男性。这可能与女子心肌缺血性心脏病发病率较低有关。另外,女性很少参加大强度运动训练,在训练中,当身体出现极度疲劳或某些不适应症状时,女性更容易停止运动。

688 如何预防猝死的发生?

在选择参加马拉松时,一定要进行循序渐进的训练,在训练过程中应有专业的教练指导,制定相应的运动计划。根据个人的身体素质制定相应的运动负荷,逐渐提高长跑的能力。只有经过科学系统的运动训练,使心肺产生良好的适应后才能参与比赛。平时训练时最好能监测自己的心率,按照心率来科学训练或者比赛,建议带上心率带或者能实时监测心率的手表。必要时定期进行系统的健康评估,尤其是心电图和超声心动图,最好能做心血管疾病的筛查。

689 如何在比赛时预防猝死？

赛前的饮食应该包括含糖量高、易于消化吸收的食物；脂肪含量少、优质蛋白质的食物（鱼肉、牛羊肉）；充足的水分，富含维生素、矿物质的食物（蔬菜、水果）。少吃刺激性、辛辣、高油脂、胀气的食物。为了增多糖原储备，可以一天吃四餐，睡前食用牛奶、面食。比赛前2小时不宜进食。

出发前做好准备活动和拉伸，起跑前一定要做好热身，防止肌肉拉伤。赛中合理分配全程体力，切忌一时兴起就在出发和冲刺时用力过猛。比赛时要多注意自己的脉搏或心率，若异常变快或者迅速下降，一定要放慢速度。若出现胸闷、心悸、头晕、出冷汗等症状时，应停止跑步。赛后不要马上停步，应小步慢跑至逐步停止，然后进行全身放松活动。不要过量补水。一旦水量太大，血液里钾离子会快速流失，容易昏厥，比赛沿途都有补给点，水、运动饮料以及香蕉都不要错过，在每个补给点都补充一小口，但切忌过量。

690 如何使用心脏复苏术？

步骤一：评估现场、判断意识及判断生命体征，打开气道。

（1）评估现场、判断意识及判断生命体征：当发现一个倒地患者时，首先必须确认现场及周边环境安全，避免二次伤害的发生，其次判断其是否失去知觉。有以下几种方法：①喊话并拍其肩膀；②呼救（请现场的人或附近的人协助抢救，拨打120急救电话或通知就近的医疗单位）；③患者体位，当患者呈俯卧状态时，应先将患者双手上举，再将外侧（远离抢救者侧）下肢膝盖弯曲后驾在内侧（靠近抢救者侧）肢体上，一手护着患者的颈部，另一只手置于患者的胸部，小心、平稳、慢慢地将患者转为仰卧位，并将其双上肢放在躯干两旁。另一个方法是先将患者内侧下肢交叉在外侧肢体上，再将外侧上肢抬肩伸直靠于头侧，一手绕过患者内侧的上肢托肩，另一手置于患者髋关节处，将其整个地翻为仰卧位，并将其双上肢放在躯干两旁。

（2）打开气道：患者心跳呼吸停止、意识丧失后，会因全身肌肉松弛、口腔内的舌肌松弛、舌根后坠而堵塞呼吸道，导致呼吸阻塞。在进行人工呼吸前，必须打开气道，保持气道通畅。

仰头抬颌法：操作者站或跪在患者一侧，一手置患者前额上稍用力后压，另一手用食指置于患者下颌下沿处，将颌部向上向前抬起，使患者的口腔、咽喉轴呈直线。再通过看（胸廓有无起伏）、听（有无气流呼出的声音）、感觉（面部感觉有无气流呼出）三种方法检查患者是否有自主呼吸，如无呼吸应该立即进行人工呼吸。

步骤二：人工呼吸。

人工呼吸是向患者提供空气的有效方法。操作者置于患者前额的手在不移动的情况下，用一手拇指和食指捏紧患者的鼻孔，另一手掌根轻压患者环状软骨（以免气体流入食管），深吸一口气，尽力张嘴并紧贴患者的嘴，形成不透气的密封状态，以中等力量、1~1.5秒一口气的速度向患者口中吹入约为800~1500mL的空气，吹至患者胸廓上升。吹气后操作者即抬头侧离一边，捏鼻的手同时松开，以利于患者呼气。如此以20~24次/分的频率反复进行，直到患者有自主呼吸为止。

步骤三：人工循环。

人工循环是通过胸外心脏按压形成胸腔内外压差，维持血液循环动力，并将人工呼吸后带有氧气的血液供给脑部及心脏以维持生命。方法如下。

（1）判断患者有无脉搏。操作者跪于患者一侧，一手置于患者前额使头部保持后仰位，另一手以食指和中指尖置于喉结上，然后滑向颈肌（胸锁乳突肌）旁的凹陷处，触摸颈动脉。如果没有搏动，表示心脏已经停止跳动，应立即进行胸外心脏按压。

（2）胸外心脏按压。第一步：确定正确的胸外心脏按压位置。先找到肋弓下缘，用一只手的食指和中指沿肋骨下缘向上摸至两侧肋缘于胸骨连接处的切痕迹，以食指和中指放于该切迹上，将另一只手的掌根部放于横指旁，再将第一只手叠放在另一只手的手背上，两手手指交叉扣起，手指离开胸壁。第二步：施行按压。操作者前倾上身，双肩位于患者胸部上方正中位置，双臂与患者的胸骨垂直，利用上半身的体重和肩臂力量，垂直向下按压胸骨，使胸骨下陷3~5cm，按压和放松的力量和时间必须均匀、有规律，不能猛压、猛松。放松时掌根不要离开按压处。按压的频率为80~100次/分，吹气和按压的比例为2:30，如两人施术，比例仍为2:30。

691 发生猝死应如何进行处理？

常见的运动猝死，实质是心室异常颤动后，心脏短暂地停止跳动、停止供血，而人的大脑只贮藏了大约10秒的氧气，如不能及时除颤，每晚1分钟，存活概率便降低7%~10%，4~6分钟后就会出现严重脑缺氧而发生脑水肿，即使心跳呼吸恢复仍会导致脑神经细胞不可逆性损害。时间就是生命，掌握科学的"第一反应"，才能及时有效地救助身边的人。一般由经过训练的医护人员在第一时间进行胸外心脏按压、人工呼吸、自动体外除颤器（AED）除颤，施救时间越快越好，最好是在呼吸停止后1~2分钟之内进行除颤。患者猝死发生后：立即有人胸外心脏按压；2分钟内AED可以到达患者身边；3分钟内可以实施除颤；5分钟ACLS（高级生命支持）赶到现场。

马拉松猝死的急救利器是AED，它是唯一被证明可以提高心脏猝死患者抢救成功率的仪器。但有一个前提：必须在猝死发生的3分钟之内使用！

692 什么是低血糖？

低血糖症是由多种原因引起的血糖突然降至2.8毫摩尔/升以下，产生以交感神经过度兴奋及脑功能障碍为特征的综合征。在长跑、马拉松比赛或训练时，由于运动时间较长，运动员体内的血糖会大量消耗和减少，有时会发生低血糖症。运动性低血糖症一般发生在比赛过程中或比赛结束后。产生运动性低血糖症的原因，主要是长时间剧烈运动时体内血中葡萄糖大量消耗和减少、大脑皮质调节糖代谢的机能紊乱，以及胰岛素的增加所引起。此外，赛前饥饿、情绪过分紧张的情况下参加比赛也容易引起低血糖症。运动训练基础差或身体状况不佳的参赛者，在长跑或马拉松运动中更容易发生低血糖症。

693 如何预防低血糖的发生？

参加马拉松比赛的运动员在比赛前几天就应该食用高糖食物，使体内有充足的糖原贮备，运动员也应该养成在比赛途中合理食用含糖饮料的习惯。运动性低血糖症主要表现为：轻者出现无力、饥饿、出冷汗、烦躁不安等状况，重者会出现神志模糊、语言不清、精神错乱，甚至惊厥和昏迷现象。患者脉搏快而弱，呼吸短促，瞳孔扩大，血压升高。若查血糖可降至2.8毫摩尔/升以下。发生运动性低血糖症时，一般通过饮用浓糖水并吃甜食就可恢复正常。如果症状严重，可静脉注射50%葡萄糖溶液提高血糖浓度，或肌肉注射高血糖素1毫克，同时给予吸氧，症状一般在15分钟内可消除。

694 什么是运动性贫血？

运动性贫血在中长跑马拉松运动员中并不少见。所谓贫血，是指循环血液的红细胞或血红蛋白的量低于正常值。贫血通常是一种症状，而不是具体的疾病。贫血的类型很多，如再生障碍性贫血、缺铁性贫血等。由运动训练引起的贫血，被称为运动性贫血。人体内红细胞的功能是输送氧气给各组织器官。健康男子每立方毫米的血液中有400万~500万个红细胞，女子有350万~450万个红细胞。红细胞中含有血红蛋白（也叫血色素），它可以使血液呈鲜红色。正常男子每100毫升血液中有12~15克血红蛋白，女子平均为11~13克。在运动训练中，由于运动量过大，往往会使红细胞遭到破坏，血红蛋白减少，从而造成过性贫血，使机体输氧能力减弱，引起运动员机能状态的下降，影响训练效果及运动成绩。运动员一旦发生贫血，就可能会出现心跳加快、气喘、头晕、眼花、恶心、呕吐、嘴唇发紫、周身无力等现象。

695 运动性贫血的处理办法有哪些？

一般只要调整运动量、增加饮食营养，尤其要增加食用含蛋白质、含铁丰富的食物，如绿色蔬菜、水果、各种瘦肉、肝脏、蛋类及豆制品等，就可使运动员的机能状态恢复正常。如果贫血是由其他原因造成的，那么应根据不同的情况加以治疗。

696 什么是髌骨劳损？

髌骨劳损是指髌骨软骨面及其相对的关节软骨面因慢性损伤后，形成髌骨骨关节炎症的一种退行性疾病，亦称"髌骨软化""髌骨软骨病""髌骨软骨炎"，是膝部常见的运动损伤。由于膝关节经常过分伸屈、超常范围的内外翻，髌骨下面的软骨面与股骨的相应面长期碰撞挤轧致伤。初期开始活动时局部酸痛，活动后酸痛程度得以减轻，活动结束经一段休息时间后又加重，没有明确的固定疼痛部位。此症多见于青壮年，特别是青年运动员。运动员运动过多，致使膝关节长期磨损，是引发本症的常见原因。骨盆较大、X型腿、常跪坐、大腿四头肌无力、扁平足的女性，也易患髌骨软化症。女性穿高跟鞋上下楼梯，髌骨承受重量超过体重，也易引发髌骨软化症。

697 如何治疗髌骨劳损？

受伤初期应减少剧烈活动和下蹲，以保护膝关节。撞伤、扭伤急性期（24小时内）要避免热敷，4小时内为冷处理最佳时机，应对受伤局部加以冰敷。对于陈旧性膝关节劳损应加以热敷，按摩肌肉和韧带。加强股四头肌和股二头肌等大腿肌肉的力量，同时配合物理治疗，增加效果。也可以口服抗炎药或在关节内注射玻璃酸钠、醋酸泼尼松龙等，可以起到一定的消炎、缓解疼痛和增加关节活动度的效果。

当症状严重时，采用髌骨软骨切削术，包括软骨表浅切削、切削软骨达骨质及骨质钻孔术，促使胫骨关节内分泌恢复平衡。

698 如何预防髌骨劳损？

在选拔新运动员时，采用单足半蹲试验检查，凡有膝痛膝软者要进一步检查是否患有髌骨劳损或先天性髌骨异常，也可以使用这种方法检查自身是否患有髌骨劳损。

在日常的素质练习中，要加强全面身体训练；加强对髌骨周缘腱止装置适应牵拉力量的训练；要学会科学地制订训练计划，注意训练节奏，循序渐进，避免单一肌肉过于发达；在进行跑步技术练习时，一定要注意动作要领，掌握正确的动作；每次训练课前、课后进行单足半蹲试验，做到尽早发现、及时处理。

699 什么是运动性血尿？

肉眼或显微镜下见到尿液中有血或血细胞称为血尿。单纯由剧烈运动引起的血尿称为运动性血尿，多见于男性超长跑运动员，主要是由于长时间中等以上强度的剧烈运动所造成的，主要的症状表现为剧烈运动后即出现血尿，程度与运动量和强度有关。停止运动后，血尿迅速消失，一般不超过3天，肉眼血尿在24小时内、镜下血尿不应超过14天。除血尿外，无其他征象。血尿可反复发生，以持续2~4年多见。

700 运动性血尿的处理办法有哪些?

凡出现肉眼血尿,均应停止训练,仔细了解病史、详尽检查,尽快做出鉴别诊断。镜下出现少量红细胞而无症状者,应减少运动量,继续观察。确诊后如无大碍,可以继续参加训练,但是要遵守训练的科学原则,负荷量和训练强度要循序渐进,避免骤然加大负荷量和训练强度,做好全身和腰部的充分准备活动,加强医务监督。合理安排训练和比赛时的饮水制度,在剧烈训练和比赛过程中要适当补充水分。若患有非运动性血尿,应停训治疗。

701 什么是髌下脂肪垫炎?

髌下脂肪垫炎多发于喜爱运动的人群,典型症状是上楼的时候膝盖疼,下楼时更疼。膝关节偏下的位置两侧各有一个凹陷的地方,俗称"膝眼",两个膝眼之间有个三角形的脂肪垫,就是髌下脂肪垫。主要是慢性劳损累积成疾,也有因外伤引起的,但比例很小。髌下脂肪垫炎多发于女性,女性患者占了3/4左右。

702 如何判断是否患有髌下脂肪垫炎?

髌下脂肪垫炎的主要特点:①上楼梯的时候疼痛加重,下楼梯的时候更重,走平路的时候有所缓解,受寒后症状加重。走路多、爬山多的人多发。②疼痛的位置在膝关节的前方和下方,膝盖完全伸直的时候伴有疼痛、酸胀无力的感觉。有时候会出现伸不直、走路轻微跛行的情况。③膝眼的位置有肿胀,即人们常说的"膝眼饱满"。

703 如何治疗髌下脂肪垫炎?

在治疗髌下脂肪垫炎时,超声波、无热或微热短波等物理治疗均有助于减轻疼痛,缓解关节僵直。减轻关节负荷,保护关节功能,应避免过度负重。药物治疗主要可分为控制症状的药物、改善病情的药物及软骨保护剂。局部治疗外用药物或脂肪垫局部封闭治疗。

对于经保守治疗无明显疗效、病变严重及关节功能明显障碍的患者可以考虑外科治疗。有明显关节疼痛及对止痛剂、关节内糖皮质激素注射而疗效不佳的患者,可通过关节镜手术,给予关节内以大量灌洗来清除纤维素、软骨残渣及其他杂质,或通过关节镜切除增生肥大的髌下脂肪垫组织,有效缓解关节运动疼痛。治愈后要坚持锻炼才能避免复发。所有因为长期劳损造成的慢性炎症,即使治愈,也要坚持锻炼,才能避免复发,肩周炎、颈椎病、腰椎病如此,下脂肪垫炎也是如此。

704 髌下脂肪垫炎如何做康复锻炼呢?

锻炼膝关节常用的最简单易行的办法是锻炼膝关节上下的肌肉力量。第一步,坐在椅子上，两腿合并伸直，脚后跟着地，脚尖用力向前绷直，坚持10秒钟。第二步，同样的动作不变，脚尖用力向人体方向绷直，坚持10秒。第三步，左右双腿在伸直的状态下交叠，上面的腿用力下压，同时下面的腿上抬，坚持10秒后双腿交换，再做同样的动作，坚持10秒。

在日常生活或训练中，尽量避免膝或髋关节长久站立、跪位和蹲位，可利用手杖、步行器等协助活动，肥胖患者应减轻体重。肌肉的协调运动和肌力的增强可加强对关节的保护。设计锻炼项目以维持关节活动范围，包括游泳、骑无阻力功率自行车和散步等。

705 什么是运动性头痛？

平时在运动过后，跑者可能会觉得自己的头非常疼。这是由于运动强度相对增加过快，身体机能紊乱而引发的头部不适，称运动性头痛。运动时出现头昏、头晕或头痛等症状者，多数会伴随脸色苍白、肢体无力，出汗过多，恶心，甚至呕吐等症状，当这些症状明显时常常被迫停止锻炼。

706 造成运动性头痛的原因有哪些？

（1）缺乏锻炼者从事激烈运动。平时出现头昏或头痛，同时还有脸色苍白、气喘、恶心、呕吐，肌肉抽筋等症状，这是机体呼吸器官的功能水平不能适应激烈运动时需要的反应。呼吸节律不好，使体内出现氧不足的现象时，也会发生头晕。

（2）病后过早参加激烈运动。疲劳后参加运动或在睡眠不足的情况下参加运动或比赛，都可能引起昏、头晕、头痛等系列症状。应该提出的是，之前在锻炼时不出现头昏、无力等症状的人突然出现这些症状，并伴有食欲减退、睡眠不佳、气短、多汗、血压增高和运动成绩下降等现象时，应该引起警惕。

（3）体内热量不足。当头昏、头晕等症状发生在锻炼一段时间后才或锻炼接近结束时，尤其在外界温度过高或过冷的条件下出现这些症状时，其原因可能与体内热量不足、血糖含量降低有关。因此，在饥饿状态下参加长时间的锻炼就容易出现头晕、无力、出汗等现象。

707 如何处理运动中头痛？

导致运动中头痛的原因有许多。当锻炼者由于长时间不锻炼导致头痛时，这是在提醒我们平时要注意运动。当体内能量不足、脱水时，要求锻炼者摄入更多的食物，并且食物要多样化，多进食蔬菜和水果。当锻炼者由于低血糖、神经性头痛时，要注意放慢跑速，慢跑会消耗脂肪，快跑会消耗糖分。跑步结束后要放松走动。由于天气原因导致头痛时，可以佩戴太阳镜或太阳帽。

路跑赛事组织与管理篇

708 路跑赛事有哪些类别？
B 类：在中国境内举办的由国际田联或亚田联主办的田径路跑赛事。
C 类：带有"国际"名称，由中国田协主办或参与主办的国际路跑赛事。
D 类：由中国田协主办或参与主办的国内路跑赛事。
G 类：由中国田协批准或备案的国内路跑赛事及活动。

709 谁是中国田径路跑赛事的组织管理者？
中国田协。它拥有与赛事相关的一切权利。

710 中国田径路跑赛事的具体负责单位是什么？
中国田协路跑委员会。它主要负责所有路跑赛事的统筹、协调和组织管理工作。

711 中国田协路跑委员会将依据哪些文件进行管理监督、指导和协调解决各方面的争议纠纷，并处理比赛中的违纪违规行为？
国际田联的《田径竞赛规则》、中国田协《全国田径赛事（路跑赛事）组织工作指南》等有关规定和国家体育总局（包括原国家体委）的有关文件。

712 各类路跑赛事应该如何进行申请？

B 类路跑赛事：由中国田协向国家体育总局和有关国际体育组织办理申报手续。

C 类路跑赛事：由举办城市在预定比赛时间前 12 个月向中国田协提出书面申请，待批准后，由中国田协向国家体育总局办理申报手续，如超过 5 个国家参赛，由中国田协向国际组织备案。

D 类路跑赛事：由举办城市在预定比赛时间前 6 个月向中国田协提出书面申请，待批准后，由中国田协下发同意举办的函。

G 类路跑赛事及活动：由举办城市在预定比赛时间提前 4 个月向中国田协提出书面申请，待批准后，由中国田协下发同意举办的函。

713 申请路跑赛事时需要提交什么材料？

B、C、D、G 类路跑赛事的举办地应详细编制包含以下内容的申请批准报告。

（1）赛事名称及申请报告。
（2）赛事举办地政府和省属体育部门同意的函。
（3）拟定比赛起、终点及赛事路线情况、海拔图。
（4）赛事经费来源及预算。
（5）赛事的组织和安全保卫计划、方案。
（6）其他本会要求提交的书面材料。

714 路跑赛事路线如何丈量？

（1）中国田协 A 类认证赛事、全国锦标赛的赛事路线必须由国际田联或国际马拉松及长跑协会 B 级以上丈量员丈量。

（2）B 类赛事必须经国际田联或 AIMS 国际马拉松和公路跑协会的 A 或 B 级丈量员进行丈量，赛道指南要包含赛道海拔图和比赛日的平均气温。

（3）C 类赛事中属于 AIMS 会员且申请获得国际田联"金、银"标志的赛事路线必须连续 5 年经国际田联或 AIMS 的 A 或 B 级丈量员进行丈量，且 5 年来一直没有大的改变，赛道指南要包含赛道海拔图和比赛日的平均气温。

（4）B、C 类赛事中不属于 AIMS 会员的赛事赛道必须连续两年经国际田联或 AIMS 的 A 或 B 级丈量员进行丈量，并且两年来没有大的改变，赛道指南要包含赛道海拔图和比赛日的平均气温。

（5）D、G 类赛事的赛道必须经国际田联或 AIMS 的 C 级丈量员进行丈量。

715 中国田协路跑委员会如何协调赛事？

在中国田径境内举办 B、C、D、G 类路跑赛事（活动）组织工作的职能部门，在中国田协的领导下负责处理全国田径赛事中所有的组织、协调工作。

716 当地组委会有哪些职责？

（1）全面负责赛事的组织管理，执行竞赛规程和相关规定。定期召开会议，根据赛事工作进程审议有关提案、决议，审定有关文件，向赛事有关各方通报各项决定并组织实施。监督赛事各有关部门工作，对比赛期间各项紧急事务进行研究处理。

（2）负责接待中国田协派出的赛事代表。赛前1个月，向田径运动管理中心指派的组织代表、技术代表提交书面的赛事筹备工作报告。也可不定期就某一事项单独提交情况报告，当地组委会进行汇报产生的费用（差旅费和食宿费）自理。

717 当地组委会应该设立什么有关机构？

办公室、竞赛部、对外联络部（国际赛事）、新闻宣传部、财务部、市场开发部、医疗部、安保交通部、接待部、电视转播部（如需要）。各部门职责由当地组委会根据实际需要设立。

718 路跑赛事路线标识有什么要求？

（1）与中国田协共同主办的赛事，在赛道上须每一公里设置一块公里牌，在折返、拐弯以及分道的路段须设指示牌。

（2）非与中国田协共同主办的赛事，至少须在每五公里设置一块公里牌，折返和拐弯分道等路段须有指示牌。

（3）每个比赛项目的终点前100米处，须设置终点提示牌和运动员分流指示牌，每个终点要设置醒目的标识。

（4）各种标识牌和提示牌要清晰、明显，数量要充足，摆放位置要体现以人为本的原则，要达到提示运动员的目的。

719 设立路跑赛事起点区域有什么要求？

（1）起点区应选择交通便利、适合赛事相应规模人员聚集的安全区域，并提供该区域的详细布局图（如主席台、医疗站、厕所、检录区等）。

（2）起点区应根据不同竞赛项目的规模设置出发区，并设置明显标志。

（3）起点区应综合考虑仪式需求，并根据参赛选手的集结、存包、补给、医疗、洗手间、垃圾处理等需求进行合理规划。

（4）起点应摆放明显的标志物，例如出发拱门或气球。

（5）主席台区域应严格控制人员进出，防止该区域人员混杂和秩序混乱。

（6）组委会须制定起点观众的人流疏散方案和安全保障措施，该方案需经当地公安部门认可。

720 设立路跑赛事终点区域有什么要求？

（1）组委会须制定终点区域的划分以及详细布局图（包括终点运动员通道、摄影区、移动卫生间、奖牌及纪念品发放、成绩证书打印和发放等）。

（2）与中国田协共同主办的赛事终点区域应设有混合区，混合区内应严格控制人员进入，但应有利于记者进行采访。

（3）混合区：设置特邀运动员和专业运动员通道，通道须有采访背景板。设置大众选手通道，通道要求宽阔，有利于疏散大众选手。混合区内只允许有混合区通行证的人员进入。

（4）特邀选手采访背景板前须有硬质或其他的隔离物，使采访人员和被采访人员分开。进入混合区内的记者须持有内场记者证，内场记者证只发放给赛事官方合作或主办方邀请的媒体。

721 路跑赛事起点区域和终点区域赛道交通管制与关门时间有什么要求？

起点区域应保持交通管制，直至最后一名运动员离开起点。终点区域交通应保持管制，直至公布的关门时间。

722 如何规定各公里点关门时间？

具体参见表7。

表7 各公里点关门时间参考标准

赛事	公里点	关门时间
6小时关门马拉松赛事	5公里	1小时
	10公里	1小时30分
	半程	3小时
	30公里	4小时15分
	35公里	5小时
	全程	6小时
7小时关门马拉松赛事	5公里	1小时
	10公里	1小时45分
	半程	3小时30分
	30公里	5小时
	35公里	5小时50分
	全程	7小时

723 路跑赛事对双向交通的公路如何实行交通管制？

如运动员需使用两侧的公路，则对两侧的公路进行管制，若运动员只用其中一侧，则可以只对使用的一侧进行管制。

724 路跑赛事交通管制的公告应该何时公布？

赛事举办前1~2周向社会公布，以方便群众出行。

725 组委会应该按照什么规则规定设置饮水、海绵、饮料和食品供应站？

所有项目应在大约5公里的适当间隔设置饮水或用水站。超过10公里以上的项目，除了提供水之外，还应该在这些站点提供饮料和食品。全程马拉松赛至少设置8个饮料站和7个饮水、用水站，半程马拉松赛至少设置4个饮料站和3个饮水、用水站。

726 马拉松饮料、饮水、用水站根据公里点应该设置多少数量的桌子？

具体参见表8。

表8　水站设置位置及数量要求

放置位置	数量/个
5公里	20
7.5公里	16
10公里	7
12.5公里	6
15公里	6
17.5公里	6
20公里	6
22.55公里	4
25公里	4
27.5公里	3
30公里	3
32.5公里	3
35公里	2
37.5公里	2
40公里	2
终点	10

727 路跑赛事是如何按照参赛人数增加桌子的?

以 5 000 人的参赛人数为例,建议每增加 1 000 人,增加 4 张桌子。

728 饮料站的饮料桌、饮水站和用水站的桌子应该怎么样排列?

饮料站的饮料桌排列顺序依次为:运动员自备饮料桌(红色)、组委会准备的饮料桌(蓝色)和矿泉水桌(白色)。饮水站和用水站的桌子排列顺序依次为:放置吸水的海绵块桌(黄色)、矿泉水桌(白色)。注意吸水的海绵块要放置在不锈钢或塑料托盘内,保证海绵块的水分不流失。

729 路跑赛事能量补给包括哪些食物?

饮料、能量补充品、食品或其他除水以外的食物。

730 马拉松和半程马拉松赛事对参赛运动员的年龄有什么限制?

(1) 马拉松项目:参赛者须在比赛当年 12 月 31 日前满 20 周岁。

(2) 半程马拉松项目:参赛者须在比赛当年 12 月 31 日前满 16 周岁。

(3) 18 岁以下未成年人参赛:组委会须要求其监护人或法定代理人签署参赛免责声明。

731 组委会可以为大众选手提供什么报名方式?

网上报名(最佳报名方式,建议所有马拉松赛事开通和完善网上报名系统)和现场报名。

732 路跑赛事发放参赛物品有什么要求?

(1) 注册运动员:组委会可开通专用通道让运动员领取或在技术会议上发放参赛物品。

(2) 大众运动员:组委会应至少在赛事前 3 天向大众选手发放参赛物品,并确保发放时间和方式方便选手领取。

(3) 如在集中区域发放参赛物品,应科学规划发放区域以及发放流程,尽可能减少参赛选手的排队及等候时间。

733 参赛选手号码布背面应该填写什么重要的信息?

填写突发状况的相关信息,包括血型、紧急联系人及其联系方式。

734 路跑赛事对计时有什么要求？

（1） A 类认证赛事须使用中国田协审定的感应计时产品，至少在终点、最远距离的折返点有感应计时点，且计时点总数不少于平均每 10 公里 1 个。

（2） B 类认证赛事可采用手计时或感应计时，至少在终点、最远距离的折返点有感应计时点，且 40 公里以内（含 40 公里）的赛事至少应设置 1 个分段计时点，40 公里以上的赛事应至少设置 2 个分段计时点。

735 参赛运动员可以通过什么途径获得参赛指南？

（1） 组委会应根据中国田协竞赛组织管理规定的要求，将本次马拉松赛事的实用信息（交通、安保、医疗、竞赛等）编制成手册，于赛前下发到每个参赛人员手中，以方便运动员参赛。

（2） 参赛指南可在赛事组委会官方网站上下载。

736 赛事组委会须对具备什么成绩的运动员进行 10 天的成绩公示？

男女前 20 名、达等级标准的运动员。公示期满并无异议后，方可发放奖金和开具达级成绩证明。

737 路跑赛事的起跑仪式有什么要求和程序？

（1） 路跑赛事的起跑仪式的要求：
①马拉松赛事的起跑仪式应本着隆重热烈、简便易行的原则，时间控制在 6 分钟以内。
②语言：建议起跑仪式只使用中文，其他语言可用视频或其他方式显示。
③切记不可将"宣布开幕"和"鸣枪发令"安排在同一起跑仪式中。
④参与起跑仪式的领导建议统一穿着运动装和运动鞋。

（2） 起跑仪式的具体程序为：
①主持人宣布起跑仪式开始。
②介绍出席起跑仪式的主要领导。
③领导致辞（建议尽可能不安排领导致辞，如有领导致辞必须简短，最好控制在 3 分钟以内）。
④请主要领导宣布比赛开幕或请主要领导为比赛鸣枪发令（如鸣枪发令，则由裁判长进行倒计时）。

738 路跑赛事颁奖仪式有什么要求？

（1） 颁奖台设置：前三名颁奖，颁奖台从左至右应设置名次为：2、1、3。前八名或更多名次颁奖，颁奖台从左至右应设置名次为：2、1、3、4、5、6、7、8……依次类推。

（2）颁奖顺序：从最后一名开始颁奖，第一名最后颁奖。

（3）如为每个名次颁奖的嘉宾都不同，则在获奖运动员登台后，再介绍颁奖嘉宾。

（4）运动员须穿本人的正式队服参加颁奖仪式。如组委会要求穿着大会提供的统一服装参加颁奖仪式，则须事先征得获奖运动员或其代理人的同意，以免发生合同纠纷。

739 路跑赛事组委会在保险方面有什么职责？

所有赛事组委会均应确保赛事期间组织人员、参赛运动员和其他工作人员均有人身保险，确保组委会有公众责任险。

（1）群众运动员、观摩群众和其他有关人员的保险时间：比赛当日。

（2）注册运动员的保险时间：从报到之日起到补充通知规定离开之日。

（3）工作人员的保险时间：自工作之日起到比赛结束后离岗之日。

740 路跑赛事组委会在安保方面有何职责？

（1）赛事组委会须严格执行国家和地方颁布的《大型群众性活动安全管理条例》的有关规定来组织安保工作。

（2）赛事组委会须制定周密的赛事安保方案，方案包括起点、终点、路线、VIP服务等各个方面。

（3）赛事组委会须根据比赛路线特点制定科学合理的交通管制方案和人员疏散方案，以确保各主要路口的交通安全。

（4）为切实做好比赛各区域的人员管理工作，组委会须制作赛事证件，对赛事各区域进行严格管理。

741 举办1 000人（含）以上的赛事，组委会须至少向安保部门提供哪些材料？

（1）国家主管部门或者市和区、县人民政府、有关行政主管部门的批准文件。

（2）马拉松赛事的安全保卫工作方案和安全责任制度。

（3）马拉松赛事突发事件的应急预案。

（4）场地出租单位需提交大型社会活动安全保卫方案和安全责任制度、大型社会活动应急疏散方案，以及由行政或行业权威部门出具的可证明活动场地建筑、设施、设备等安全可靠的年检、测试报告等证明材料。

（5）与舞台施工单位签订的舞台施工协议书，消防安全协议书。

（6）施工单位的营业执照副本和法人代表的身份证复印件，舞台搭建牢固的保证书。

（7）如雇佣保安，须与正规保安公司签订的保安合同书，营业执照副本和法人代表的身份证复印件（注明：人员安排）。

（8）举办活动的场地租赁协议书。

（9）举办活动现场平面图、效果图、座椅码放图（图上标明通道宽度，并向公安机关提供电子版的场地平面图、方位图）。

（10）证件样本、证件数量证明及封版证明、证件票务防伪说明和保证书。

（11）活动现场演出曲目。

（12）安全风险预测或评估报告。

（13）消防局的审批文件。

（14）如有安检大棚，需要提交搭建公司协议、牢固保证书、营业执照副本和法人代表的身份证复印件。

742 路跑赛事应遵循哪些医疗服务标准？

（1）赛事组委会应详细列出马拉松比赛中医疗站的位置及其提供的医疗服务内容，并制定比赛的医疗方案（第一救助、急救、健康护理、救护车服务、电话联络等）和突发事件的应急预案。

（2）赛事组委会须指定比赛沿线的医院作为组委会官方医院，并标明医疗地点，开通绿色急救通道。

（3）赛事组委会应根据实际情况安排足够的医疗救护车和医疗站，在赛道沿线安排足够的医疗志愿者，确保在第一时间内做好救治工作。

（4）赛事组委会应明确医疗服务中所产生的费用的经济责任。

（5）所有以上信息须通过选手参赛指南向所有参赛选手公布。

743 路跑赛事在环卫方面有哪些要求？

（1）赛道起终点及沿途均应根据赛事规模配备足够数量的公用厕所，并预留运动员来往厕所的通道，起点公用厕所应至少在赛事开始前一个半小时开放。

（2）赛事的起终点及沿途应配备垃圾回收设备或垃圾回收服务，赛事组织方应确保在赛事结束后赛事路线上不遗留任何赛事废弃物。

744 如何安排路跑赛事厕所数量？

具体参见表9。

表9 厕所设置位置及数量

放置位置	数量/个
起点	70
5公里	10
10公里	4
15公里	4
半程	20
25公里	4
30公里	4
35公里	2
40公里	2
终点	40

745 路跑裁判员应该遵守哪些工作要求？

（1）熟悉比赛规程。

规则与规程是裁判员执法的依据。比赛前，主裁判应组织本组裁判员学习竞赛规则、本次比赛的相关规程及有关规定，尤其是涉及本组每位裁判员岗位职责的部分，要反复强调，使每位裁判员均明确比赛中的相关规定，并能在比赛中加以贯彻。

（2）明确工作职责。

每位裁判员首先要明确自己的岗位与职责，要了解自己应该做什么、怎么做、何时做、与谁合作。其次，要熟悉相关工作情况，如在起点区域工作的裁判员，应对运动员的分组、检录、集结、时间、地点、存衣处、厕所、饮料站的位置等非常清楚，以便随时解答运动员的提问。再次，要提高组织能力，见到违章要纠正，共同维持起点的秩序。最后，凡是担任两项工作任务的裁判员，均应对其工作有明确的概念，不要有主要工作与次要工作之分。

（3）遵守相关纪律。

准时到岗，按规定着装与佩戴证件，认真工作，工作期间不聊天、不吸烟。同时，有关裁判工作内部问题应按程序逐级反映，不是自己职责范围内的事情或自己没有把握的信息不要随意传播。

（4）注意团结协作。

一是要注意本组内部的团结，工作中互相帮助。二是与相关组的协作，确定与相关组的工作协调方式与程序。三是与其他部门合作，如公安部门、志愿者、媒体、赞助企业等，在工作中取得他们的配合与帮助，在保证规则执行与方便运动员比赛的前提下为运动员提供帮助。

（5）提高应变能力。

由于马拉松比赛中相当一部分裁判员是独立进行工作的，因此，在赛前要尽可能将工作考虑得复杂些，将可能发生的事情想得多些，做到胸中有数，对于突发事件要敢于负责，当机立断，处理得当。

（6）做好服务工作。

裁判员首先要有为运动员创造优异成绩和群众享受体育快乐服务的意识，要为运动员创造优异成绩提供服务，要让群众运动员感受到参与马拉松比赛的快乐，工作态度要和蔼，并且要保证规则与规程的执行。

（7）发现问题及时汇报。

如发现难以解决的问题要及时汇报，以便领导部门做出快速准确的决策。

746 路跑赛事检录管理裁判有什么工作任务？

（1）在赛事主管和赛事主管助理的领导下，确定各项目的起点位置，负责检录管理的全部工作。

（2）协调各起点检录工作，准备好各种检录用品，检查各检录处的各种设施是否符合比赛要求。

（3）准确掌握检录时间及出发时间，保证各起点检录主裁判按时将运动员带进比赛场地，运动员在起点线集合后，维持好起点的秩序，为运动员做好各项检查工作。

（4）听到鸣枪后组织运动员安全有序地出发，确保比赛的顺利进行。

747 路跑赛事全程马拉松赛前检录裁判应遵守哪些工作细则？

（1）积极参加相关的理论学习及业务培训，组织本组裁判员及志愿者学习和掌握相关的裁判工作方法。

（2）讨论、学习本组在比赛时可能出现的各种问题及现场处理办法。

（3）全体检录裁判及志愿者应清楚各自的分工任务，明确工作流程。

（4）组织检录裁判及志愿者熟悉本组场地区域，相互协调配合，机动灵活地开展工作。

（5）了解参加全程马拉松比赛的运动员情况，如人数、性别等。

（6）熟悉各自负责的工作。

（7）准时到岗，共同完成本次检录裁判工作。

748 路跑赛事中，发现运动员有意或无意站错起点位置，检录裁判应如何处理？

指出正确的起点位置，耐心疏导，使其归位。如仍不听劝告，则记录该运动员的号码并上报赛事主管和总记录处，按有关规定取消检录资格。

749 路跑赛事中，发现起跑前有运动员因过度紧张和其他原因晕厥，检录裁判应如何处理？

由一名裁判和两名志愿者将其及时运至医务处进行救治。

750 路跑赛事中，未发令前，部分运动员越过起点线，检录裁判应如何处理？

由裁判员和志愿者迅速组成第二道隔离线，再由其他裁判和志愿者疏导，将越过起点的运动员劝返至起点线后。

751 路跑赛事中，起跑时发现有运动员的鞋子被踩掉或类似现象并企图捡起，检录裁判应如何处理？

立即阻止其捡鞋动作，并引导该运动员逐步跑向赛道边，待大部分运动员通过后，再让其进入赛道。

752 路跑赛事中，运动员穿着、携带或使用不符合大会规定的服装或用品，检录裁判应如何处理？

耐心说明有关规定，劝导运动员改正。如仍不听从劝阻者，则记录该运动员号码，并向赛事主管汇报。

753 路跑赛事检查裁判有什么工作任务？如何进行分工？

在外场裁判长的领导下，检查组全体裁判员根据田径竞赛规则，检查马拉松运动员在比赛中的犯规情况，并提出处理建议。

检查裁判分工：

（1）主裁判：2人。
（2）裁判员：34人。
（3）检查员共分6组，每组6人，其中组长1人。
（4）后援团：全体裁判员。

754 路跑赛事检查主裁判赛前有何职责？

（1）组织全体检查裁判员学习田径竞赛规则、竞赛规程和竞赛须知等文件，统一裁判方法与判罚尺度。组织实习，明确检查工作流程。

（2）根据马拉松项目特点，合理安排每名检查员的位置和负责区域。

（3）规定检查员上岗、下岗的时间和车辆，明确联络方法等。

（4）按外场裁判长要求，带领检查员检查马拉松场地，确认各自上岗的位置。

（5）确定比赛中出现犯规情况后的联络方法。

（6）与场地器材组联系，落实检查组所需器材、用品的领取办法。

755 路跑赛事检查主裁判赛中有何职责？

（1）1号主裁判在终点附近负责比赛进程，以及比赛前、后与检查员和外场裁判长的联络。

（2）2号主裁判在比赛中落位于半程处，负责前半程检查员的上岗及犯规的处置。如犯规，在检查员报告表上签署意见并签名后，立即通知外场裁判长。

（3）密切注意比赛的全过程，了解各检查员的工作情况。

756 路跑赛事检查员有何职责？

（1）比赛前按规定时间认真参加裁判学习和实习。

（2）明确集合时间和地点，明确上岗、下岗路线，明确工作位置和负责区域。

（3）比赛中按主裁判分配的任务准时到达指定的位置。

（4）按照规则要求，认真检查运动员在本区域内有无犯规情况。如发现违反规则的情况，应立即向检查主裁判报告，待返回后向主裁判和外场裁判长提交书面报告。

757 路跑赛事检查员赛前有哪些工作细则？

（1）按照赛前工作日程，在主裁判的组织下学习田径竞赛规则相关内容、竞赛规程和竞赛须知等有关文件，制定检查工作细则。

（2）统一裁判方法和判罚尺度，确定判罚原则。

（3）根据竞赛日程，检查组进行具体分工。对检查员进行分组，确定工作位置和检查区域，明确工作任务。

（4）确定比赛前检查组集合时间、地点，明确进、退场和换位路线。

（5）落实检查组所需器材、用品以及领取办法。

（6）熟悉对讲机、裁判用具的使用方法，统一旗示，检查报告表的填写要求。

758 路跑赛事检查主裁判与检查员之间如何进行联系？

（1）比赛前，检查主裁判骑电动车巡视各点检查员到岗准备情况。

（2）比赛过程中，检查员发现犯规情况时立即通过手机通知主裁判。

（3）比赛结束后，检查员依次退场。

759　路跑赛事检查主裁判与外场裁判长之间如何进行联系？

检查主裁判收到检查员发出的犯规信息后，寻找外场裁判长并告之具体情况，如若外场裁判长在途中，可通过手机报告，并请其进行处理。

760　路跑赛事检查裁判员有什么工作要求？

（1）检查组提前3小时到达集合地点，随车辆上岗。

（2）检查主裁判随车出发，并向检查员进一步明确各检查员所处的位置和退场车辆。

（3）比赛开始，检查员在其负责的区域内流动，选择最佳视角观察运动员在本区域内有无犯规情况。

（4）发现运动员犯规时，按以下流程及时处理。

①检查员看清运动员的号码，若有其他运动员被影响，则要看清被影响运动员的号码。

②检查员用对讲机或手机立即报告检查主裁判，检查主裁判立即报告径赛裁判长，请外场裁判长处理。

③检查员及时、准确填写检查报告表的每项内容：项目、赛次、组次、犯规运动员的道次、号码、犯规地点、犯规情节等，最后签名，待返回裁判中心后上交。

④检查员在秩序册上简要记录犯规情况，以备后查。

⑤比赛中运动员中途退场（中退），该区域的检查员应将该运动员交给收容车，并填写检查报告单，立即通知检查主裁判，检查主裁判立即报告外场裁判长。

⑥比赛中发现在比赛区域内提供或接受帮助的任何运动员，立即请外场裁判长给予警告，并告诫他若重犯将被取消该项目的比赛资格。

⑦本区域比赛结束后，检查员按预定的方案随车返回。

761　路跑赛事终点裁判有什么工作任务？

（1）准确无误地完成记取本次全程马拉松比赛名次的工作（男子、女子组前八名）。

（2）组织运动员按规定路线进入完赛包发放站，维持赛场的良好秩序。

（3）确保每个按要求完成全程比赛的运动员都能准确无误地领取完赛包。

（4）与其他组保持联系畅通，协同作战。

762　路跑赛事终点主裁判有什么工作任务？

（1）对裁判员的工作进行分工，制定全组工作细则。

（2）检查场地器材，及时列出需要补充器材的清单。

（3）组织裁判员志愿者实习，协调有关裁判组的工作。

763 路跑赛事终点检查裁判员有什么工作任务？

（1）准确判定与计取所有通过终点的运动员的名次。
（2）交接获得名次和需进行兴奋剂检测的运动员。
（3）疏散比赛结束的运动员。

764 路跑赛事终点裁判员赛前有什么工作任务？

（1）认真学习赛事规程和相关要求，明确每位裁判员的工作任务、时间、地点和方法。
（2）上报需要的器材清单。
（3）通过实习工作，尤其是在判断名次和挂名次牌的配合中，找出漏洞，及时修正。
（4）与有关裁判组联系，加强各方面的配合。

765 路跑赛事终点裁判员赛中有什么工作任务？

（1）认真检查场地布置与器材准备的情况，发现问题及时上报。
（2）裁判员志愿者就位，根据联调情况进行总结，然后提出要求。
（3）主裁判在运动员将到达终点时发出信号，裁判员志愿者就位，将终点带拉好。注意终点带的高度，运动员冲刺后及时松手。
（4）名次唱报员1人：准确大声地报出运动员到达终点的先后顺序，以便记录员记录。
（5）名次记录员4人：1人记取男、女前8名运动员到达终点运动员的个人信息，另1人负责监督。
（6）名次牌发放员16人：组织志愿者准确地将名次牌发放给获得大会名次的运动员。前3名和需要进行兴奋剂检测的运动员要于赛后和兴奋剂检测裁判交接（方法见志愿者工作流程）。
（7）计时员2人：准确记录男、女前8名运动员的成绩。
（8）前8名记录员1人：记录前8名运动员的个人信息。
（9）前3名和兴奋剂检测的交接1人：负责运动员的转运（方法见志愿者工作流程）。
（10）观察员1人：在合适的距离、位置观察冲刺运动员，保证前8名（特别是前3名）运动员的准确性。

此外，在工作中相互配合与帮助，发现问题及时逐级汇报，尤其是有关名次的问题，以便领导层尽快做出正确的决策。

766 路跑赛事在发放名次牌时对志愿者有什么工作要求？

（1）发放名次牌、毛巾的志愿者应熟悉场地以及器材，在裁判员的指导下确认自己的位置。

（2）先挂牌后发毛巾，发毛巾的志愿者不能影响挂名次牌的工作，在裁判员的带领下进行模拟练习。

（3）运动员到达前，志愿者根据裁判员的指令在终点按序排列等待。

（4）志愿者必须看清裁判员的判定，准确找到获得相应名次的运动员，给他（她）挂上名次牌和毛巾，还需及时引领前三名的运动员与赛后接收前三名的志愿者交接。

注意：发放名次牌和毛巾的志愿者不要挡在运动员前面，应跟随跑进，等运动员停下来后再挂牌、发毛巾。

767 路跑赛事在送获奖运动员进行兴奋剂检测时志愿者有什么工作任务？

在终点裁判员或志愿者手中接过前三名或兴奋剂检测运动员后，一直到把他（她）送到颁奖组或兴奋剂检测裁判员手中，此间，运动员不能离开自己的视线，只能在自己身边2米范围内活动。如接受新闻采访，自己要避免抢镜头。交接运动员时必须要保证接收的裁判员认准了运动员才能离开。

768 应如何安排完赛物品发放的站点和人数？

4个发放点，每个发放点安排4个人，其中负责物资供应1人，引导3人。

769 发放完赛物品的志愿者在赛前有什么工作任务？

（1）裁判与志愿者对接。

（2）在裁判的指导下明确自己的分工，学习工作内容。

（3）在模拟场地上训练，找出问题，及时纠正。

770 发放完赛物品的志愿者在赛中有什么工作任务？

（1）到达比赛场地，与裁判员对接，按照事先的分组到达指定工作岗位。

（2）负责发放物品的志愿者检查各自的场地布置及物资准备情况，抽查完赛物品袋里的情况。

（3）负责提供完赛物品的志愿者检查物资存储的地点、数量、搬运的时机与路线。

（4）疏导人员协助检查发放入口的宽窄尺度，最好只能单人通过，根据情况进行调整。

（5）发放物品与做标记的2人要密切配合，不要漏发、多发，根据剩余数量及时通知专人补充物品。

（6）疏导志愿者要严格控制运动员的走向，只能出不能进，根据发放口的拥挤程度把运动员引导到各个发放点。

（7）到了关门时间后，要听从主裁判的工作安排，如需要可继续发放完赛物品，或收拾器材物品，整理场地，结束工作。

771 发放完赛物品时，志愿者应特别注意什么事项？

（1）在号码布上做标记的时候，要大声报出运动员号码，发放完赛物品时要大声复述运动员号码，这样可有效防止漏发的情况发生。

（2）若有运动员反映漏发了，立即把他引向主裁判解决，尽量不要因故停止自己的工作。

（3）保持温和的态度，千万不要因一个物品与运动员发生冲突或口角。

772 终点裁判员在终点疏散时有什么工作要求？

（1）引导完赛运动员领取完赛物品、存衣包后迅速离开终点区域，避免终点区域拥堵，保证终点区域的畅通。

（2）对于有补充水分、能量、去卫生间等需求的运动员，要帮助、引导他们就近解决，使他们能迅速离开终点区域。

773 终点裁判员在赛中疏散工作中有什么要求？

（1）裁判员带领志愿者在场地里按区域安排相应编号的志愿者。

（2）工作中要帮助运动员尽快解决问题，督促他们尽快离开终点区域。

（3）志愿者组长与检录主裁判对接，选定联络方法，在疏散区域找到自己的工作位置，移动范围，熟悉周围的设施，如卫生间、完赛物品发放、出口等。然后到志愿者大本营待命，随时准备补漏。

（4）运动员出发完毕后，志愿者在检录主裁判的带领下上岗，准备开展疏散工作。

（5）运动员到达终点后尽快开展疏散工作，指挥疏散时要模仿交警手势，声音和动作幅度尽可能大一些。

（6）比赛结束后协助清理场地、收拾器材。

（7）发放名次牌及毛巾的2名机动志愿者在终点主裁判处待命，随时准备补漏。

774 裁判员在赛中的饮料、饮用水站有什么工作要求？

（1）按时到岗，与志愿者一同接收并布置器材与物品，检查物品数量，带领各站点志愿者组长落实物品储存地点。

（2）带领所有志愿者绕场一周熟悉场地周围的设施分布情况，尤其是卫生间、存衣车的位置。

（3）向运动员发放大会指定的饮料或水，发现不足及时补充，避免出现供应不上的情况。

（4）及时对本发放区的丢弃物进行清理，保证发放区的环境卫生。

775 马拉松赛事组织者在应对相关诉讼时可以参考什么法律规定？

（1）中国田径协会发布的中国境内马拉松及相关运动赛事管理办法、实施细则及相关规定，包括《中国境内马拉松及相关运动赛事管理办法》《中国境内马拉松及相关运动赛事组织标准》《中国田径协会马拉松委员会工作条例》等文件（一共有14个）。

（2）国家体育总局、中国田径协会或地方体育局发布的有关指导性政策，如国家体育总局发布的《关于进一步加强马拉松赛事监督管理的意见》《支持社会力量举办马拉松、自行车等大型群众性体育赛事行动方案（2017年）》、中国田径协会发布的《关于加强马拉松赛事安全管理工作的通知》。

（3）除了专门对马拉松有关的规定外，还有一些有关办赛的普遍性规定，作为安全保障义务范围的补充，也不能忽视，如《大型群众性活动安全管理条例》、《体育赛事管理办法》。地方法规如《北京市大型群众性活动安全管理条例》《北京市体育竞赛管理办法》。

（4）适当关注地方政府或体育局发布的专门针对马拉松的赛事管理规定（目前没发现有，但值得注意，像成都市针对游泳馆就专门制定了《成都市游泳场所管理办法》）。

776 举办路跑赛事主要进行哪些方面的审核？

（1）赛事须以IAAF的竞赛规则为依据，不可触犯国际和地方法律，并且不可对周围环境造成破坏。

（2）赛事路线在五年内需有IAAF或AIMS认证的A级或B级丈量员来丈量，包括全程长度与每段距离的标示点。

（3）比赛会场至少有一面大荧幕。

（4）男女至少各有5位顶尖国外选手参赛。"顶尖"的标准由IAAF认定，3年内成绩达到一定时间内的选手才能入列，每年名单会公布在IAAF Road Race Label Events官网上。

（5）比赛期间实施全面交通管制，并且提供合格的医疗服务，赛事结束后还要针对选手进行药检。

（6）奖金、奖励不可因选手国籍或性别有所歧视，但允许主办单位另行提供奖励给当地选手，以激励地方民众的参与。

777 国际马拉松（AIMS）和 国际田联（IAAF）的认证有什么区别？

（1）AIMS 偏重赛道测量和赛道质量，IAAF 偏重比赛本身综合水平。AIMS 类似于会员制度，所有 AIMS 认证的赛事即 AIMS 的成员，AIMS 的要求是比赛一般要举办很多年。

（2）IAAF 偏重于比赛本身的组织能力，比如计时系统、裁判等级、赛道情况、保障体系、参赛运动员水平、比赛影响力等综合水平。与 AIMS 不同的是 IAAF 是有等级认证制度的，分为金、银、铜三种级别。

因此，如果 IAAF 等级高，说明比赛综合水平高，AIMS 只能说明这场马拉松历史比较悠久，赛道和影响力方面比较有优势。一般情况下，优先选择 IAAF 金牌赛事。

778 有哪些赛事被归类为世界马拉松系列赛？

2006 年 1 月 23 日，波士顿马拉松、伦敦马拉松、柏林马拉松、芝加哥马拉松和纽约马拉松联合发布了世界马拉松系列赛。该系列赛事提供 100 万美元的奖金，用来奖励世界顶尖的男子和女子马拉松运动员。2013 年，东京马拉松成为世界马拉松系列赛的第六个成员赛事。

在这六个赛事之外，还有其他两个赛事也包含在世界马拉松系列赛中，即国际田联锦标赛和奥运会的马拉松比赛。

779 何为中国马拉松大满贯？

中国马拉松大满贯（China Marathon Majors）是由中国田径协会创建的中国最高等级的马拉松系列赛事之一，旨在整合中国马拉松优秀赛事资源，为中国马拉松树立精品赛事办赛标准，推动中国马拉松赛事国际化、规范化、市场化运作与发展。

780 路跑赛事中，对饮水和用水有什么要求？

《国际田联路跑赛事组织手册》中强调了饮用水的重要性，所有长跑赛事必须提供水和饮料，站点不足可能导致运动员遭受严重的伤害乃至死亡，必须制订详细计划，确保各个站点有充足的饮料。参赛规模越大则需要越多的饮水站，但参赛者以及工作人员也应谨慎，避免过量摄入饮料。

781 路跑赛事在能量补给方面有何规定？

从专业比赛来说，专业运动员没有食物补充，只需要大会饮料或者根据自己的能量需要和习惯自备饮料，但规定25公里以后，要提供能量补给。在实际操作中，有一些比赛甚至从更早的距离，如17.5公里、15公里就开始为选手们提供能量补给。

部分业余选手，训练不够系统，也没有参赛经验，比赛前没有时间吃饭，或者准备的早餐不太合适，到了10公里、15公里后容易产生饥饿感，赛事提供一些能量补给，确实能够帮助到他们。

782 路跑赛事对温度有什么要求？

比赛适宜温度为5～15℃，比赛当天的温度应不超过26℃，如果温度为20～26℃，必须采取必要的防暑降温措施。

783 路跑赛事对路线有什么要求？

（1）赛道设计非常具有本地特色，起点和终点交通便利。

（2）赛道9米宽以上，最窄部分不低于6米，在全程马拉松比赛中，最窄赛道不得超过5公里。

（3）不能出现未经中国田协批准擅自更改路线的情况。

784 路跑赛事赛道最后200米是否可以有弯道？

在《国际田联路跑赛事组织手册》中，要求终点最后200米应该尽可能是较为平直的道路。这不仅仅是为了终点的仪式感，更是为了精英选手在最后高速冲刺时能及早看清终点方向，不会因为出现突然的拐弯措手不及。如果因条件限制无法达到最后200米直道要求，那么必须要有倒数提示牌和弯道引导人员。

785 路跑赛事男女精英选手的冲刺是如何分流的？

许多大型赛事在精英选手冲线时会将终点线再次划分为2～3个终点区，以便分流和突显男子、女子（坐轮椅参赛者）组别的顶尖运动员。仅仅用锥桶或广告板分隔出多条终点线是远远不够的，因为正如《国际田联路跑赛事组织手册》中提到的，除前导车之外，到目前为止，其他引导运动员的方式都是被动的，它们被简单放置在那里，期望运动员对其做出回应，但运动员可能只关注自身而忽略周围其他事物，从而出现一些紧急状况。因此，分流需要非常有经验的终点裁判来指挥完成。

786 路跑赛事最后200米赛道上可否有工作人员？

分流裁判必须出现在最后200米的赛道上。但是，在《国际田联路跑赛事组织手册》是这样描述赛道裁判的：他们可以通过呼喊或者指示给予提前警示。

787 前导车队应如何消失在拱门前？

马拉松的终点门只有选手才可以冲刺通过。浩荡的前导车队在终点200米前要被分流出去，或做好分流准备。马拉松终点是人员密集的区域，车辆的分流变得很困难、很关键。车辆不可能以40迈的速度驶离赛道，因此，车辆要提前加速。分流口专人提前管控分流，并且要在赛前进行数次演练。

788 路跑参赛声明中，应当如何对参赛者进行明确的风险告知？

（1）告知明确参赛条件，条件允许的情况下，应审查体检报告。

（2）尽可能列明参赛中较常发生的风险，让参赛者知晓风险发生后的责任分担。

（3）参赛者承诺遵守竞赛规程及组委会发布的其他规则文件，以确保赛事组织有权依据相关文件对违规行为处罚。

（4）明确赛事组织对参赛者姓名、肖像、照片等合法的使用权利，避免争议。

（5）提示参赛者对竞赛规程、参赛手册、报名须知等文件进行仔细阅读。

（6）有一定比例少数民族或外国人参赛的赛事，可以提供少数民族语言或英语版本的参赛声明。

789 如何完善告知方式？

（1）对参赛条件、参赛风险等重要事项进行字体加粗、加亮的强调提示。

（2）条件允许的，可以在领物的时候让参赛者本人签署书面的参赛声明。书面参赛声明一式两份，参赛者留存一份。

（3）出于环保或效率的考虑，在线签署同意亦可。技术条件允许的，要求参赛者鼠标手写或手机手写签署同意，并将签署后的文件形成电子文档供参赛者保存，以便于参赛者充分知悉。无法转化的，官网应当上传参赛声明随时备查。

路跑礼仪与安全篇

790 怎么才能体现文明路跑?

　　第一,着装要大方得体,在不影响自身运动的前提下也要考虑公众场合其他人的感受。第二,在进行路跑时要遵守交通规则,走人行道,不横穿马路,不逆行,在道路狭窄或人员较多的路段要减速或步行通过,在田径场运动时要遵守田径场使用规则,在马拉松比赛中遵守比赛规则,等等。第三,从自身做起,杜绝不文明行为,文明路跑,文明运动。

791 跑步过程中遇到其他跑者挤超自己的情况应如何处理?

　　在自己速度较慢的时候,遇到其他跑者超越自己应主动避让,留出空间让其过去,因为对方可能在进行速度训练,改善配速。在道路狭窄的情况下也应主动避让,毕竟安全第一。

792 夜跑是否必须佩戴反光条之类的安全标识?

　　即使在路灯照明条件较好的环境中,夜跑佩戴反光条之类的安全标识也是有必要的,因为道路上难免会有车辆经过,车灯照在反光条上可以使司机注意到你,减少意外的发生。

793 在跑步过程中遇到散步人群阻挡怎么处理?

　　跑步过程中遇到散步人群阻挡,不要烦躁,也许只是他们没有意识到。首先自己要减速,在距离其 5 米左右时语言提示"散步的朋友,注意安全",经过已经避让的人群要点头微笑,表示感谢或直接道谢。提醒之后仍然没有避让的,要慢速绕行或寻找时机通过,不要发生没必要的冲突。

794 结伴路跑如何文明列队?

结伴(大于 3 人)路跑时最好选定一名队长和一名副队长,队长在前面领跑,其他人在队长身后呈一路纵队跑进,副队长在后面收尾。两人结伴路跑,也要前后排列,避免在道路变窄后,为规避行人造成速度上忽快忽慢的变化影响跑步节奏。

795 是否要始终超越比自己配速慢的跑者?

首先,超越配速较慢的跑者时自己的速度也会相应地有所变化,对自身的节奏也会有所影响。其次,配速较慢的跑者也许是刚步入跑步健身行列的新成员,也许是年龄较大的跑者,可以给予他一定的鼓励。

796 超越跑友或行人时怎么提醒他?

在超越跑友或行人时给予对方以"我在你的左边或者右边""前面的跑友注意安全""注意安全,小心碰撞""麻烦您让一下,谢谢"等语言提示,也可以跟跑一段距离,等其注意到你后进行超越。

797 遇见跑友是否要打招呼?

遇到迎面而来的跑友打招呼可以点头示意、挥手示意,以及用简单的语言打招呼,遇到同向的跑友在靠近的时候可以进行简单问候。

798 路跑时该如何把控自己的速度?

如果对自己的配速不能准确地把控,建议选择一款 APP 帮助自己,很多资深跑者都会使用跑步软件,记录运动轨迹、距离、速度、加减速度、平均配速以及某一公里的配速、心率、攀升度等方面的数据。也可以根据路况控制速度,路况较差的情况下降低速度,下坡时注意路况,避免速度失控导致摔伤。

799 田径场中可以逆向跑吗?

在田径场中顺时针跑步的称之为逆向跑,田径场中一般划分为八个跑道,由内而外分别是 1 至 8 跑道,在 1 至 6 跑道上逆时针运动的人较多,几乎没有人会在靠内几道逆向运动。如果您有逆向跑的习惯或者需要,建议您在 7 道或者 8 道进行,注意避让迎面而来的运动者以及散步的人。

800 夜跑时，应跑在哪一侧的道路？为什么？

跑者们夜跑时，应尽可能靠着左侧道路跑进。当跑者们沿着右侧车道跑步时，很难注意到身后的情况，这是最不安全的做法。当沿着左侧跑步时，路况信息一目了然，不用担心身后的情况。

801 田径场中遇到不文明现象如何处理？

在田径场中遇到不文明的现象可以礼貌地提醒对方。遇到小孩乱跑的情况，及时提醒家长这样是很危险的。遇到不配合、故意捣乱影响他人正常运动的情况，及时告知场地管理中心，让有关工作人员依照规则进行管理。

802 在田径场中运动应该遵守哪些规则？

在田径场中运动应该遵守以下规则：速度较慢的靠外道、速度较快的靠内道（即内快外慢），不并排运动、不随地吐痰、不吃东西、不抽烟、不遛狗等。

803 为什么要求在田径场中散步要沿外圈？

因为在外圈运动的人相对较少，大多数进行跑步运动的人都会在内圈。散步速度较慢，为了不影响跑步运动的人以及避免和内圈快速运动的人发生碰撞，建议散步时沿外圈。

804 为什么冲刺后减速要沿跑道缓慢减速？

在田径场中，按分道跑就像遵守交通规则一样，不可随意变道，如在分道跑项目比赛中发生串道，按犯规处理。在田径比赛中的短跑项目，你会发现运动员冲过终点后都会沿自己的跑道进弯道减速，而不是直接串道减速。当你沿某一跑道快速冲刺时，为了避免和旁边道次相继而来的其他运动者发生碰撞，建议沿自己的跑道缓慢减速。

805 马拉松赛前应注意什么？

（1）饮食：不要尝试任何没有吃过的食物，最好按照训练时比较适应的食物，准备好比赛当天的早餐。

（2）放松：放松双腿。可以尝试一些轻度的拉伸活动，如轻松的瑜伽，放松时冥想自己所有训练。

（3）装备：计时芯片必须按照要求绑在鞋上。号码布要提前别在 T 恤上。选择舒适的鞋子和袜子。准备好 GPS 腕表。可以选用凡士林，比赛前涂在容易磨擦的部位。

（4）睡眠：良好的休息是成功的一半，比赛前一晚需要保证 8 小时左右充足的睡眠，第二天才能精力充沛，迎接挑战。

（5）热身：简短热身。可以在开跑前轻松慢跑或走 10～15 分钟，拉伸肌肉，使身体能够尽快进入比赛的配速。

（6）思想准备：起跑前了解天气情况，按实际情况调整比赛计划。如果气温较高，可以考虑降低配速、增加补水。

806 为什么号码布要挂在正前方和正后方？

一方面是便于摄影师和赛事工作人员辨认，另一方面是当运动员受伤时方便经过的跑者记下号码，向工作人员报告伤者的情况，使其及时得到救助。

807 为什么在开赛前不要播放自身携带的音响？

不管资深的跑者还是首次参赛的新手，请不要在开赛前就播放音响，因为赛前一系列指令都要求跑者熟知，从而有序、安全地进行比赛，所以开赛前先不要播放音乐，以免影响到他人和自身。

808 为什么要提前去领竞赛物品？

首先要清楚领取竞赛物品需要带什么证件：①报名时使用的本人有效身份证件；②完赛证明及复印件一份（复印件交给赛事组委会）；③选手本人的报名确认函（需亲笔签字确认）；④其他物品具体根据组委会下发的通知准备。一般有两天时间可以领取竞赛物品，尽量不要在第二天的下午去，避免领取人员过多拥挤，浪费时间。建议备好所需证件，提前去领取。

809 为什么不能立刻去捡掉落在起点的物品？

起点可谓人山人海，身边几乎没有人会去关心脚下，当你有物品掉落在地上时立刻弯腰去捡可能会被周围的人挤到，非常危险。当你的物品掉落时应该提醒周围人的注意，确保无人推搡的情况下再去捡物品。

810 如何处理比赛中无法避免的生理反应？

在比赛过程中，无法避免的生理反应有呕吐、吐痰、小便等。当出现这种情况时，要去指定的地点解决生理问题。

811 怎么通过比较拥堵的赛道？

当某一段赛道拥堵时，要提前减速，不要临近人群再减速，以免加重拥堵事态。当自己处于拥堵人群中的时候，如果配速较慢则需要往边上靠，反之往中间靠，这样快慢配速的人会分流，如果自己想要通过还需要向前面跑者表达你的意图。

812 为什么要时刻注意身边的情况？

比赛时需要注意身边的情况，很有可能在你的后面正有其他跑者想要超越你。另外，赛道边很有可能有寻求帮助的受伤跑者，可以及时给予其帮助。需要上厕所、补给时也需要观察注意侧后方的情况。

813 为什么不要冒名顶替别人去参加比赛？

举个例子，2016年厦门海沧国际半程马拉松比赛中发生"替跑者"猝死事件，死者家属将赛事运营方和转让号码布者告上法庭，请求赔偿各种费用共计123万余元。马拉松虽然中签概率低，但是不要去冒名顶替参赛，更不要转让自己的参赛资格。就上述案例，要引以为鉴。

814 为什么要尊重每一位参赛选手？

马拉松也许是唯一一项业余选手可以和专业运动员同场竞技的运动，不免会有身体残疾的参赛者，更应给予尊重，学习他们身残志坚、克服困难、超越自我的精神。

815 在补给站应如何取得补给呢？

进入补给站时应减速，但不是停下来，因为停下来不但会影响你的节奏，而且会造成补给拥挤，进入补给站告诉志愿者或者工作人员你需要的补给，接过志愿者或工作人员递上的补给时应道谢。

816 比赛过程中怎么去帮助身边受伤的跑者？

赛道上或者赛道边上可能会有受伤的跑者，当受伤的跑者没有及时被救护车发现，距离志愿者或者工作人员较远的情况下，你应停下来询问情况并给予帮助，至少要记下受伤跑者的号码和地点，以便告诉附近的工作人员，使其及时得到救助。

817 如何处理补给包装等垃圾？

在比赛过程中不能随手丢垃圾，应把补给包装以及比赛过程中产生的垃圾丢到指定的位置，如果附近没有垃圾桶，应先握在手里，投放到指定位置。

818 到达终点后需要做哪些事情？

确认成绩（并非全部赛事会马上出成绩），领取完赛奖牌，及时到终点周边放松拉伸，换下汗湿衣物以免感冒着凉，与一同前来的亲朋好友会合准备离开，等等。

819 颁奖结果和你预期有差异应该怎么办？

颁奖结果和自己预期的结果有所差异时，不要直接和主持人发生争辩，因为主持人只负责宣读，应及时向赛事官方工作人员进行询问，以便解决问题。

820 如何对待赛事一线工作的人员？

赛事一线工作人员大部分是由志愿者组成的，所有赛事工作人员都在努力维护运动员的人身安全，没有他们，赛事就无法顺利进行，要对他们的付出给予肯定，礼貌相待，对于有些咨询他们回答不上来也要理解，不要因为一点不满意而大发雷霆。

821 如有关于赛事的意见或者建议，该如何有效提出？

有关赛事的意见或者建议，可以通过有效的方式与组委会联系，一般会设有专门采纳跑者意见的意见箱，也可以通过拨打组委会的电话的方式直接提出。

822 为什么跟跑也要征求他人同意？

在马拉松比赛或者其他路跑运动中，不要莫名地跟跑，因为你们的节奏和呼吸是不同的，突然莫名地跟跑会对对方产生一定的影响。因此，在没有征求别人同意的情况下请不要跟跑。

823 为什么不要在起点和终点拍照？

起点和终点人员密集，在这里拍照留念会造成拥堵，影响赛事的正常进行。如果确实想拍照留念，建议短时间内完成然后离开，不过最好的方式就是看到摄影师的时候露出笑容，比赛结束后可以查询下载照片。

824 为什么不可成群结队跑步？

马拉松比赛中最令人厌恶的事情就是遇到几位参赛者成群结队，并排而跑，把宽阔的赛道空间挤占大半，会对其他配速较快已经进入节奏的跑者造成影响。建议结伴的跑团前后分布几排或呈纵队跑进。

825 马拉松赛后补给包里都有什么？

一般包含1瓶水、1瓶运动饮料、水果（香蕉居多）、巧克力、饼干等。

826 造成路跑礼仪缺失的原因是什么？

造成路跑礼仪缺失的原因有以下几种：①运动员的个人素质较低，规则意识不强，行为习惯不良，道德意识较弱；②对项目了解的程度不够；③社会力量欠缺，组织承办不规范，社会监督力度不够；等等。

827 路跑安全主要由几方面构成?

路跑安全主要包括赛事安保体系和个人安全意识两个大的方面。赛事安保体系是路跑赛事的重要部分,是影响路跑运动持续健康发展的重要因素。另外,建议广大跑者从自身角度出发,不可抱有侥幸心理,确保安全地进行路跑运动。

828 马拉松赛事医疗保障是如何设计的?

(1) 高度重视赛事保障,精心布置医疗力量。
(2) 赛前确定赛道布点,公布马拉松全程路线图,明确医疗保障的范围。
(3) 成立应急救治专家组,集中 120 指挥中心待命。
(4) 强大的医疗保障团队。2018 年广州马拉松采用"固定+移动"的模式,科学合理布置专家组、固定医疗点、骑行移动救护员、辅助医疗志愿者、终点区域省医志愿者团队、医师跑者、广东救援辅助队和市红十字协会的救援志愿者队伍等 8 支专业救治力量,以及 36 家医院开设固定医疗点等。

829 马拉松医疗点是如何设置的?

采用"固定+移动"的形式设置医疗点。迷你马拉松、半程马拉松、全程马拉松前 15 公里每 2.5 公里设 1 个医疗点,15 公里以后每 1.5 公里设置 1 个医疗点,25 公里起每 5 公里增加 1 个移动医疗点。转移医疗点由迷你跑和前 15 公里的医疗队负责。

830 马拉松赛事保障队是怎么组建的?

(1) 应急抢救专家。
(2) 定点医疗队 36 支,沿途医疗保障,备救护车和车载急救设备。
(3) 流动医疗队 4 支。
(4) 50 个骑行移动救护员,背负 AED 急救设备,每公里 1 名,不断骑行巡查。
(5) 医疗志愿者(如广州医科大学 750 名大学生志愿者,通过培训取得急救证书,55 名广东省人民医院医务志愿者,以及广东救援辅助队、市红十字协会志愿者 300 人),医师跑者。
(6) 应急预案队。

831 应急救治专家组的任务是什么?

专家组集中 120 指挥中心待命,及时对急危重症者的现场救治给予指导,协调医院急救救治,做到"院前—院内"急救的无缝衔接。

832 从事路跑运动为什么要定期检查身体？

定期检查身体，根据自己的身体情况来决定是否可以参加路跑，如马拉松比赛中，明确规定有以下情况者不得参加比赛：先天性心脏病患者、高血压和脑血管疾病患者、心肌炎和其他心脏病患者、冠状动脉病患者和严重心律不齐者、血糖过高或过低的糖尿病患者。

833 跑前为什么要做充分的准备活动？

开始跑步的时候速度缓慢，以充当准备活动，然后直接过渡到正常跑步是不科学的。从生理学角度来进行分析，准备活动的意义有以下几点。

（1）提高中枢神经系统兴奋水平，以适应机体承受大负荷强度刺激的需要。

（2）增强氧运输系统的机能，使肺通气量、摄氧量和心输出量增加，心肌和骨骼肌中毛细血管扩张，有利于提高工作肌的代谢水平。

（3）使体温升高，氧离曲线右移，促进氧和血红蛋白的解离，有利于氧供应。

（4）降低肌肉的黏滞性，增加肌肉弹性，预防肌肉损伤。

（5）增加皮肤血流量，利于散热，防止热应激伤害。

834 路跑运动中为什么不要勉强自己？

跑步中坚强的意志固然重要，但是不要因为过强的意志力而伤害健康。例如，运动中身体出现动作迟缓、头疼、恶心、头晕眼花等症状时，要清楚这是热射病（中暑）的早期征兆。身体某些部位（多为腿部）有运动损伤，在进行路跑时出现疼痛难忍的情况应马上进行适当调整，问题严重的应立刻停止运动。当身体发出应停止运动的信号时，就要立即停止。

835 一个人夜跑选择怎样的地点是安全的？

如果你最终决定独自跑步，最好是选择熟悉或者家附近比较明亮的地方。熟悉的地形可以让你的整个跑程都在自己可控制的范围内。如果你一直都在同一路线上跑步，感觉有些乏味，那么开辟新路线时尽量选择人多、活动密集的地点，避免小巷等阴暗地，当然最好是有摄像头的地方，这样安全性会比较高。家附近的高校运动场也是不错的选择。

836 女性跑者该如何着装？

尽量选择中性着装，不要把性感的身材暴露在存在安全隐患的场合，同时要注意反光条的佩戴，让路人及车辆清楚地辨别运动中的你。

837 女性跑者如何安全地进行夜跑?

（1）远离存在安全隐患的地方，如废弃房屋、少有人迹的街道、植被茂盛的跑道等。

（2）跑步路线应在较为熟悉的安全区域，如有监控的运动场等其他公共场地。

（3）与朋友结伴而行，并把跑步路线告知亲人。

（4）夜跑时段的选择要大众化，不搞特殊。

（5）携带通信设备，以备不时之需，尽量不戴耳机，保证注意力集中。

838 女性跑者遇到危险时该怎么应对?

遇到危险要冷静，如遇到歹徒要舍财保命，与其周旋，尽快报警或向周边求助，切莫慌乱大叫、死拼硬碰，激怒歹徒的后果不堪设想。

839 跑步时遇到狗怎么办?

（1）首先要停止脚步，同时避免与狗的目光接触，尤其不要一直盯着它看。因为如果你盯着它，它会把你当作威胁，可能会攻击你。

（2）切记不要大喊大叫，也不要突然做一些动作，用身体侧对着它，然后慢慢地离开，走向另一个方向。

（3）如果有狗试图扑上来，应侧过身用胳膊把它挤下去。可以尝试用坚定而又冷静的语气对它说"回家""坐下"或者"停止"。

（4）如果已经受到狗的攻击，可以趴在地上，双手抱头蜷缩成一个球，尽量减少狗对软组织区域的伤害，例如喉咙、脸部和肚子。尽力大声呼救，迅速引起路人的注意。

（5）如果某一条线路上总是出现有攻击性的狗，建议换一条跑步线路。

840 夜晚路跑时可以边听歌边跑步吗？为什么?

很多跑者喜欢戴着耳机听歌夜跑，这样很容易分散注意力，忽视身边的交通情况以及周围的可疑人物，能不戴耳机就尽量不戴耳机，可以将音量调低或选择骨传导这种能够听到外界环境音的耳机。即使是在没有红绿灯的路口，或者绿灯通行的时候，也要放慢脚步，左右查看路况，确定没有危险再通行。

路跑减脂篇

841 路跑真的能减脂吗？为什么？

众所周知，要将体内多余的脂肪消耗掉，运动是最健康的方式。跑步时每分钟的能量消耗是安静时的 8~10 倍，跑得比较快时，是安静时的 10~12 倍甚至更多。因此，跑步是一项可以充分消耗热量、燃烧脂肪的运动。因此，需要减脂的人大可放心，跑步就是减脂效率最高的运动之一。

842 体脂较高的人可以采用跑步的方法减脂吗？

运动已经成为减脂的主要方法之一，也被广大人群所接受。而跑步作为一种简便易行的有氧运动方式，在减脂运动中占据重要作用。但是对于体重基数很大的跑者来说，人在跑步的时候，膝关节将承受整个身体重量 4~5 倍，甚至更大的压力，而特别胖的人体重基数本身会很大，这样就会造成膝关节压力过大，运动时间太长容易引起膝关节磨损。因此，在减脂初期，可以先进行一些腿部力量的训练和低强度有氧训练。

有坡度的行走对膝关节的压力也是很大的，可能也会达到体重的 4~5 倍（还跟速度有关）。因此，建议不要采用快走的形式在有坡度的路上行走，如果强度太低了，可以加快速度。当然也可以采用对膝关节压力较小的机械，如椭圆机等开始训练。建议做到合理安排饮食，"管住嘴，迈开腿"。

843 跑步能减脂，太瘦了还能跑步吗？

有氧运动一般都有减脂效果。但是，跑步可以改善你的营养吸收状况，需要注意的是运动后要及时补充能量。对于想要增肥的人来说，七分靠吃，三分靠运动。

844 跑步的时间长短并不重要，跑了就能瘦吗？

或许很多人开始跑步就是为了减脂，但有的人跑了很久都没有瘦下来。这其中的原因有很多，除了没有控制好饮食之外，最重要的可能是跑步时间不足。要知道，进行有氧运动的前30分钟是体内的糖原在为你提供能量，只有糖原消耗光了才会开始燃烧脂肪。因此，如果你是以减脂为目的，那么每次跑步请维持在30分钟以上。

845 只有跑步30分钟才能够减脂吗？

在有氧运动开始的前30分钟时间里，糖分的消耗大于脂肪，即糖供能比例大于脂肪，而过了30分钟后，糖与脂肪的供能比例形成交叉，之后脂肪的供能比例增加，糖供能比例下降。因此，并不是30分钟后才开始消耗脂肪，而是在30分钟后跑步燃烧脂肪的效率趋于最佳。

846 每次跑多长时间比较好？

运动生物化学研究发现，在刚开始跑步的5分钟内，心脏为了适应机体的运动而进行调整，心跳显著增快，心脏泵血加剧，但其程度是不均匀的，被称为"心脏适应期"。跑步持续5分钟后，心脏已经适应，心搏有力，泵血均匀，并随时根据运动量大小做出相应的调整。如果想通过跑步减脂，建议每次跑30分钟以上，或者每次5公里，每周3~5次。跑步30分钟以内，提供运动能量的主要是体内贮存的糖原，尤其是肌糖原和肝糖原，因为糖在有氧条件下能分解为二氧化碳和水，释放出大量的能量。跑步30分钟以后，糖原大部分被耗尽，供能的主要来源转变为体内的脂肪。脂肪被动用时先分解为甘油和脂肪酸，甘油可直接氧化供能，而脂肪酸则变为乙酰辅酶A，再经过代谢，一部分转变为糖以提供能量。由于脂肪供能需氧量多，因而在跑步强度达到缺氧程度时，就不能靠氧化脂肪来提供能量。需要注意的是，在长跑的第1个月里，因食欲增加，体重会稍有上升，但第2个月体重就会开始下降了。若停止跑步，应逐日递减运动量和运动时间，以免引起"反跳性肥胖"现象。

847 路跑时慢速跑与快速跑分别是怎样消耗能量的？该如何选择？

在低强度活动时，脂肪供能比例相对较高，糖供能比例相对较低。在高强度活动时，则脂肪供能比例相对较低，糖供能比例相对较高。因此，推荐参加长时间中低强度慢跑，一方面更易于被人们接受，另一方面，低强度慢跑也可以有效地促进脂肪分解。

848 跑步一段时间后感觉减脂的效果不明显了是怎么回事？

对于有跑步基础的跑者来说，身体的体能、耐力各方面都已有一定基础。当你一直同一强度、同一方式进行匀速跑步，大脑会不断调整你细微的动作和参与的肌肉，力求达到能量的最节省化，因此形成固定跑步模式，减脂肪的效率也会下降，最好经常切换跑步模式，从而进一步提高燃脂效果。

849 如何跑步才能真正达到锻炼和减脂的作用？

其实跑步确实是一种非常好的运动方式，不管是对锻炼还是对减脂，但是部分跑者跑量不合理，或者运动形式过于单一。因此，最好的运动减脂方式就是运动多样化，跑步加上力量训练或者高强度间歇训练（HIIT）都是可以的。

850 空腹跑步是不是更容易减脂？

由于空腹时体内血糖含量较低，此时跑步可以消耗更多的脂肪。但要注意的是，由于空腹时人体内血糖水平较低，而血糖是大脑能量的唯一来源，空腹跑步会进一步减少血糖含量，使大脑缺乏必要的能量来源，容易导致头昏眼花、四肢无力，甚至晕厥等低血糖症。而血液中的游离脂肪酸虽能成为心肌等肌肉的能量来源，但心肌使用脂肪酸的效率并不是很高，脂肪酸的量过多可能会引起各种心律失常。建议大家最好不空腹运动，如果习惯了空腹运动，那么可以在运动前补充少量碳水化合物，如果汁、蜂蜜等。中老年人更应如此，他们当中患有高血压和糖尿病的人不少，因为年龄和身体因素，中老年人利用脂肪酸的能力比年轻人低，所以要避免空腹运动。

851 作为女性，应该选择哪种方式进行减脂？

相比男性，女性的有氧能力可能更强一点。在有氧运动中，女性体内氧气循环的速度比男性快30%，这可能跟女性有更高的慢肌纤维比例有关系。肌肉中高比例的慢肌纤维让女性有更强的有氧代谢能力、肌肉抗疲劳能力和耐力，因此，女性适合低强度较长时间的有氧运动。

852 什么是HIIT，在路跑中如何实践？

HIIT，全称 High Intensity Interval Training（高强度间歇训练），原理是"运动+休息"相间的循环模式，达到短时间燃烧卡路里的效果。最典型的HIIT例子就是快跑30秒后休息30秒，如此重复10次。

853 HIIT训练有哪些好处？

（1）效率高：做10分钟HIIT的效果等同30分钟慢跑，甚至更好。

（2）保留肌肉：传统的中低强度有氧运动，做得太久（30分钟以上）会令身体肌肉进入分解状态，不利于增肌。但HIIT时间短，对肌肉刺激大，性质上较接近重训，易维持肌肉质量。

（3）训练后仍在燃脂：HIIT除了可在短时间运动期间燃烧大量卡路里外，更能产生运动后效果，即新陈代谢率提高，令你在运动后休息时也能消脂。

（4）提升运动表现：HIIT对心肺耐力（有氧）有较高要求，对改善速度和爆发力（无氧）也有帮助。

854 想要减脂效果好应该跑多久呢？

《2008年美国身体活动指南》发布了权威的面向大众的运动建议，其中的核心要求是成年人每周应该积累至少150分钟（2小时30分钟）中等强度运动，或者积累75分钟（1小时15分钟）高强度运动，就能够实现最基本的运动量，有益健康。根据美国运动医学会的建议，减脂人群需要在此基础上将运动量增加一倍，即完成至少300分钟中等强度运动或者150分钟高强度运动。

855 减脂初期，一周跑步几次比较好？

把目标定得太高实施起来往往会比较困难，太少了效果也会大打折扣，一般每周3次比较好，4~6周后的效果也会比较明显。当然，如果有很好的基础或者有一定运动能力，每天都想跑步也是完全可以的，运动休息完后只要精力充沛，没有明显的疲劳感就没问题。在制订训练计划时，要做到因人而异，不要盲目跟风。结合个人的身体状况安排合理的训练量，循序渐进。

856 减脂初期，是不是路跑运动配合节食效果最好？

"管住嘴，迈开腿"是减脂的不二法则，对于肥胖者来说，控制饮食是必须的。但是对于没有运动基础或者身体机能较差的人群来说，控制饮食的同时加大运动量很容易出现意外。因为此类人群对自身能量的利用率很低，更倾向于外源性的能量补充，运动造成的能量消耗会更加剧这种趋势，用意志力控制不进食，对降低体重有立竿见影的效果，但会增加运动后的痛苦感受，不利于长期坚持运动，而且在运动中很容易出现低血糖性休克。短期内急剧的饮食控制加运动还会造成免疫力低下，对身体造成更大的伤害。因此，在没有教练指导的情况下要先适当增加运动量。控制饮食可以先减少碳水化合物（如馒头、米饭）和脂肪的摄入量，保证优质蛋白和蔬菜水果的摄入。

857 减脂时为什么要多吃粗粮？

相较于精制米面，粗粮的升糖指数会低一些。但这样的食物通常热量更低，升糖过程缓慢平稳也更容易带来饱腹感。

858 路跑减脂，跑步后要进食吗？

跑步减脂，如果跑的时间比较长，跑步后要注意补给。好处主要有两方面，一是减少肌肉的损耗，二是补充肌肉当中的能量——肌糖原，让之后的运动更容易坚持。减少肌肉损耗，就是及时修复、补充消耗的肌肉蛋白质，这需要运动后迅速补充蛋白质。补充肌糖原，需要运动后迅速补充糖类。这两者都需要运动后尽快地补充营养。

859 运动后吃东西容易发胖吗？

不会。运动后吃东西其实并不容易胖。因为只要是具备一定强度的运动，达到了一定的时间，一般都能消耗不少储存在肌肉里的糖类和脂肪。运动后身体会从摄入的食物中优先补充消耗掉的糖类和脂肪，因此运动后即便多吃一点，也不容易转化成脂肪。

860 跑步后应该补充什么食物呢？

跑步后进食的主要目的是及时补充蛋白质和糖类，建议以碳水化合物和蛋白质为主。因为要减脂，高脂肪的东西还是不要吃，脂肪摄入尽量少一点为好。具体来说，薯类、玉米、水果、鸡蛋清、牛奶、酸奶、低脂肪的肉类等食物都不错。

861 路跑减少的脂肪去了哪里？

我们的脂肪细胞中储存着中性脂肪——甘油三酯。中性脂肪的来源是一日三餐中过剩的碳水化合物和蛋白质。中性脂肪由碳、氧、氢组成，代谢掉存储的脂肪（把中性脂肪转化为能量）后，产生的代谢废物是水和二氧化碳。二氧化碳会随我们的呼吸排出，水分则以尿液、汗液和眼泪等体液的形式排出。脂肪绝大多数是氧化分解后通过呼吸排出的，有氧运动之所以可以减脂，更重要的原因是因为跑步过程中一直都在通过呼吸氧化脂肪。

862 一个月减重多少是比较合适的？

神经生理学家桑德拉认为，人的大脑会对人的体重有一个设定值或者说是调定点，在10~15磅，也就是5~6千克。当你的体重在短时间内下降超过这个值的时候，大脑会给出一系列的指令增加你的能量摄入或脂肪的存储率来让你回到这个设定值。总而言之，人体对于体重调节具有回到平衡点的趋势，因此减重会启动一系列机制，让你的体重回到之前水平。同样的道理，体重增加往往也不会无限持续下去。这也是保证人体日常代谢的需要，以保证工作的效率与质量。

863 短时间内严格控制饮食能减脂吗？

短期的控制热量摄入会让人的基础代谢下降。有研究表明，经过大约两个月的严格控制饮食之后，基础代谢会下降 20%~30%，一般正常体重的女性基础代谢在 1 300 Kcal，男性差不多 1 500 Kcal。基础代谢下降 20%~30% 意味着你每天平白少消耗 300~400 Kcal，差不多是慢跑近一个小时所消耗的热量。因此，短时间严格控制饮食是没办法真正减脂的。这种减脂方法是不科学的，一旦放松，体重会反弹得更加剧烈。

864 控制饮食一段时间后感觉自己瘦了，但稍微吃多点体重就增加是怎么回事？

控制饮食一段时间，体重确实会下降，但减掉的更多是水分和肌肉，只有很少一部分是脂肪，这也是节食能在短时间内带来明显体重下降的重要原因。长期的能量短缺，会让身体以为你进入了"冬天"，这时候大脑就会指挥身体多囤积脂肪。这时候你吃下去的东西，会更倾向于转化为脂肪被存储起来。虽然吃得少了但更容易囤积脂肪了，你只能越吃越少，不然体重依旧持续增加。

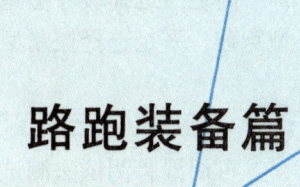

路跑装备篇

865 夜跑装备有哪些需要注意的？

（1）在装备的选择上，要突出一个"亮"字，不管是可发光的 LED 还是具有夜光功能、反光效果的反光条都可以穿上身，以保证自己更容易被别人看到。

（2）部分爱美的女性跑者尽量不要只穿着运动内衣和短裤夜跑，虽然轻装上路确实很舒适，但应尽量避免给犯罪分子任何可乘之机。

（3）除此之外，单独夜跑前先确认自己是否带上手机、钥匙以及少许现金。手机可以及时联系家人朋友。钥匙方便随时回家，必要时还可以充当护身小武器。虽然手机支付已经很普遍，但个别还是需要现金支付。

（4）单身女性为了安全起见，可以携带小型报警器、防狼喷雾等，这些防身装备基本体积不大，可以放置在腰包内。

866 常见的路跑鞋主要有哪些？

按照鞋型定位进行划分，常见主要有"缓冲/缓震型""稳定/支撑型""控制型"跑鞋。

（1）"缓冲/缓震型"跑鞋舒适、弹性、轻量，适合正常足型，非严重内/外八字脚，未有过严重崴脚伤病，跑步时前脚掌着地的人群。

（2）"稳定/支撑型"跑鞋舒适、弹性、重量稍重，适合有轻微内/外八字脚，足弓中等或较低需要中等程度的支撑，跑步时后脚掌着地，每周跑步四次以上，单次跑步距离大于 3 公里的人群。

（3）"控制型"跑鞋重量更大，保护和缓冲性能更强，适合严重内/外八字脚，脚踝力量差（曾崴脚受伤），扁平足，脚灵活性高，体重偏大，跑步时全脚掌着地的人群。

867 路跑时如何根据自己的足弓选择合适自己的跑鞋？

高足弓选择缓冲型跑鞋，正常足弓选择缓冲型或是稳定型跑鞋，低足弓选择稳定型跑鞋，平足选择控制型跑鞋。

868 如何确认自己的足型和内/外翻情况？

可用湿脚测试法测试足型。

在一只浅盘中装入少量的水，放入一只脚并完全浸入水中，脚底湿润后将脚踩在一张空白硬纸板上，重重踏下后将脚移开，观察脚印形态属于哪种足型。

湿脚测试法在硬纸板上的脚印形态分别对应的足型，如图 50 所示。

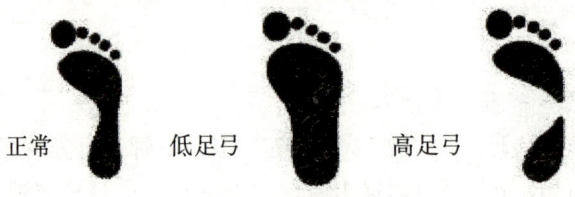

图 50　足型图

869 除了"湿脚测试法"，还可以通过其他方法判断自己的足弓类型吗？

如图 51 至图 53，可以拿一双常穿的鞋子，根据鞋底磨损部位的位置来判断。（阴影部分为磨损部分）

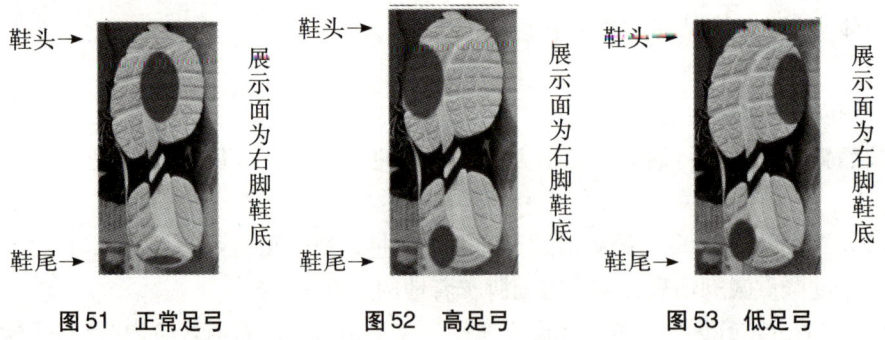

图 51　正常足弓　　图 52　高足弓　　图 53　低足弓

870 怎样根据路跑的时间和速度选择跑鞋?

进行长时间低速度的路跑时选择脚后跟较厚,脚尖提高的鞋款。以低速跑步时,着地时重心较容易由脚后跟往前移动,可以缩短触底时间。

进行短时间快速的路跑时,选择鞋底薄,脚尖部分较平的鞋款。

871 路跑初学者如何选择跑鞋?

即将开始跑步的初学者,尚未拥有充分的肌力,应该选择厚底、高避震功能的鞋子,还可以选择容易转换重心的鞋。

872 购买跑鞋时主要关注哪些方面?

市面上比较受跑者欢迎的跑鞋品牌有亚瑟士、耐克、阿迪达斯、李宁、安踏、特步、多威、新百伦……舒适度是跑者最关注的跑鞋因素(如有条件,购买前最好试穿体验),品牌跑鞋系列和价格也会影响到跑者对跑鞋的选择。除此之外,功能、外观、耐用、透气性,也是跑者考虑的方面。

873 路跑跑鞋应该如何保养?

(1)只在跑步时穿着跑鞋。不要在进行足球等剧烈运动时穿着,否则影响跑鞋寿命,还会增加受伤的风险。

(2)不穿时妥善存放,用报纸包裹跑鞋并放在干燥通风的地方,长时间不穿时为避免霉变,应将内部清洗晾干后置于阴凉处保存。

(3)用正确的方式穿/脱鞋,不要在系着鞋带的状态下直接穿脱,长时间后会导致跑鞋变形。

(4)尽量不在雨雪天或暴晒的柏油马路上长时间穿用跑鞋。

(5)跑鞋使用一段时间后要让其进行弹性机能方面的自我恢复,因此最好选择两双跑鞋交替使用,一双跑鞋不宜连续使用两天以上。

(6)如果条件允许,尽量在塑胶等专业跑道上跑步,最大程度减少跑步鞋的磨损。

874 清洁跑鞋时有哪些需要注意的事项?

(1)尽量不要用水直接冲洗鞋垫,可以用刷子刷净之后放到阴凉处。

(2)清洗鞋面时将手撑放于鞋内,防止跑鞋变形。

(3)用旧牙刷或软毛刷蘸取适量清水或清洁剂轻轻刷洗。

(4)不少跑鞋使用了反光材料印刷或热切工艺,切勿使用过硬的毛刷进行清洁,更不能用指甲或利器刮划。

（5）清洁干净后放至通风阴凉处风干，将鞋跟支在墙上，鞋底前部着地，不宜将湿鞋平放，以防止水浸入中底发泡材料。

（6）避免阳光直射、暴晒，并切忌使用暖风或明火烘干，以免造成老化，开胶，褪色或严重变形。

875 越野跑鞋与路跑鞋有什么区别？

分辨越野跑鞋与路跑鞋最直观的方法就是看鞋底，越野跑鞋往往有非常深的齿耳（如图54），并且所采用的橡胶材料多较硬，因此越野跑鞋具备了非常出色的防滑性能和抓地力。而路跑鞋的鞋底是简单的一层橡胶，虽然也有齿耳，但是较浅（如图55），因为路跑的路面不太会出现湿滑的问题。两者相比，越野跑鞋与路跑鞋最大的区别在于，前者更偏向于大底的防滑和双脚的保护，后者偏向于中底的缓冲与双脚的支撑。

图54 越野跑鞋

图55 路跑鞋

876 路跑鞋可以用来越野跑吗？越野跑鞋可以用来路跑吗？

从专业的角度来说，并不建议这么做。因为在湿滑的越野环境中，路跑鞋的鞋底完全不能适应这种路面，不具备越野跑鞋防滑功能，在上坡和下坡的时候穿路跑鞋是无法将上下坡动作最大化的，最终成绩会受到影响。

相反，穿着越野跑鞋路跑则没有那么多危险，因为路跑环境较为单一，而且越野跑鞋其实也是跑鞋，它和路跑鞋的设计原理没有太多的差别。但是由于越野跑鞋的中底和大底相对较硬，在长距离路跑中，会出现脚掌疼痛的问题。另外，越野跑鞋相对鞋重较大，对跑步动作也有一定的影响，同样无法发挥出相应的实力。

877 如何挑选一双合脚的跑鞋？

挑选合适的跑鞋不仅要注意长度，也要主要脚的宽度（人们常常忽视这点）。跑步时，稳定后脚跟，让脚趾自由动作的状态是最理想的。贴合后脚跟与鞋子后方时，鞋底要确实包覆脚的宽度，且脚掌部分的脚趾要能自由动作。过窄会限制脚趾的活动。

878 如何判断鞋子的宽度是否合适？

穿上鞋子后，绑紧鞋带。从正面看过去，左右两排的鞋洞呈一条线是最理想的。

如果从脚掌开始变成"八"字型,表示鞋子太紧。左右两排鞋洞的线如果紧靠在正中间,则表示太大。尺寸不合的鞋子,功能再好也无用武之地(如图56)。

正确的　　　　错误的

图56　系鞋带示意图

879　为什么说棉质的衣服不适合跑步?

棉质T恤流汗浸湿之后不容易干,会黏在身上,阻碍行动,跑姿容易变形。当你停下来后,衣服较慢变干,容易使身体冷却较快。

880　选择怎样材质的服装有利于跑步?

跑步配件的材质中,聚酯纤维被大量使用,它有良好的吸汗速干的特性。即使吸附汗水也能快速干燥,因此不会发生变重或是使身体冷却的问题。

881　选择跑步服装的尺寸有哪些注意事项?

选择宽松适中,容易活动的尺寸。衣服过于紧身会产生压迫感,手臂和脚步会变得难以活动。极端地选择超大尺寸,也会变得很难跑。

882　五指袜为什么不适合用来路跑?

很显然,五指袜适合用来路跑。运动场上很多人都爱穿五指袜。因为五只指头可以准确抓地,容易维持正确姿势。另外,由于各脚趾可以独立活动,能避免脚趾互相摩擦而产生水疱。

883　好的袜子可以减轻足部的负担吗?

袜子是最接近双脚的装备,所以袜子的选择非常重要。一般诉求的机能主要是支撑脚底足弓或预防茧的产生,而且要选择具有快干排汗且不闷热的材质。如果是马拉松等长跑比赛时所要穿的袜子,建议选择材质中有添加棉质的袜子。

884 跑步时携带的腰包应该怎么选择？

以携带东西的多寡来决定腰包的大小。将小型腰包装太满，或是腰包太大而东西很少以至于东西在里面晃来晃去，都会影响跑步时的便利性，要慎选。目前市面上新款的腰包甚至可以装入水瓶，长跑时非常方便。购入前最好能试背，以确认是否适合自己的体型，试背的位置大约在骨盆上方。

885 如何判断跑鞋是否该更换？

把鞋子平放，如果鞋子因鞋跟过度磨损而会摇晃，那么就表示你该换一双新鞋了。若以距离来看，跑行 800~1 000 公里就可以考虑更换新鞋了。因为长时间跑步会耗损鞋底吸收冲击力的机能，使得原本的性能无法发挥。如果每天跑步的人不妨准备两双鞋轮流换穿，如此一来，每双鞋可以有时间休息，内部鞋底也会慢慢恢复原状，鞋子才能发挥它应有的机能。

886 平时练习和比赛可以穿同一双鞋吗？需要特别准备新鞋吗？

一般来说，竞赛型的鞋款和日常练习的慢跑鞋，因需求的不同，在功能设计上有所差异。练习型的鞋款比较着重跑鞋本身的避震性和稳定性，而竞赛的鞋款普遍来说多为轻量鞋，鞋底设计较薄，且会在鞋底上强化反弹力，提升竞赛中的推进力。

一双熟悉的跑鞋能够帮助跑者发挥最佳的成绩，切记不要在比赛当天穿上全新的跑鞋，你可能因此而磨破脚或表现失常。即使是新买的跑鞋，也要穿着它练习几次，确定它的功能性和舒适度都是你所需要的。

887 女性跑者在进行路跑时，需要穿运动文胸吗？为什么？

需要。乳房表面是没有肌肉的，只有依靠韧带和表层肌肤起到支撑作用。在进行跑步运动时，若不穿运动文胸，胸部会随着身体的运动而大幅度摆动，使乳房内的弹性组织受到永久性的伤害。

888 专业的运动内衣与普通内衣有什么区别？

专业的运动内衣除了防止乳房周围被肩带、背钩、内衣边缘等摩擦和刮伤，还会消除一些隐疾。因为运动内衣的面料一般是速干透气的，而普通内衣就是一个加厚罩杯的款式，长期穿着这类内衣，在汗水和闷热的运动环境下，迟早会让柔嫩而敏感的肌肤长出痱子，甚至引发胸部疾病。

889 如何选择适合自己的运动内衣款式？

（1）V型带搭扣内衣。这类内衣比较适合宽肩膀或A罩杯的女生，这种类型内衣的好处是因为有可调节的肩带和搭扣，可以找到一个合适的调节位置把胸部聚拢起来，让胸部更加固定。在长距离跑步过程中，塑料搭扣和金属环会对皮肤产生摩擦，日常跑步超过10公里就有可能磨破皮肤，因此推荐10公里以下的运动穿着此类内衣。

（2）V型交叉带式内衣。这类不带搭扣的宽肩带内衣的适用人群比带搭扣的窄肩带内衣的适用人群要广得多，如果选对了尺寸，这类内衣可以对胸部提供适度的捆绑，加宽的肩带可以承受跑步冲击力，一片式的V型设计可以防止肩带滑动，对丰满、窄肩膀或溜肩膀的女生而言都是最佳选择。

（3）一片式内衣。对胸比较小的女生来说，可以买最简单的一片式。唯一的问题是这类内衣通常比较容易松弛，需要定期更换。

（4）独立罩杯内衣。这类独立罩杯内衣比较适合丰满的女生，胸部被很好地固定在罩杯里，减少晃动。

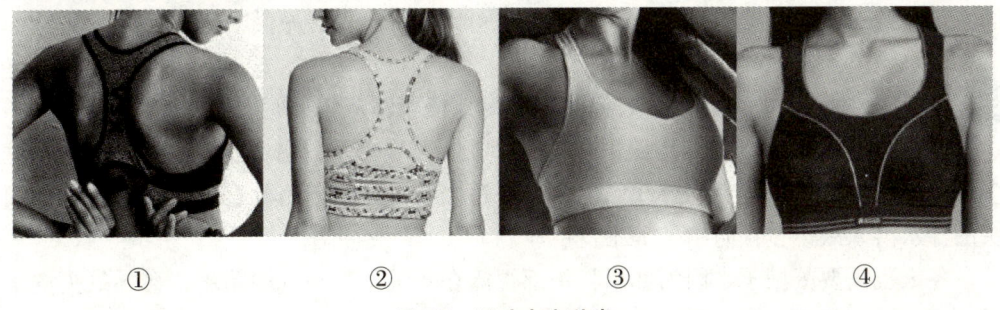

① ② ③ ④

图57　运动内衣种类

穿上内衣后，正面和背面应该都是对齐且水平的，要有能塞进两个手指的间隙，避免内衣勒得太紧而造成运动过程中摩擦带来的伤害。如果后背感觉往上翘起来了，就要调整肩带，保证水平对齐。

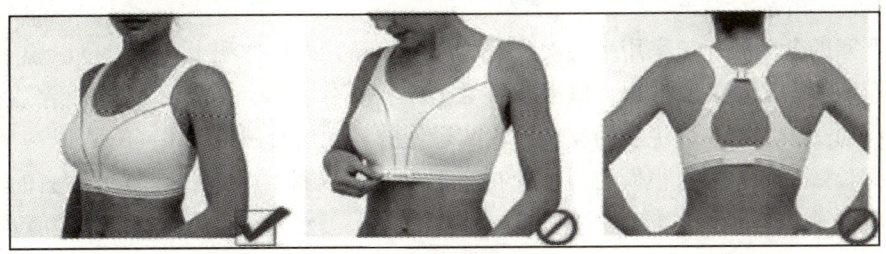

图58　运动内衣选择

890 如何选择手表帮助路跑？

手表选择数位显示，码表计时，按键易压及具有防水功能可防止汗水滴入的商品较佳。除了这些基本功能，如果能测量心率和使用 GPS，就可以帮助你进行更高难度的训练。尤其是具备 GPS 功能相当于掌握了自己跑步的距离和速度。

891 路跑时戴太阳眼镜有哪些作用？夏天进行路跑该如何选择太阳眼镜？

太阳眼镜可发挥防风、防尘的功能，在跑步中保护眼睛，能有效对抗花粉症，对于容易受紫外线影响而患结膜炎的跑者，更是一项自我保护的工具。

夏天天气炎热，光线强烈，选择蓝色镜片的太阳眼镜可以获得"冷却效果"，也能令人感觉更加凉爽。

892 跑步专用太阳眼镜与普通眼镜有什么区别？

跑步专用的太阳眼镜的镜片下缘不会碰触到颧骨，这种设计能防止眼镜被闷住。选择视野较广的款式，可以观察到地面的细微凹凸地形，让跑步更安全。同时，专用的太阳眼镜对于紫外线的过滤作用比较好，可以更好地保护眼睛。

893 夏天戴帽子与冬天戴帽子有何区别？专业慢跑帽与普通遮阳帽有何区别？

可以防止强烈的阳光直接照射。若受到阳光照射，消耗掉的体力会比想象中更多。因此，戴上帽子避免紫外线照射，可以适当减轻疲劳。另外，可以预防头上和额头的汗水滑入眼镜，预防中暑等不良反应。

冬天也需要戴帽子，因为如果将头部裸露在冬天干燥空气中跑步，会导致头皮干燥。帽子具有保温和防止干燥的效果。

专业慢跑帽结构大多与一般的帽子不同。轻量且具有良好的吸汗速干性能。专业的慢跑帽有防水加工处理，可以弹开雨滴。避免被阵雨淋湿头部，体温下降。

894 冬天路跑应该怎样穿比较合适？

严寒的冬天，建议采用多层次穿搭。随着运动，人体体温上升时，可以脱下衣服调节温度。不舒服的时候也可以减少件数。上身：保温层可选择一个轻质含绒背心，最外面的防护层配一件优质的皮肤风衣或轻便的运动外套便可。下身：可以选择贴身的压缩长裤，如果气温很低的话外面再搭一条运动长裤。头部：在零度左右的地区，可以佩戴速干运动帽；低于 -5℃ 时要保护耳朵，最好戴上耳包或者多功能运动头巾；-10℃ 以下要保护整个头部，此时应考虑抓绒帽或者瓜皮帽。

温度	内层	保暖层	隔离层	配件
>10 ℃	短袖上衣+短裤			
4~10 ℃	长袖速干衣+长裤	轻薄卫衣		
-1~4 ℃	长袖速干衣+长裤	卫衣		薄手套+耳罩
-6~-1 ℃	长袖速干衣+压缩裤	卫衣+长裤	跑步夹克	帽子+手套
<-6 ℃	长袖速干衣+压缩裤	卫衣+长裤	跑步夹克	帽子+手套+围巾罩

图59　气温与衣着

895 皮肤风衣与一般的防风外套有什么区别?

皮肤风衣正如其名,轻盈、柔软、亲肤性出色,穿上后就像第二层皮肤一样。和一般的防风衣相比,皮肤风衣具有极其轻便、透气性较好和更容易收纳等特点。当然,它的价格也比一般防风衣稍贵一些。

896 在进行路跑时身着皮肤风衣有哪些好处?

(1) 防水防风:皮肤风衣最主要的功能是可以使您轻松应对风雨天气。

(2) 透气排汗:跑步过程会大量出汗,透气性十分重要。

(3) 抗紫外线:有的皮肤风衣会在材料上增加抗紫外线涂层,避免皮肤长时间受到日光照射的伤害。

897 冬天路跑手冻僵了,有专用的手套吗?

冬天路跑一定要戴手套。虽然身体内部温暖,但肌肤裸露的手掌会有冻僵的隐患。在生理上,手掌处于远端,血液到达手掌的时间较长,人体的保温主要是由血液提供的。因此,跑步时要注意手掌的保暖,选择专用跑步手套。跑步专用手套比一般手套更轻薄，不仅可以保温，还可以拭去汗水。肌肤触感佳，具有保温性好和速干性好的特点。

898 路跑时穿运动紧身裤有什么作用？

运动紧身裤具有支撑肌肉和脂肪、控制过度的位置偏移、预防受伤、矫正姿势、减轻膝盖和腰部负担等功能。初学者更要适当地穿运动紧身裤。

899 应该如何选择运动紧身裤？

裤子的弹性有强、弱之分，购买前应该要先试穿。除了大小合适之外，还要考虑它的性能（速干、透气、保暖等），而不能一味地选择好看的。同时，在挑选时要注意选择对小腿肌肉和韧带有保护作用的紧身裤，避免在遇到过度拉伸时，造成的肌肉、韧带拉伤。

900 出门路跑时应该备好哪些小物件？

出门跑步时，尤其是离家较远的地方，无法预知在目的地会发生什么状况。因此，应准备好手机、零钱及创可贴等。为了预防意外事件的发生，建议把医疗救援信息写在明显位置或是印在外出跑步的短袖上，防患于未然。

参考文献

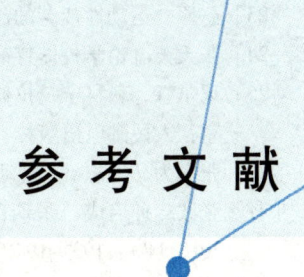

[1] 董广新，韩会君. 路跑运动实用教程［M］. 广州：广东高等教育出版社，2018.
[2] 王瑞元. 运动生理学［M］. 北京：人民体育出版社，2002.
[3] 韩春远，王卫星. 核心力量训练与测评方法研究［J］. 中国学校体育（高等教育），2014，1（1）：74-82.
[4] 孙路. 核心力量训练对青少年中长跑运动员的影响研究［J］. 当代体育科技，2015（6）：47-48.
[5] 田麦久. 运动训练学［M］. 北京：高等教育出版社，2006.
[6] 田麦久，刘大庆. 运动训练学［M］. 北京：人民体育出版社，2012.
[7] 运动训练学教材编写组. 运动训练学［M］. 北京：人民体育出版社，1999.
[8] 宋歌. 中国跑步指南［M］. 北京：煤炭工业出版社，2014.
[9] 汪淑玲，吴玉华. 节奏跑在定向越野中的应用及其训练［J］. 贵州体育科技，2011（2）：51-54.
[10] 谭志刚. 现代中长跑运动［M］. 长沙：湖南大学出版社，2005.
[11] 许世岩. 中长跑运动方法学［M］. 北京：中国教育文化出版社，2005.
[12] 波夫特. 初级跑者全书［M］. 北京：中国发展出版社，2014.
[13] 史仍飞，刘宇，冯强明. 马拉松与健康100问［M］. 天津：天津大学出版社，2017.
[14] 阿尔维. 跑步完全指南［M］. 北京：化学工业出版社，2016.
[15] 常芸. 马拉松运动与健康［M］. 北京：人民体育出版社，2013.
[16] 解强. 运动中膝关节创伤性滑膜炎的预防［J］. 新体育·社会体育指导员，2017（4）：46-47.
[17] 晓新. 半月板的损伤及治疗［J］. 新体育·社会体育指导员，2017（5）：50-52.

[18] 历明. 如何应对运动后的头痛 [J]. 新体育·社会体育指导员, 2017 (1): 64-65.
[19] 解强. 运动中如何预防与减缓膝关节退行性关节炎发生 [J]. 新体育·社会体育指导员, 2017 (2): 36-37.
[20] 何秋华. 浅谈疲劳诊断与恢复的中医学方法 [J]. 中国体育科技, 1998 (7): 57-58.
[21] 梁锡华. 运动性疲劳及其测定 [J]. 湖北体育科技, 1999 (1): 43-48.
[22] 冯炜权. 血乳酸与运动训练: 应用手册 [M]. 北京: 人民体育出版社, 1990.
[23] 赵原. 运动性疲劳的诊断及其恢复手段 [J]. 河池师专学报, 2001 (2): 98-101.
[24] 张天英. 论学校体育锻炼中的重力性休克及预防 [J]. 荆州师专学报, 1990 (2): 95-96.
[25] 尼尔森, 科科宁. 拉伸运动系统训练 (全彩图解第2版) [M]. 王会寨, 杨倩倩, 译. 北京: 人民邮电出版社, 2016.
[26] 张力为, 毛志雄. 运动心理学 [M]. 北京: 高等教育出版社, 2007.
[27] 张波, 孙启成, 张瑞萍. 现代运动训练有效恢复手段的探究 [J]. 体育世界 (学术版), 2018 (8): 193-194.